信赖保护原则的
中国化建构

胡若溟 ○ 著

The
Chinese Construction
of the Principle of Trust Protection

中国社会科学出版社

图书在版编目（CIP）数据

信赖保护原则的中国化建构／胡若溟著．—北京：中国社会科学出版社，2022.10
ISBN 978-7-5227-0795-2

Ⅰ.①信… Ⅱ.①胡… Ⅲ.①公法—研究—中国 Ⅳ.①D920.0

中国版本图书馆 CIP 数据核字（2022）第 152961 号

出 版 人	赵剑英
责任编辑	马　明
责任校对	任晓晓
责任印制	王　超

出　　版	中国社会科学出版社
社　　址	北京鼓楼西大街甲 158 号
邮　　编	100720
网　　址	http://www.csspw.cn
发 行 部	010-84083685
门 市 部	010-84029450
经　　销	新华书店及其他书店
印　　刷	北京明恒达印务有限公司
装　　订	廊坊市广阳区广增装订厂
版　　次	2022 年 10 月第 1 版
印　　次	2022 年 10 月第 1 次印刷
开　　本	710×1000　1/16
印　　张	17.5
插　　页	2
字　　数	287 千字
定　　价	98.00 元

凡购买中国社会科学出版社图书，如有质量问题请与本社营销中心联系调换
电话：010-84083683
版权所有　侵权必究

序　　言

一

在2021年岁末的聚餐会上，若溟说他的博士论文要出版了，让我写个序，我欣然应诺。若溟是2015年上月轮山的，本科是中国政法大学，硕士是浙江工商大学，有很好的法学教育和学术训练的经历。在攻读博士学位期间，他独立发表了多篇学术论文，初现其较为扎实的学术功力与厚重的学术潜质。

对于学生博士学位论文的选题，我一般倾向于引导学生做行政法的基础性研究，且以博士学位论文为基点可以进行持续性的学术研究。我研习行政法近40年，这也是中国行政法筚路蓝缕的40年。在这40年中，因经济和社会发展引发大量行政法的本土性问题，需要我们在行政法理论上作出自洽性、体系性的解释，但时至今日，我们这样的努力结果是令人不太满意的。究其原因，我以为是所谓的中国行政法理论体系太简陋，没有办法支撑起这样的解释力。造成如此状况的一个根本原因是，我们对行政法基础性问题的不够重视。行政法基础研究旨在提供一套解释中国问题的法理论体系。这一套解释中国问题的法理论体系不是"某国是这样的，所以我国也应该是这样的"的简单搬移，更不是域外行政法知识的嬉戏拼图。当然，作为法继受国，中国要引入域外法理论，这是不可避免的，也是所有法继受国法制发展的基本逻辑。若溟选定的博士学位论文题目是"信赖保护原则的中国叙事"，这与我上述表达的研究旨趣十分契合。"信赖保护原则"是大陆法系国家的一个行政法原则，而"中国叙事"则表达了若溟尝试讲一个"信赖保护原则"的中国故事。尽管若淏在出版时将题目改为"信赖保护原则的中国化建构",但并没有改变他当年作论文时的初心。今天,在若淏书稿修改稿中,我读到了他这几年在这个主题上继续思考已清晰可见的轨迹,读到了他这几年在这个主题上继续思考已层层螺旋的深度,读到了他这几年在这个主题上继续思考已不断加厚的积淀。

二

研究问题,首先必须寻得问题之所在。若淏从"信赖保护原则在中国行政法中的研究困境"这一角度切入,寻找他要研究的问题之所在。从若淏的研究中我们可以看到,信赖保护原则引入中国行政法是21世纪之初的事,但信赖保护原则进入中国行政法之后,无论是在立法层面还是在司法实践层面都出现的一种"无能为力"的困境。对此,若淏十分敏锐地道出了产生这一困境的深层次原因之所在。若淏认为,"这种'单方主义'视角下,研究者们只重视原则理论对实践的影响和模板效应,而普遍忽视了实践,尤其是法院判决中明文规定的'信赖保护'对理论的反作用影响,也忽视了这些实践也在不断修正理论,因此它带有极强的'应然'教化色彩,它实际上是一种'西方中心论'在信赖保护原则的体现。"这一判断是十分敏锐的、犀利的。其实,若淏在这里揭示出中国行政法缺失主体性的问题,在中国社会科学研究领域中具有相当的普遍性。就中国行政法(学)而言,主体性一直是我们必须追问的问题。我曾在自己《现代行政法总论》第2版后记中写道:"行政法学的主体性意味着我们不再是'照着讲',而是'接着讲';不再做别人的'小跟班',而是他们的'同行者';不再是别人'这样做',我们也应该'这样做'。行政法学的主体性意味着我们可以与别人进行对等的交流,输出我们自己的行政法学'产品',能在别人论著注释里看到中文文献。从此,不再有'普法式'的国际学术交流会议,也不再有'单方性'的法学知识输入。"若淏所要论证的基本命题是,"当下中国信赖保护原则的理论、规范与实践存在着相互成就的三重断层,在中国行政法中,信赖保护原则不具有作为涵射整个体系的基本原则地位,其更适宜被看作一种保护公民、法人和其他组织权益的工具,以更加注重权益的实际保护而非限制对既有法律状态的变动的方式发挥作用,进而在当下的中国寻求生成之道。"当我读到这里时,心里是满满的欣喜,因为若淏是准备给我们"接着讲"行政法上那个信赖保护原则。那么,我们来看看若淏是怎样"接着讲"的。

在以"信赖保护原则的中国法学理框架:一个学术史的考察"为题的第一章中,若淏从学术史视角切入,整理出信赖保护原则的中国法学理框架,为其展开全面的论证作了一个厚实的法理铺垫。若淏认为,基于1999年"修宪"和2001年中国"入世"两个事件,"21世纪初期的学者们试图建立的'依法行政',从根本上来说是一种客观面相的,以政府为着力点,强调规范政府行为,塑造客观行政法秩序的'依法行政'。我以为这个判断大致是正确的。2000年何海波发表《通过判决发展法律——评田某案件中行政法原则的运用》,对此,若淏认为这是中国行政法首篇引入信赖保护原则的论文。在这篇论文中,何海波认为,"信赖保护原则通常指,行政行为的相对人基于对公权力的信任而作出一定的行为,此种行为所产生的正当利益应当予以保护"。这可能是中国行政法学者初识信赖保护原则的模样。在整理了那个时代学者发表的相关学术文献之后,若淏认为,"通过学术史的整体观察,我们发现,即使学者选用作为域外信赖保护原则模板的理论均以坚持法安定性为基本要旨,但是中国学者引入信赖保护原则的主要目的却在于相对人的权益保护,而在这种权益保护的目的下,中国学者才近乎全套地搬运了域外信赖保护体系,包括要件化适用规则和'从存续到补偿'的递进化保护方式,而在既有研究中,学者们的关注重心主要集中于后者,对目的意义的前者似乎都默认'信赖保护原则的目的在于维护法律秩序的安定性和保护社会成员的正当权益'的通说地位,而未深究这一判断下隐含的'什么才是中国引入信赖保护原则真正的目的'这一命题,进而忽略了对引入目的的深入观察,正所谓立法目的是任何一个法律制度的灵魂。"基于这样的判断,若淏得出了一个结论,当时学界引入"信赖保护原则"的目的与本土需求是"断裂"的。如果我没有理解错的话,那么若淏之所以得出这样的结论,是因为他暗设了一个前提,即行政法在规范权力和保护权利上是分立的,满足一个目的,未必能同时兼顾另一个目的。在我看来了,行政法在规范权力和保护权利这两个目的上,与其说它们互为分立,毋宁说二者是主次关系。其实，对于这一点若溟在"权益保护与法秩序稳定的优先序列"中也意识到了，只不过没有进一步展开论述而已。

在完成了学术史考察获得相关结论之后，若溟基于"规范—判例"学理框架，第二章和第三章分别以"信赖保护原则的中国实定性注释"和"信赖保护原则的司法言说"为题，从规范和判例两个面向展开深入论证。在第二章中，若溟围绕《行政许可法》第8条和第69条，讨论了在这两个条款中是否存在"信赖保护条款"的问题。若溟认为，"基于国家立法者和司法者认可的信赖保护条款——《行政许可法》第8条和第69条的规范梳理，我们整理出了我国信赖保护条款的基本要素，并借由这种要素在法律、法规、规章的体系中发现了三类信赖保护条款，即特许经营规范和地方行政程序规范，前者基本遵循了《行政许可法》强调损失同原始行为与背弃行为双重因果关系的逻辑，从而仅关注信赖利益的补偿问题，即信赖保护规范第二层次的问题；而后两者的实践则在相当程度上继承和发展了《行政许可法》的二元层次，通过将信赖利益取得与行政行为产生因果关系作为基本要求，并对此因果关系的结果加以保护，将信赖保护的同时涵盖行政行为实质存续力，行政行为变更要求以及信赖利益的损害补偿。因此，我们发现中国的信赖保护条款在当下实际上包含了个体权益保护和行政行为效力存续与变更的客观要求，而后者在很大程度上也是信赖保护条款现实中的重点发展路径。"从若溟这个结论中我们可以看到，《行政许可法》第8条和第69条承载了信赖保护原则，并且，在地方立法中也并不少见。那么，在"依法裁判"中，法院是否把它们作为裁判规范基础呢？若溟在这一章第三节的研究中得出的结论是，规范基础对于法院来说其实并不那么重要。这个结论是很有意思的。在第三章中，若溟选取了3208个判例，试图对中国法院适用信赖保护原则作一个全景式的考察。他发现法院在司法审查中并没有将信赖保护作为行政法的一个原则来对待，仅仅是作为保护原告权益的一个工具而已。这种"原则"和"工具"的差异性，在若溟看来，是直接导致信赖保护失去了它在中国行政法中原则地位的原因。既然信赖保护不构成一个行政法原则，而只是一种工具，那么这种工具又是以何种方式呈现呢？若溟称之为"信赖保护观"，其核心内容是信赖利益认定。他认为，法院在适用信赖保护时，以信赖利益为中心构造了两阶层的适用路径，分别是确定存在应当予以保护的信赖利益（阶段一），以及在此基础上确定这种信赖利益应当如何保护（阶段二）。在阶段一，法院塑造了信任与依赖两种确定信赖利益的适用路径；在阶段二中，法院实际上面对的是一个已经被确定的信赖利益如何被具体变现的问题，按照理论和规范要求，应当遵循存续保护到财产补偿的递进式思维。相较于阶段一，阶段二实际上是一个将信赖利益具体化到个人的过程，而这一过程实际上也体现了信赖保护在司法实践中的价值。

从若溟基于"规范—判例"学理框架展开的上述论证历程中可以看到，在规范上，中国行政法体系中是有"信赖保护条款"的，但在判例中法院并没有依照此规范进行裁判，更没有将信赖保护当作行政法原则来对待。对此，在第四章"信赖保护原则在中国法中的三重定位"中我们可以看到，若溟认为信赖保护是行政法的一个原则，然后通过三个面向给它在中国行政法中找到它应有的位置。第一个面向：现实定位。在行政法上，信赖保护原则应被作为司法机关个案审判中保护权益的工具；在宪法上，以法治国家条款、基本权利和客观秩序面向，加持特定权利的主观请求权，使其获得现实宪法的解释力。第二个面向：概念体系定位。通过与合法预期、诚实信用的比较，他认为合法预期在中国行政法中已经为信赖保护原则概念基本吸收，而由于合法预期在中国法中的概念预设存在一定局限性，不宜作为独立概念；信赖保护与行政法诚实信用在具体适用层面各有侧重，前者侧重权益保护，后者侧重客观秩序维护；最后，在整体理论层面，信赖保护、合法预期与诚实信用应见容于《04纲要》的"诚实守信"要求。第三个面向：《行政法总则》中的定位。即信赖保护作为原则而非基本原则入法。

在完成了论证之后，若溟又添加了一个类似于"附论"的反思："以现实的态度对待信赖保护原则"。在这里，若溟直言："我们需要回应三个问题：第一，作为实践的理论对照，学者们到底基于何种考虑为实践提供了信赖保护原则这一工具；第二，信赖保护条款的规范应做如何解读；第三，如何发现法院适用中的体系化要素并对此加以整合，使之不随个案而摇摆。"这三个问题既是对整个论证的回应，又是延长线上思考的方向。在中国当下的现实面前，信赖保护原则究竟当如何发挥作用，并不是纯粹逻辑问题，而是经验问题。在论到原因时，若溟认为，"学者们引入域外作为权益保护工具的信赖保护原则，这本身并无问题，但由于中国行政法21世纪的基本背景是规范行政机关权力行使的'依法行政'逻辑，信赖保护从《行政许可法》开始便逐渐被赋予维护法秩序安定的客观目的，这就使得其与引入目的发生了偏移，而后续的地方立法也基本上采取了这一态度，而在'依法审判'的要求下，这一态度也逐渐影响了法院的审判，但通过对实践的探讨，我们发现法院虽然是当下信赖保护原则实践适用的主力军，但并不足以实现这种期待，个中原因众多，但在笔者看来，有一种可能的原因是我们需要着力对待的，这就是信赖保护原则与地方治理逻辑间存在的某些偏差。"至此，若溟将思考问题的方向转到了地方治理逻辑，并引入了"绩效合法性"概念，用于解释信赖保护原则在实践中产生偏差的原因。中国的地方政府除了管理职能（政府—社会）外，还有一个更为重要的职能就是发展经济（政府—市场）。研究行政法的学者，一般都比较忽视"政府—市场"的关系，尤其是政府作为市场主体直接参加经济活动的行为，以及这种经济活动对"政府—社会"关系的影响。因此，我们可以看到，对于某些地方政府来说，曾经有过一段时间，绩效（GDP）决定一切，凡是不利于绩效增长的制度与规则，都必须为它让路。如若溟所言："如果一种法律理论能够契合上述绩效合法性逻辑，那么地方政府当然愿意将其作为治理工具，但是如果我们将信赖保护原则作为一种地方治理工具，那么我们就会发现，其并不完全符合绩效合法性的要求，因为当下对信赖保护的预设似乎更呈现出规范政府权力、维护法治'红线'的面向。"此言十分精当！在中国社会科学研究中，在方法论问题上的确如郑永年所说："要解释中国，必须基于由中国自身的经验提炼出来的科学概念和理论，就像西方学者基于西方经验提出他们的概念和理论那样。"通过这部书稿，若溟已经给我们呈现出他在这一方法论上的自觉与努力。

三

　　三年修炼，元气满满。若溟下了月轮山之后，入职浙江省社会科学院法学所。社科院研究工作较为特殊，没有法学教学任务，但他通过参与课题、撰写决策报告和法治评估等途径，一方面转换了仅仅通过书本吸收知识的学生身份，另一方面完善了自己的知识结构体系。之后，他遵从组织上的安排，北上首都在中宣部挂职一年。这个经历拓展了他的学术视野，提升了他的学术品位，这一点在他的这部书稿中清晰可见。与当年博士学位论文对比，若淏在这部书稿中呈现出来的思考更为全面，思想更为成熟，思路更为清晰。虽然在这部书稿中若淏的论证尚有改进之余地，相关论点有可商榷之空间，结论也并非完满无缺，但在信赖保护原则这个主题上，若淏这一研究成果在行政法学术史上应该能够经得起考问，也应该是后人研究此主题绕不开的。作为若淏的博士生导师，我期待他在这个主题上继续作延长线上的思考，不断有新的研究成果问世！

章剑生
辛丑年岁末 杭州·锁澜坊

目 录

引言 …………………………………………………………………（1）
 一　问题的引出：信赖保护原则在中国行政法中的
  研究困境 ……………………………………………………（1）
 二　研究方向与范围 ……………………………………………（16）
 三　基本命题与论证思路 ………………………………………（18）

第一章　信赖保护原则的中国法学理框架：一个学术史的考察 ………（20）
 第一节　中国行政法的时代逻辑与域外法模板选择 ……………（21）
  一　信赖保护原则进入中国之时的行政法逻辑 ……………（21）
  二　作为模板的域外法理论：中国大陆学人的选择 ………（24）
 第二节　信赖保护原则的目的性引进：权益保护 ………………（35）
  一　权益保护与法秩序稳定的优先序列 ……………………（36）
  二　保护谁的权益 ……………………………………………（40）
  三　小结 ………………………………………………………（42）
 第三节　信赖保护原则的结构性体系 ……………………………（42）
  一　保护对象的三重争议 ……………………………………（43）
  二　要件化适用规则 …………………………………………（47）
  三　"存续保护到财产补偿"的保护模式 …………………（50）
 第四节　小结：制度体系与时代背景的偏离 ……………………（53）

第二章　信赖保护原则的中国实定法注释 …………………… (55)
第一节　信赖保护条款存在与否的司法考察 ………………… (56)
一　对《行政许可法》第8条与第69条的理论质疑 ……… (56)
二　法院对《行政许可法》第8条与第69条的态度：
　　内涵重于形式 ………………………………………… (57)
三　"诚实守信"在司法审判中的地位 ………………… (60)
第二节　中国行政法"信赖保护条款"的解释与发现 ……… (63)
一　为什么需要发现实定法"信赖保护条款"？ ………… (63)
二　《行政许可法》第8条与第69条规范解释 …………… (64)
三　中国信赖保护条款的规范"族群" ………………… (69)
四　小结 ………………………………………………… (76)
第三节　面对"依法裁判"：中国法信赖保护原则的
　　　　　规范基础 ………………………………………… (76)
一　"李代桃僵"：民法"善意取得"规则的类推适用 ……… (77)
二　"左右互搏"：信赖利益与《国家赔偿法》"直接损失" ……… (82)
三　"异军突起"：知识产权审判中的信赖保护 ………… (85)
四　以信赖保护注释耽误起诉期限的"其他原因" ……… (89)
五　小结 ………………………………………………… (92)
第四节　小结：中国信赖保护原则的适用区域与边界 ……… (94)

第三章　信赖保护原则的司法言说 ………………………… (96)
第一节　司法适用信赖保护的整体考察 ……………………… (99)
一　关键词确定与样本筛选 …………………………… (99)
二　样本裁判文书的基本信息 ………………………… (103)
三　小结 ………………………………………………… (119)
第二节　信赖利益：生成路径与类型化 ……………………… (121)
一　信赖保护适用的基本路径："信任"抑或"依赖" ……… (122)
二　信赖利益认定的完整结构：信赖正当性与
　　案件类型要素的摄入 ………………………………… (127)
三　信赖利益的类型化与基于情况判决的变异 ………… (138)

第三节　法官使用"信赖保护原则"的作用 …………………… (150)
　　一　递进式保护方式的"消解":多元化与虚置化并存 ……… (150)
　　二　司法审判中信赖保护的三种价值 ……………………… (155)
　　三　理论地位与争议:基本原则? ………………………… (162)
第四节　小结:中国司法的信赖保护观 ……………………… (170)

第四章　信赖保护原则在中国法中的三重定位 …………… (174)
第一节　信赖保护原则的现实定位 …………………………… (174)
　　一　信赖保护原则的行政法定位 …………………………… (174)
　　二　信赖保护原则的宪法定位 ……………………………… (176)
第二节　信赖保护原则的概念体系定位:
　　　　　比较合法预期与诚实信用 …………………………… (181)
　　一　中国行政法还需要"合法预期理论"吗? ……………… (182)
　　二　诚实信用原则与信赖保护原则:区分与对合 ………… (209)
　　三　概念比较视野下信赖保护原则的定位 ………………… (225)
第三节　行政法总则制定视角下信赖保护原则的定位 ……… (230)
　　一　将信赖保护原则纳入行政法总则的可能性 …………… (230)
　　二　信赖保护原则纳入行政法总则的具体路径 …………… (233)
　　三　信赖保护原则纳入行政法总则的两点忧虑 …………… (237)

反思　以现实的态度对待信赖保护原则 …………………………… (241)

主要参考文献 ……………………………………………………… (249)

后　记 ……………………………………………………………… (266)

引　　言

一　问题的引出：信赖保护原则在中国行政法中的研究困境

（一）成年之功：中国行政法信赖保护原则的研究现状

自 2000 年何海波、沈林荣和刘小兵、戚建刚四位学者发表最早的三篇信赖保护研究文章以来，[1] 至今关于该原则的研究可谓汗牛充栋。因此，站在今天的时间点上，其已经不是中国行政法研究中的一个新鲜话题。但令人疑惑的是，相比信赖保护几乎同时期为学者所关注的比例原则和正当程序原则至今仍然为学界显学，2012 年以来，信赖保护原则在中国行政法学研究中的进展并不令人满意：以"信赖保护"或"信赖利益保护"为篇名检索中国知网，截至 2020 年 12 月，仅有 41 篇 CSSCI 以上论文，与诸如比例原则、正当程序等其他行政法原则至少在数量上不可同日而语。[2] 而自从余凌云、陈海萍、闫尔宝等学者集中出版一批涉及信赖保护原则的专题性著作后，近年来关于该原则的专题论著也极为罕见。由此自然产生一个疑问：我们还要在中国法的视域内继续研究信赖保护原则吗？这也是本书需要回答的根本的问题。在此，笔者试图先给出一个确定性的答案：即使出现了如此之多的研究，我们依然需要研究中国法的信赖保护原则！笔者也试图用本书的

---

[1] 这三篇文章分别是：何海波：《通过判决发展法律——评田永案件中行政法原则的运用》，载罗豪才主编《行政法论丛》第 3 卷，法律出版社 2000 年版；沈林荣、刘小兵：《试论具体行政行为撤销的限制》，《行政法学研究》2000 年第 1 期；戚建刚：《行政主体对瑕疵行政行为的自行性撤销及其限制》，《浙江省政法管理干部学院学报》2000 年第 3 期。

[2] 同样在知网中检索"比例原则"为题的篇名，2012 年后有 93 篇 CSSCI 期刊，以"正当程序"为题检索则有 96 篇。

研究证明这一点。

1. 信赖保护原则基础概念

首先，信赖保护原则的名称方面，学界共有三种代表性观点：李春燕主张行政信赖保护原则；① 李洪雷主张信赖保护原则；② 肖泽晟、胡敏洁主张信赖利益保护原则。③ 对于这三者的关系，学界论述不多，但是也存在两种观点：第一种为莫于川、林鸿潮所主张的"信赖保护原则即为信赖利益保护原则"；④ 第二种为王锡锌借由论述正当期待保护与正当期待利益保护所进行的论述。⑤ 其认为"为了权衡私人利益与公共利益，应当将期待利益化，否则不可比较"。由于王锡锌存在将信赖保护与正当期待保护等同的认知趋势，所以可用以为信赖保护名称之借鉴。

其次，关于信赖保护原则的定义，学界界定的实质含义大致相同，但在表达方式上有所区别。有学者认为《中华人民共和国行政许可法》（以下简称《行政许可法》）第 8 条的规定就是信赖利益保护原则；⑥ 有学者则提出"信赖保护原则通常指，行政行为的相对人基于对公权力的信任而作出一定的行为，此种行为所产生的正当利益应当予以保护"。之后，学者们在信赖客体、保护对象、保护目的等方面的论述有所不同，也产生了一些不同的观点。如李春燕认为："基于维护法律秩序的安定性和保护社会成员正当权益的考虑，当社会成员对行政过程中某些因素的不变性形成合理信赖，并且这种信赖值得保护时，行政主体不得变动上述因素，或在变动上述因素后必须合理补偿社会成员的信赖损失。"李洪雷认为："行政法上的信赖保护原则，是指行政机关所实施的某项行为导致一定法律状态的产生，如果私人因正当地信赖该法律状态的存续而安排自己的生产生活，国家对于私人的这种信赖应当提供一定形式和程度的保护。"

---

① 参见李春燕《行政信赖保护原则研究》，《行政法学研究》2001 年第 1 期。
② 参见李洪雷《论行政法上的信赖利益保护》，载浙江大学公法与比较法研究所编《公法研究》（第四卷），中国政法大学出版社 2005 年版，第 73 页。
③ 参见胡敏洁《行政规定变迁中的信赖利益保护研究》，《江苏行政学院学报》2011 年第 5 期。
④ 参见莫于川、林鸿潮《论当代行政法上的信赖利益保护原则》，《法商研究》2004 年第 5 期。
⑤ 参见王锡锌《行政法上的正当期待保护原则述论》，《东方法学》2009 年第 1 期。
⑥ 参见杨临宏《行政法中的信赖保护原则研究》，《云南大学学报法学版》2006 年第 1 期。

相较于学界的多元界定方法，立法的态度却较为一致，对信赖保护原则下的基本定义为："非因法定事由并经法定程序，行政机关不得撤销、变更已经生效的行政决定；因国家利益、公共利益或者其他法定事由需要撤回或者变更行政决定的，应当依照法定权限和程序进行，并对行政管理相对人因此而受到的财产损失依法予以补偿。"同时，该定义也为《行政许可法》、各地行政程序规定等所接受。因此，本书在探讨实务的态度时，以此为"信赖保护原则"的标准界定，而在探讨理论时则根据各理论自身的不同相机展开。

2. 中国法信赖保护原则研究现状简述

正如前文所言，中国学者对信赖保护原则的研究并不缺少绝对数量和广度。经笔者考察，"信赖保护原则"这一名词进入中国大陆行政法理论研究的视野，始自1993年朱林的《德国行政行为撤销的理论及其立法评介》一文。[1] 但其主要内容为基于德国行政行为撤销制度中涉及的信赖保护内容，且基本是德国法内容的单纯介绍，因此其既不是针对特定中国法问题的"西药方"，也不是以比较法视角对中国法中的信赖保护议题进行专题评述，因此并未引起学界的关注。这也意味着该原则此时并未进入中国行政法的学术脉络。这一判断的证据是该文发表后最早被引用为1998年李琦发表的《论法律效力——关于法律上的力的一般原理》一文。但李文所引内容也并非直接针对信赖保护，而是行政行为的废止。[2] 另外，笔者曾访谈信赖保护原则的两位早期研究者，何海波与李春燕均表示其写作参考中也并未提及朱林一文。信赖保护原则真正被纳入中国学术体系源于2000年刊出的三篇文章，即何海波的《通过判决发展法律——评田某案件中行政法原则的运用》，沈林荣、刘小兵的《试论具体行政行为撤销的限制》，以及戚建刚的《行政主体对瑕疵行政行为的自行性撤销及其限制》。在三文中，作者虽然分别引用《德国联邦行政程序法》、日本盐野宏以及中国台湾地区吴坤城[3]之著作内

---

[1] 参见朱林《德国行政行为撤销的理论及其立法评介》，《法律科学》1993年第3期。
[2] 李文所引内容为"依德国《行政程序法》，行政行为的废止针对的是原本合法、事后发生事实或法律关系改变的行政行为，或原本合法但缺乏继续存在必要的行政行为"。参见李琦《论法律效力——关于法律上的力的一般原理》，《中外法学》1998年第4期。
[3] 参见吴坤城《公法上信赖保护原则初探》，载城仲模主编《行政法之一般法律原则（二）》，中国台湾三民书局1997年版，第211页。

容,但他们均在讨论在中国法中是否应当引入信赖保护原则,以及如何在中国行政法中建构信赖保护原则的理论体系。何海波文讨论信赖保护原则的直接动因更是在于著名的"田某诉北京科技大学案"(以下简称"田某案")。他提出,相较于正当程序原则,本案法官如果引入信赖保护原则,无论在推理逻辑还是结果等的呈现上都会更加合理。可以说,此时的学者已经试图用信赖保护原则解决中国法律实践中存在的现实问题。可见,2000年,源于德国行政法中的"信赖保护原则"成为中国行政法中的一个名词,而这也是信赖保护原则的中国法"原点"。

从2000年到2020年,中国法信赖保护原则已经走过20个春秋。据不完全统计,20年中,中国行政法学界共有涉及该方向代表性著作7部(含合法预期与诚信原则),分别为王贵松的《行政信赖保护论》、张兴祥的《行政法合法预期保护研究》、刘莘的《诚信政府研究》、闫尔宝的《行政法诚实信用原则研究》、余凌云的《行政法上合法预期之保护》、陈海萍的《行政相对人合法预期保护之研究——以行政规范性文件的变更为视角》及曾坚的《信赖保护——以法律文化和制度建构为视角》;中国知网中,以篇名检索可得CSSCI以上级别重要期刊41篇,以关键词检索可得91篇;而2000年之后所出版的33本各主要行政法教科书,如姜明安主编的高教版教科书自第二版起,均将信赖保护原则作为行政法基本原则。根据笔者前期梳理,中国学者对信赖保护原则的研究已经形成较为广泛的辐射,遍及名称、定义、性质或原则抑或规则、理论基础、设置目的、实现方式、适用条件、法理背景、社会基础、信赖保护与依法行政之间的关系、信赖保护与合法预期之间的关系、信赖保护与诚信原则之间的关系、信赖保护原则的发展史、信赖保护的类型、信赖保护原则在现代行政法中的地位、信赖利益的构成、信赖保护原则的客体、信赖保护原则的适用情形以及中国实定法中的信赖保护原则规定等19个方面。由此在研究广度上,学者对中国法信赖保护原则的研究似乎已经触及该原则的各个角落,而在研究深度上,虽然如前所述,信赖保护原则研究的高质量论文和著作数量无法与依法行政、正当程序等原则相提并论,但91篇涉及论著、7本专著和33本以上的教科书似乎已经足以支撑起这个20岁的法律概念,中国法中的信赖保护原则即使无法被称为"繁花盛景",似乎也可谓"一片太平"。但当我们将视野从学者的书斋转入纷繁复杂的现实中时，便会发现信赖保护原则面临着多么冰冷的现实。

（二）无能为力：信赖保护原则的现实困境

无论概念如何为学者所推崇，如果它无法为立法所认可，无法为实践所实施，那么这个概念只能栖身于学者的书桌。尤其对于行政法概念而言，如果它无法用以规制与塑造社会，那么其意义便大打折扣。信赖保护原则在中国法中便面临着这样的窘境。

在立法层面，虽然2003年《行政许可法》颁布后，立法者试图为第8条与第69条冠以"信赖保护原则"的名义，[①] 有学者也欢呼信赖利益保护原则在中国已经建立，[②] 甚至认为"此规定就是信赖利益保护原则"。但即使我们暂时忽略学界自该法颁布后就第8条与第69条是否具备信赖保护的实质内容产生的种种争议，[③] 仅就形式意义上的概念使用论，在笔者的检索范围内，《行政许可法》颁布后，并无后续立法明确使用"信赖保护"或"信赖利益保护"等相关语词。即使是2005年5月国务院法制办公室根据一些地方和部门的询问，并商全国人大常委会法工委国家法行政法室意见起草的《撤回、撤销、注销、吊销行政许可的适用规则》，虽然内容与《行政许可法》第8条与第69条一脉相承，但也并未出现"信赖保护"等概念。而在近年来轰轰烈烈的地方行政程序立法中，虽然浙江等地方立法中均秉承《行政许可法》的理念，对行政行为的撤销或撤回进行限制，但是对其性质依然无法明确冠以"信赖保护原则"的名义。如《浙江省行政程序办法》第8条规定："行政机关应当诚实守信；非因法定事由并经法定程序，不得擅自撤销、撤回、变更已经生效的行政行为。行政机关撤销、撤回、变更已经生效的行政行为，造成公民、法人和其他组织合法权益损失或者损害的，应当依法予以补偿或者赔偿。"对此，即使是专家意见稿，也将其界定为"合法权益保护原则"。由此，即使立法者在《行政许可法》颁布之初就试图明确信赖保护原则在立法中的定位，但是十余年的立法实践对该原则的态度似乎都极为暧昧，至少在形式上如此。作为一个制定法背景浓厚的国家，

---

① 参见许安彪、武增、刘松山、童卫东《中华人民共和国行政许可法释义及实用指南》，中国民主法制出版社2003年版，第62页。
② 参见周佑勇《行政许可法中的信赖保护原则》，《江海学刊》2005年第1期。
③ 参见陈海萍《论对行政相对人合法预期利益损害的救济》，《政治与法律》2009年第6期。

中国法治主流话语均受到法条主义传统深刻影响。[①] 从"有法可依、有法必依、执法必严、违法必究"的"旧十六字方针",到"科学立法、严格执法、公正司法、全民守法"的"新十六字方针",中国都将实定法作为依法治国的根本。如果一个概念在规章以上高阶立法中始终未得到形式上的认可,那么它在中国法治中的地位必定是存疑的,无论学界对其多么热衷。

如果说计较立法中的语词来证明信赖保护原则在中国行政法中的困境尚有些吹毛求疵的话,那么信赖保护原则在现实治理中的缺位可能才是危机真正的预兆。

2013年5月,广西武鸣县的唐某某夫妇申请生育二胎,按照2012年修订的《广西壮族自治区人口和计划生育条例》,只有"双女无儿户"的招婿家庭才有可能生二胎。唐某某家中姐妹四人,并不符合生二胎条件。但是在受理唐某某夫妇申请过程中,由于镇计生服务所办证员曾某某对新条例内容理解不深不透,仍遵照旧的计生条例规定的"男到'多女无儿'家结婚落户,可以申请生二胎"规定,于2013年6月14日通过了唐某某夫妇的申请。2013年10月,曾某某在整理档案时发现了错误,于次月收回已办理的《二孩生育证》。[②]《二孩生育证》作为典型的授益性行政行为,撤销《二孩生育证》自然应为信赖保护原则规制,但从公开报道中我们似乎并未发现曾某某考虑过该原则的相关证据。而政府部门的事后处理,无论是"诚恳道歉、协商解决",还是"纪委介入、成立专门调查组",信赖保护原则也毫无踪迹。如果认为唐某某夫妻的信赖事实相较计划生育秩序与公共利益应当予以保护,那么作为个案维系《二孩生育证》效力即可;如果执行计划生育的国策为重,以财产补偿的方式撤销《二孩生育证》也不失为一种解决方式。遗憾的是,行政机关并未采取这种径路。如果说中国边疆省份一个普通家庭的二胎生育问题尚不足以完全阐述我们的担忧,那么在中国经济中心上海发生的因商改住政策而引发的群体性事件则足以引起我们的

[①] 参见苏力《法条主义、民意与难办案件》,《中外法学》2009年第1期。
[②] 相关事件内容,参见《广西武鸣回应错发准生证:无对民众补偿程序》,《北京晚报》2013年12月22日。

关注。

2017年5月17日出台的《关于开展商业办公项目清理整顿工作的意见》（沪建房管联〔2017〕400号）规定，除了停止审批同类型项目外，也要求完工的单位按照商业办公房屋的功能整改，拆除厨房、卫生间和夹层等居住区。不符合商办要求的物业则不得办理过户。此外，已交屋的单位将被清查，列入违规建筑督促整改，未整改的不能进行二手交易。已出售而未交屋的单位，拆除居住区。未销售的单位停止网签，全面整改。由此引发商住两用房产业主不满导致这类物业不能作为住宅用途，影响到业主的住房或租房权益。综观这一事件，虽然根据1990年颁布的《中华人民共和国城镇国有土地使用权出让和转让暂行条例》第17条规定"土地使用者应当按照土地使用权出让合同的规定和城市规划的要求，开发、利用、经营土地"，但由于本条存在相当大的解释空间，后续也缺乏法律法规对其加以规定，因此在实践中调整商住两用房的实质上是各地的政策。由此形成了地方非正式制度同中央的正式制度的对立。就上海而言，由于商住两用房确实能够在房价持续走高、土地供给不足的情况下满足市民，尤其是中低收入群体和外来人员的住房需求，从而吸引人才入沪，推动城市发展，因此2017年之前的政策相对宽松，商住两用房的地位基本在实践中被认可，也能够按照正常程序完成过户。而在本次维权人群主张的"网签为界"也说明，在此之前的商住两用房至少能够实现网签。作为国家力推的房地产交易规则，网签具有成立合同与推定交易意思真实的法律效力，尤其是其能够通过公示起到和预告登记类似的保障买方债权作用，业已成为与房产有关的交易机制和管理措施的基础，如金融、工商、税务、住房公积金等业务的办理均以网签为依据。[①] 住建部《房屋交易与产权管理工作导则》（建办房〔2015〕45号）规定，无论对于新增商品房还是存量房，房产管理部门都应通过房屋交易与产权管理信息平台核验网签房源并对商品房购房人的购房资格进行审核。对于无查封等限制转让情形、符合交易法律法规政策规定的，可办理网签合同备案手续。这意味着一旦完成网签，交易房源和购房人资格的合法性便得到确认，购房人基于对网签审核的信赖完成包括登记在内的后续程序。由此，上

---

① 参见常鹏翱《存量房买卖网签的法律效力》，《当代法学》2017年第1期。

海形成准予网签审核、默认商住两用房交易的政策惯例,上海市商住两用房交易的繁盛也说明该政策长期为公民所信赖。但是上海市此次突发的商住两用房改革却破坏了这种信赖:在未经过任何听证或征求意见的情况下,直接否定作为房产交易基础的网签效力,使得已经通过网签的业主的财产面临损害风险。虽然此次整改背后具有落实中央控制大城市人口规模、防止房地产"泡沫"的政策目的,但是却在政策执行过程中无视了信赖保护原则。事实上,一周后,上海市政府便放宽了该政策,允许商住两用房的购房者入住,实际上是认可了网签具有的公示效力。而在笔者看来,这更是认可了政府网签审核对公民信赖产生的基础作用,可以说是信赖保护原则的体现。但遗憾的是,我们尚无证据表明上海市政府在放宽政策时采用了信赖保护原则,其更可能是维护社会稳定的折中妥协;即使最终结果是信赖保护原则的作用,作为该原则的研究者,笔者也不愿看到它只是事后"亡羊补牢"的工具。如果上海市政府在之前就考虑该原则,并基于此对公民作出合理解释,相关维权实践可能就不会发生。因此,我们可以说,时隔4年后,即使在法制相对健全的上海,其在信赖保护原则的适用上也只是比中国边疆的广西武鸣迈出了一小步,或许只是半步而已。

而更令我们警惕的是,新冠肺炎疫情防控期间,由于疫情的突发性和复杂性,多地地方政府在应急通告发布上出现前后矛盾的情况:2020年新冠肺炎疫情暴发初期,面对疫情突发,以"第18号通告"形式,废止了同一天发出的"第17号通告"中关于解禁部分人员车辆出汉的规定,引起轩然大波。而在2021年西安新冠肺炎疫情期间,西安市雁塔区先是发布通告称,区疫情防控指挥部拟对部分区域进行管控,后又以"该项工作正在研究协商阶段"为由未按通告进行管控,造成部分群众无所适从,甚至影响原有安排。如果说武鸣和上海的事件略显模糊,那么疫情防控中的"前后打架"现象,虽是特殊情况下的个别案例,仍使得我们对信赖保护原则的缺位困境有了更加直接的感触。

(三)困境引发的反思:现有研究的缺陷

我们阐述上述问题绝非否定信赖保护原则在中国法中的价值以及其对中国法治的意义,对此学界已经作出了许多论述,如主张维护法律秩序的安定性和保护社会成员正当权益、[1] 主张保障私人既得权维护法律安定性、[2] 防控行政信任风险,[3] 以及保护既得财产权的合法预期,为政府的诚信义务施加约束性责任等。只要我们肯定上述意义,并基于此承认中国法下需要某种程度的安定秩序,那么信赖保护原则基于维护法安定性而具有的社会意义便不会过时。而在前文论述中,笔者也多次表示了这样一种观点:信赖保护在很多情况下是解决类似武某案的最佳方式,甚至在一定程度上能够缓解上海商住两用房的合法性争议,但遗憾的是,上述争议案件中行政机关均忽略了该原则。对此,我们不应简单地将症结归咎于广西与上海政府"不懂法",从而忽视了信赖保护原则可能是解决问题的最佳工具,而是应该检讨信赖保护原则自身的问题:这一貌似"成熟"的理论是否隐含着内在的根本性隐患,使得行政机关无从使用呢?通过前期研究,我们发现现行信赖保护原则研究至少在以下方面存在缺陷。

1. 未能有效回应实践发展

我国当下信赖保护理论研究与实践脱节的现象尤为明显,理论发展在很大程度上无法体现实践发展。这种"脱节"集中体现为作用关系与范畴两个层面。

首先,忽视了原则与实践的互动作用关系。不能说中国研究信赖保护原则的学者不重视该原则与实践的结合,因为信赖保护原则进入学理讨论便是"田某案"法院裁判的结果。2005年李洪雷发表的《论行政法上的信赖利益保护》一文也附带考察了陈某球等55人与深圳市社会保险管理局关于补发、续发退休金行政争议案,而余凌云与陈海萍分别在《蕴育在法院判决之中的合法预期》和《论对行政相对人合法预期利益损害的救济》两篇文章中以"合法预期"为视角进行了讨论。直到2015年,王贵松也在《依法行政原则对信赖利益的保护——益民公司诉河南省周口市政府等行政行为违法案分析》中对"益民公司案"进行了详尽分析。可以说,学者们对信赖保护原则的实践一直保持着某种程度的关怀,但这种关怀背后是一个严重的"单方

---

[1] 参见李春燕《行政信赖保护原则研究》,《行政法学研究》2001年第1期。
[2] 参见李洪雷《论行政法上的信赖利益保护》,载浙江大学公法与比较法研究所编《公法研究》(第四卷),中国政法大学出版社2005年版,第76页。
[3] 参见曾坚《信赖保护原则的实有功能及其实现》,《东方法学》2009年第2期。

主义"倾向，即学者们多是站在原则的角度"俯视"实践，试图用实践中的现象、法院的裁判思维来对照原则的教条，最后得出中国的法院究竟在哪些方面体现了信赖保护原则。中国法院的裁判理由中提及的"信赖利益"究竟是不是"信赖保护原则"？抑或是"合法预期"？中国立法实际规定中的"行政机关不得擅自改变已经生效的行政许可"究竟是不是信赖保护原则的体现？这种单方主义视角下，研究者们只重视原则理论对实践的影响和模板效应，而普遍忽视了实践，尤其是法院判决中明文规定的信赖保护对理论的反作用影响，也忽视了这些实践也在不断修正理论，因此它们带有极强的"应然"教化色彩，实际上是一种"西方中心论"在信赖保护原则上的体现——"西方成了传说，成了神话。神话的特点是不敢质疑也不会质疑的盲目崇拜与迷信"[①]。而更令人担忧的是，这股热潮在近期的信赖保护研究中依然未曾减弱：在一篇论述行政规划领域信赖保护原则适用的文章中，作者以2007年前后的信赖保护原则理论为基础，建构了规划实践中实施该原则的结构，却忽视了在10年间信赖保护原则实践早已日新月异，[②] 行政规划正是信赖保护原则作用发挥的重要领域。

其次，研究范畴上忽视实定法解释与司法案例。或许因为素材的难以获取性，在笔者检索范围内到目前为止尚未有研究者对行政实践中信赖保护原则的使用作出专题论述，[③] 而行政机关的行为也更多的是作为信赖保护原则规训的对象。相对于此，立法与司法判例却提供了十分丰富的资源。

第一，虽然有所争议，但《行政许可法》便在立法者的视角中引入了该原则，各地方立法中也在不同程度上写入了信赖保护的规定。如《广州市依法行政条例》在征求意见稿中便将第10条明确界定为"信赖利益保护"。而如果我们以广州市的态度为参考，那么浙江、湖南等地的地方行政程序规

---

① 支振锋：《西方话语与中国法理——法学研究中的鬼话，童话与神话》，《法律科学》2013年第6期。

② 参见季晨溦、肖泽晟《论信赖保护原则在城乡规划变更中的适用》，《南京社会科学》2017年第2期。

③ 有学者虽然对泉州市工商局的行政指导实践进行过论述，但阅读后笔者认为该文更多的是以合法预期对泉州市工商局的实践加以解说与提炼，而非总结、梳理工商局的合法预期实践。参见余凌云《行政指导之中的合法预期——对泉州工商局实践经验的考察与思考》，《法学家》2007年第9期。

定中均存在类似条款。如此，信赖保护原则便有了一定的实定法资源。其绝对数量可能依然较少，但这对于以法教义学为主流方法论的中国行政法学来说无疑是难能可贵的解释基础。但遗憾的是，至今无论是信赖保护原则还是行政程序法的研究者，似乎都未对这类条文给予足够的关注，其结果是笔者尚未检索到任何一篇对此问题进行研究的论著。而学者们忽视的不仅是地方（程序）立法中的信赖保护条款，即使对《行政许可法》第8条与第69条乃至2004年国务院《全面推进依法行政实施纲要》（以下简称"《04纲要》"）中"诚实守信"的规定，书斋中的学者同样未给予教义学或解释学的关怀：在行政许可法领域尚有《〈行政许可法〉"信赖保护条款"的规范分析》和《行政相对人合法预期保护之研究——以行政规范性文件的变更为视角》等论著对第8条与第69条作出过较为严谨的教义学注释，而针对《04纲要》，无论是其颁布之初学界的研究（典型如《论当代行政法上的信赖保护原则》）抑或近年来杨登峰在诚信原则下（《行政法诚信原则的基本要求与适用》）、黄学贤（《行政法中合法预期保护的理论研究与实践发展》）在合法预期下作出的研究，对"诚实守信"的研究均呈现出"评论式"，即抽象评价其意义和产生信赖保护的客观效果，但是并未从法教义学视角对其进行注解。如此就颇令人玩味了：虽然两者与信赖保护原则的关系仍存在较大争议，但在立法者已经明确其"体现信赖保护原则"的情况下，行政法教义学的坚持者的态度多为质疑其与原教旨信赖保护原则或合法预期的适配性，而非以其为规范基础解释，这无疑与法教义学反对将法律规范降低到与别的因素相同的地位、主张法律规范的主体地位的基本立场相悖。[①]

第二，当下学界在研究范畴方面存在的更致命问题在于对司法判决的忽视。如果说行政对信赖保护原则的重视有所不足，立法是否确立了信赖保护原则尚存争议，那么法院对该原则的态度远比我们想象的积极。据网络公开检索，早在2002年江苏高院便在"夏某诉徐州市房产管理局撤销房屋所有权证案"中引入了"信赖"概念。[②] 而在之后的10余年中，不仅最高人民法院通过"最高人民法院公报""中国行政审判案例""环境保护行政案件

---

① 参见雷磊《法教义学的基本立场》，《中外法学》2015年第1期。
② 参见（2002）苏行再终字第002号行政判决书。

十大案例""行政审判十大典型案例"等形式公布了10个明确使用信赖保护概念的案例,① 最高人民法院和地方法院明确使用"信赖保护原则"语词的案件更是不胜枚举。可以说,中国法院是中国信赖保护原则生成与发展最积极的推动者,但是学者对待案例的态度却十分消极:除了前文所述的试图用"案例对照原则"的"单方主义"视角外,还体现在无法以法院裁判文书为基础进行类型化研究,从而展现信赖保护原则在中国真正的运行轨迹。现存代表性的案例解析研究均将打击重点集中于"益民公司诉河南省周口市政府等行政行为违法案"(以下简称"益民公司案"),更加重了这种现象。

至此,我们已经花费了足够多的甚至有些过多的笔墨来描绘中国信赖保护原则的学理研究对中国实践的脱节问题。正是因为这种脱节,学理无法及时吸纳实践中信赖保护原则的发展成果,并通过法学研究反作用于实践,为国家政权各分支的行为提供理论支撑。由此,我们当然不能期待武鸣和上海的国家机关使用一个近乎纯学理的工具。如果我们回头看,信赖保护原则恰恰面临和几十年前日本民法学者研究同样的问题:日本学者十年如一日埋头在外国的法典之中,并且还以概念的精确和逻辑推理的一贯性而自豪。这并不是说严密地研究法典、研究外国法学就是有害无益的,但是一味埋头在此而忘记面对现实世界,仅仅无益地拿概念和逻辑做游戏以此来讲解日本现行法的倾向是必须反对的。②

2. 概念之间缺乏有效整合

与实践脱节固然是信赖保护原则研究面临的最主要问题,但是这种理论与实践的外部碰撞并非该原则面临的唯一问题,因为中国法信赖保护原则的语境下,长久以来存在着三个在逻辑上看似毫不相关但却共生的概念:信赖保护、合法预期与诚信原则。如果我们将2000年设定为信赖保护原则的中

---

① 这10个案件分别是:"益民公司诉河南省周口市政府等行政行为违法案""慈溪市华侨搪瓷厂诉浙江省慈溪市国土资源局不履行土地调查法定职责案""郑州市中原区豫星调味品厂诉郑州市人民政府行政处理决定案""洋浦大源实业有限公司与海南省林业局行政侵权并请求行政赔偿上诉案""谷西村委会诉洛阳市人民政府土地行政许可案""郭某明诉广东省深圳市社会保险基金管理局不予行政奖励案""吴某琴等诉山西省吕梁市工伤保险管理服务中心履行法定职责案""范某运等诉邹平县魏桥镇人民政府等规划许可暨行政赔偿纠纷案""邓州市云龙出租车有限公司诉邓州市人民政府出租车行政管理案""苏某华诉广东省博罗县人民政府划定禁养区范围通告案"。

② 段匡:《日本的民法解释学》,复旦大学出版社2005年版,第95页。

国法起点，以余凌云发表第一篇中国合法预期原则文章——《行政法上合法预期之保护》作为合法预期原则的中国法起点，而以潘荣伟的《政府诚信——行政法中的诚信原则》，行政法诚信原则关涉信赖保护原则的 2004 年作为与"与信赖保护相关的诚信原则"的中国法起点，①那么这三种原则几乎同时产生，又似乎都涉及信赖保护的问题，②但三者之间的关系却未能得到有效的厘清。

首先，信赖保护与合法预期两套话语自说自话。德国法背景的学者与英国法背景的学者就"中国法究竟应当引入信赖保护抑或合法预期"的问题存在长久的争执，双方虽然逢文便比较差异，但似乎一直未能说服对方，"信赖保护与合法预期之间的区别"也成为撰写信赖保护或者合法预期的论文必备的话题。所谓合法预期，据法拉·艾哈迈德（Farrah Ahmed）和亚当·佩里（Adam Perry）所言，是"当你对公权力主体以何种方式履行裁量权存在合法预期时，如果你的预期落空，则你有资格请求法律保护"③。而遵循余凌云的界定，合法预期实际上有着广义、狭义之分。狭义的合法预期是指相对人因行政机关的先前行为（如曾制定过政策、发过通知、作出过指导或承诺等），尽管没有获得某种权利或者可保护利益，但却合理地产生了对行政机关将来活动的某种预期（如行政机关将会履行某种程序或者给予某种实质性利益），并且可以要求行政机关将来满足其上述预期。行政机关除非有充分的公共利益理由，否则原则上不得拒绝。所以，狭义的合法预期是在司法审查传统上所保护的权利和利益之外建立起来的第三维度。它要保护

---

① 之所以使用"与信赖保护相关的诚信原则"，是因为在笔者能够检索到的中国第一篇有关行政法诚信原则的文章（戚渊：《试论我国行政法援引、诚信原则之意义》，《法学》1993 年第 4 期）中，作者将诚信原则界定为："1. 不偏听偏信，有是非观念；2. 行政行为正直、人道、适当；3. 行政行为合法合理合情；4. 程序公开公平正当。"显然，此时的诚信原则的含义已经超越了前文所述信赖利益保护原则的基本含义，包含了之后被明确的正当程序、依法行政、合理行政、信息公开等多种基本制度，而与我们通常理解的形式上的信赖利益保护原则之间则无过多联系。

② 即使在合法预期中也涉及信赖保护的问题，如在英国法中，如果一个个体表示已经被信赖，行政机关之后改变意图并作出了一个与初始表达不一致的个体化决定，这类行为引起的争议就是合法预期争议的典型案件类型之一。参见 Paul Craig, *Administrative Law*, 7th edn, London: Sweet & Maxwell, 2012, p. 688。

③ Farrah Ahmed and Adam Perry, "The Coherence of The Doctrine of Legitimate Expectations", *Cambridge Law Journal*, Vol. 73, No. 1, 2014, p. 61.

的不是权利，也不是利益，仅仅只是相对人因行政机关的行为而产生的对预期的信赖。广义的合法预期是包括可保护利益甚至权利在内的并与之纠缠不清的综合维度。撤销或废止行政行为，也可能会违背当事人对其权益继续持有的预期。① 但在中国法学者的语境下，合法预期和信赖保护的关系其实较为复杂。

虽然中国学者较为统一地认定普通法国家并不存在"信赖保护原则"的名称，但就二者在内容上的关系尚未达成共识。第一种意见认为英国法上存在与德国信赖保护原则大体相当的概念，即德文"信赖保护"（vertrauenschutz）最初英译为"protection of legitimate reliance"（"正当信赖保护"），后又译为"protection of legitimate expectations"（"正当期待保护"）。因而"信赖"和"期待"在这里被学者当作同义语（刘莘著《诚信政府研究》、张兴祥著《行政法合法预期保护原则研究》），甚至余凌云的早期观点也持此论。第二种较为谨慎的意见认为，二者虽然存在很多相似之处，甚至极为近似，但是仍然不能轻易认为等量齐观，如闫尔宝认为英美法虽未提出明确的信赖保护原则，但是有与其相通的制度，并且认为在英国与信赖保护原则最为接近的便是正当期待制度。第三种是以余凌云晚近为代表的"合法预期"与"信赖保护"实为两个概念，只是起到类似作用的观点。②

其次，诚信原则与信赖保护之间的关系缺乏有效辨析。《04 纲要》对"诚实守信"的要求为：行政机关公布的信息应当全面、准确、真实。非因法定事由并经法定程序，行政机关不得撤销、变更已经生效的行政决定；因国家利益、公共利益或者其他法定事由需要撤回或者变更行政决定的，应当依照法定权限和程序进行，并对行政管理相对人因此而受到的财产损失依法予以补偿。在学理中，多数学者承认信赖保护原则与诚信原则有着或多或少的联系，只是因关联程度不同而形成以下五种学说：第一，等同说，即认为诚实信用原则就是信赖保护原则，二者并无区别；③ 第二，体现说，即信赖

---

① 余凌云：《行政法上合法预期之保护》，《中国社会科学》2003 年第 3 期。
② 参见余凌云《英国行政法上合法预期的起源与发展》，《环球法律评论》2011 年第 4 期；刘飞《信赖保护原则的行政法意义——以授益行为的撤销与废止为基点的考察》，《法学研究》2010 年第 6 期。
③ 参见刘丹《论行政法上的诚实信用原则》，《中国法学》2004 年第 1 期。

利益保护原则是诚实信用原则在行政法领域的体现;[1] 第三,保障说,即为了保障政府的诚实信用,方才有信赖保护原则的创立;[2] 第四,理论依据说,即信赖保护原则是由诚信原则推导出的,后者是前者的理论基础;[3] 第五,"涵盖说",即"诚信原则可以成为信赖保护原则理论依据之一,但是二者并非同一,信赖保护原则只是诚信原则的一个具体组成部分"。[4] 可以说,就信赖保护原则与诚信原则在中国行政法中的关系而言,虽然有《04纲要》提供实定法基础,但是二者关系依然如信赖保护与合法预期一样缺乏有效辨析。

综上可以发现,一直被视为相关概念的信赖保护原则、合法预期原则和诚信原则在中国法的框架内虽然有相当程度的关联性,虽然这三者的源头分别是德国法、英国法和民法,但是当其同时被纳入中国法的范畴时,以统一的中国法为适用基础以及作用背景的特殊性会极大地消解其来源带来的差异。但是直到今日,这三者之间的关联与区别仍未得到根本性的清理,三种概念的主张者仍存在相当程度的自说自话,由此导致了信赖保护原则及其相关概念之间缺乏有效的整合,不同的概念效力之间未形成合力,从而导致信赖保护原则概念内部缺乏强大的凝聚力。这种内部凝聚力的缺乏进一步加重了与外部实践脱节为信赖保护原则带来的危机。

另外,笔者基于上述分析,对三种概念在本书中的使用作出说明:本书中的合法预期的基本立场是与信赖保护原则相区分的,作为不同的话语体系,虽然根据后文研究,这二者之间是可以予以整合的;诚信原则亦采用与信赖保护原则不同的基本认定,其基本理论认定同《04纲要》中"诚实守信"的要求,但在涉及法院审判使用三种概念时的具体含义则不在此限。

言至此处,我们似乎可以认为,并不是行政机关无视信赖保护原则,而是中国法中的信赖保护原则自身存在着重大隐患,影响了其可适用性与治理者的使用热情。2000 年,何海波面对"田某案"时曾发出感叹:"信赖保护

---

[1] 参见潘荣伟《政府诚信——行政法中的诚信原则》,《法商研究》2003 年第 3 期。
[2] 参见应松年主编《行政法与行政诉讼法学》,法律出版社 2006 年版,第 43 页。
[3] 参见李春燕《行政信赖利益保护研究》,《行政法学研究》2001 年第 3 期。
[4] 参见闫尔宝《行政法诚实信用原则研究》,博士学位论文,中国政法大学,2005 年,第 112—118 页。

原则本来是解决这一问题最好的方式，但是因为国内尚无一本著作、一篇文章对此加以论述，使得法官无从使用。"作为20年后的研究者，此时也不免发出同样的感叹：此时的中国，虽然有近百篇论文和论著研究信赖保护原则，却因为缺乏结合中国实践的深入论述，该原则在很大程度上徒有其表，行政官员与法官即使试图援引也无从着手。这种境况正是本书需要直面并能够解决的问题：我们需要重新发现一种适合中国当下实际、能够解决当下中国问题的"中国法"信赖保护原则。

借此，我们对上述概念的使用加以说明：除后文第四章第二节中合法预期、诚实信用等相关内容外，本书论述所使用的"信赖保护原则"均为形式意义的信赖保护原则，不区分其实质内容究竟是信赖保护还是合法预期，即只要学者、立法者意见、规范和司法判例使用了"信赖保护原则"的相关语词，就都属于本书的论述范围。而与合法预期以及诚实信用原则相关概念则统一在第四章第二节加以论述，即除第四章第二节外，信赖保护原则的含义统一指形式意义的信赖保护原则。

二 研究方向与范围

（一）法规范的梳理与解释

正如前文所言，如果我们将《行政许可法》第8条和第69条规定视为信赖保护原则，那么中国法中信赖保护原则的实定法规范便会变得相对广泛，即从作为法律的《行政许可法》到作为地方性法规和地方政府规章的各地方行政程序规定，再到以国务院法制办《撤回、撤销、注销、吊销行政许可的适用规则》为代表的各种规范性文件，都是信赖保护原则的实定法源。但是法规范样本的扩展也意味着信赖保护规范分布更为零散。因此，本书拟将实定法要素作为中国信赖保护原则的一种独立要素，用单独的一章对其进行梳理，并进行体系化解释，展现该原则在立法层面的教义学逻辑。

（二）司法判例的类型化研究与逻辑推演

在中国当下的情境中，法院是适用信赖保护原则最为积极的主体，而司法实践中，信赖保护原则的适用也远远领先于停滞不前的立法和逐渐固化的学理，因此司法判例是本书最重要的实证来源。为最大限度展现信赖保护原则在中国的实践现状，本书拟选取《中国行政审判案例》四卷本中的案例、

《最高人民法院公报》上公布的案例、中国裁判文书网和"理脉""聚法"案例库中以"信赖保护""信赖利益保护""信赖利益""信赖"等为关键词检索并筛选后获得的案例，以及最高人民法院和地方人民法院以其他形式公布的、明确使用信赖保护原则的案例，如"环境保护行政案件十大案例""行政审判十大典型案例"等作为分析样本，对上述案例在宏观层面以学理类型和行政管理类型作为双重分类标准进行类型化，展现出其整体样态；而在微观层面则借助判例研读的方法，分析法院具体的裁判思维，并且将法院的裁判思维进行提炼和归类，类型化为中国法院对待信赖保护原则的思维模式，以求一方面展现与学理、规范分析结论不同的信赖保护逻辑，另一方面也与之前的宏观研究形成对照，共同构建中国法信赖保护原则的图景。

（三）比较法的科学借鉴

就一般的观感而言，研究信赖保护原则一定会涉及德国法与英国法，但比较法对本书研究而言则并非必需。由于本人外语水平有限，因此涉及合法预期的相关研究会完全借助英文文献，而关于必要的信赖保护的德文与日文文献，将主要通过我国台湾地区文献的"转介"达成。但更为重要且必须事先说明以防误解的是，比较法的引入既非信赖保护原则研究之必要，也非本书研究之不可或缺，因为本书的目的并不在于通过中德或中英相关制度的对比探求中国法的德国法信赖保护原则或英国法合法预期的"继受程度"，[①]也不在于比较中国法与德国法或英国法制度现状的异同，前者无助于从根本上解决信赖保护原则的现实困境。因为即使将德英制度完全继受，也不一定能够解决现实困境，外国制度在中国的水土不服已经比比皆是；而就后者而言，由于缺乏对实践进行充分的知识吸纳以及概念之间缺乏有效整合，中国信赖保护原则尚未生成具有主体性的知识体系与基本架构，缺乏与外国比较的基础。正如我国台湾学者黄舒芃所言："比较"的主要任务在于探究比较对象各自发展差异背后的原因，可见"比较"基本上必须以比较对象各自拥有完整、可供考察之法秩序背景为前提。[②] 因此，如前文所言，本书的目

[①] 正如学者所言："法律继受"本质上强调的是对作为"继受他国法"的忠实效仿，而本书并非研究中国法对德国法或英国法的"继受"是否"忠诚"。参见赵宏《法治国下的目的性创设——德国行政行为理论与制度实践研究》，法律出版社2012年版，第3页。

[②] 黄舒芃：《变迁社会中的法学方法》，中国台湾元照出版公司2009年版，第246页。

的是发现与重述中国行政法信赖保护原则的主体性脉络与独立知识谱系，使其较之外国法具有主体性，而这种任务并不以比较法的引入为必要，中国大陆立法条文、司法判例与学者的论述才是最重要的观测点。

三 基本命题与论证思路

（一）基本命题

本书的基本命题是当下中国信赖保护原则的理论、规范与实践存在着相互成就的三重断层。在中国行政法中，信赖保护原则不具有作为涵射整个体系的基本原则地位，其更适宜被看作一种保护公民、法人和其他组织权益的工具，以更加注重权益的实际保护而非限制对既有法律状态的变动的方式发挥作用，进而在当下的中国寻求生成之道。

（二）论证思路

基于以上问题意识和研究方法的选择，笔者既不是在论述中国法的信赖保护原则对德国法或者英国法的相关概念实现了何种程度的继受，也无意阐述信赖保护原则超脱于国别界限的一般原理，研究目的在于展示经历了20个春秋、生长于中国大陆这片土地上的中国法信赖保护原则的元素，以及在此之上的基本架构，塑造一个可以在未来与德国法、英国法相关进行"比较"的中国法概念，进而在此基础上对这一基本架构的未来发展作出研判。因此，本书基本思路可分为如下部分。

第一，信赖保护原则既有理论框架整理。信赖保护原则被引入中国有两个重要的节点，即"依法治国"进入宪法与中国加入世界贸易组织。它们的基本要求都是在客观层面来限制政府行为，规范政府权力，而中国学人的主流学说将以法安定性原则为基础的域外信赖保护作为保护个体权益的工具，并在此基础上搬运域外信赖保护原则的保护条件与保护方式构造。这种思维不仅在外部不契合规范政府行为的依法行政主流思潮，在内部也造成了"引进目的"与本土需求的断裂。

第二，中国信赖保护条款梳理与分析。就目前的司法实践而言，法院基本上认可《行政许可法》第8条与第69条作为中国信赖保护条款的地位，但应以第8条内容为主、第69条内容为辅，对中国的信赖保护条款做两层次的解读，即限制行政权对既有法律关系的变动，以及对法律关系变动给予补救措施。以此两条为基础，我们可以梳理出中国实践中的一系列信赖保护条款，包括地方行政程序规定、优化营商环境规定和具体领域的行政许可规范。虽然信赖保护的内涵包括行政行为实质存续力、行政行为变更要求以及信赖利益的损害补偿，但规范行政机关行为、限制法律关系变化的第一层次仍是原则性的规范条款。除此之外，我们还对许可法之外的实践规范基础进行了考察，得出的结论是法官并不重视选择规范基础，这些规范基础仍较为散乱，且侧重权利保护的规范基础的地位高于客观秩序维护的规范基础。

第三，司法实践中 3208 件裁判文书的研读。通过研读整体层面中国法院适用信赖保护原则作出的 3208 件裁判文书，我们发现法院已经在整体层面削弱了信赖保护在行政法体系中的地位，将其倾向于一种法院适用的、用以保护权益的工具；而在保护对象的生成方面，法官的思路基本上可概括为"信任"与"依赖"两种基本路径，其余要素，诸如信赖正当性、案件类型、利益衡量要素等在司法审查中对基本路径产生构成"搭积木"式增补作用；在认可信赖利益应当被保护的情况下，法院主要将信赖保护作为权益落实的工具，以违法性判断和介入行政为辅助价值，因此其行政法基本原则地位是存疑的。

第四，信赖保护原则在中国法中的定位发现。首先，以理论考古、规范解释和实践梳理为基础，信赖保护原则在行政法层面应被作为司法机关个案审判中保护权益的工具，在此基础上以法治国家条款、基本权利、客观秩序面向与特定权利的主观请求权，使其获得现实宪法的解释力。其次，在以上现实定位的基础上，比较合法预期与诚实信用，指出合法预期在中国行政法内已经为信赖保护原则概念所基本吸收，而由于合法预期在中国法中的概念预设存在一定局限性，不宜作为独立概念。而且，信赖保护与行政法诚实信用在具体适用层面各有侧重，前者侧重权益保护，后者侧重客观秩序维护。再次，在整体理论层面，信赖保护、合法预期与诚实信用应见容于《04 纲要》"诚实守信"要求。以此两点，明晰信赖保护原则在相关概念体系中的定位。最后，以未来体系建构为视角，借助《中华人民共和国行政法总则》（以下简称"行政法总则"）的制定，以明确法定事由和正当程序原则为通道，提取补救措施的必要性并将其作为公因式。

第一章 信赖保护原则的中国法学理框架：一个学术史的考察

正如前文所言，是中国学人将信赖保护原则引入了中国行政法，并在相当长的时间内持续推动着该原则的实定法化与司法进程。最高人民法院之所以在该原则被引入中国仅仅4年后便在"益民公司案"中引入信赖保护原则，也与本案双方委托—代理人分别是应松年、张树义、马怀德与宋雅芳等国内知名行政法学者密不可分。无论通过何种途径，中国学者在极短的时间内进行了为数众多的信赖保护研究，为中国行政法引入了一套全新的概念体系。正是学者的努力，法官在面对类似"田某案"的情况时，至少可以选择更多的概念工具，即在中国行政法框架内，学理是信赖保护原则的先行者，而立法与司法案例更多的只是后来人。另外，由于学术研究成果众多，观点难免有所冲突，因此我们有必要首先对理论层面的信赖保护原则加以整理，为我们的后续研究提供一个可供比较与反思的学理框架。正如学者所言，由于我国信赖保护原则的研究从根本上是以大陆法系的制度框架和实践运作为参照范本，研究也体现出更多的格式化描述，[1] 中国本土的学理大厦在客观上是构筑于域外法的概念地基上的。因此，我们还需要对中国与作为模板的域外法理论加以比较，从而获取中国信赖保护原则的研究者对域外法的态度。综上所述，作为学理框架的本章内容实际上包含以下三部分内容：第一，中国学者面对卷帙浩繁的域外研究究竟选择了哪些作为中国信赖保护原则的理论模板？这些研究本身意味

---

[1] 参见陈海萍《行政相对人合法预期保护之研究——以行政规范性文件的变更为视角》，法律出版社2012年版，第17页。

着什么？第二，中国学者究竟出于何种目的引入了信赖保护原则？他们对这种原则又有着何种期待？第三，基于上述期待，中国学人是如何构筑中国法信赖保护原则的概念大厦的，从而实现这种"目的性创设"。

第一节　中国行政法的时代逻辑与域外法模板选择

一　信赖保护原则进入中国之时的行政法逻辑

有公法学者有言："公法是一种复杂的政治话语形态，公法领域的争论是政治争论的延伸。"① 任何法律制度都不能脱离当时的国家政法环境而存在，是一国当时的国家政法环境的映照，域外制度更是如此——学者从域外引入该项制度必然不是单纯的学术考量，是为了解决当时法治环境下已然出现的问题，信赖保护原则也莫不如是。因此，我们首先需要回到2000年左右，体会中国行政法在那个时代的逻辑，以及那个时代下中国行政法学人的关怀，也许能够对信赖保护原则，尤其是信赖保护原则的"西法东渐"有更深刻的理解。

如果我们回望信赖保护原则初始进入中国行政法视野的2000年，会发现这个年份其实非常特殊：在它之前的1999年，"中华人民共和国实行依法治国，建设社会主义法治国家"正式被写入《中华人民共和国宪法》修正案，由此"依法治国"被正式上升为国家意志，标志着法治原则被全社会普遍承认和接受，极大地促进了从依法办事到法律至上的转变。② 而这种国家治理理念的转变也对中国行政法产生了深远影响。何谓"依法治国"？学者们虽然意见并不完全统一，但是对于基本要点却意见一致，即规范政府行为，建立符合市场经济要求的公平的法律秩序。可见，依法治国的关键在于政府。那么，依法行政便实现了与依法治国的对接，成为依法治国的核心内容。

而在其之后的2001年，经过15年漫长而曲折的谈判，中国终于成为世贸组织（WTO）新成员。加入世贸组织对中国发展的意义不言自明。2018年6月国务院新闻办公室发布的《中国与世界贸易组织白皮书》显示，自

---

① ［英］马丁·洛克林：《公法与政治理论》，郑戈译，商务印书馆2004年版，第8页。
② 赵世义：《九九修宪与依法治国》，《法律科学》2000年第1期。

2001年"入世"以来，按照汇率法计算，中国国内生产总值占世界的比重达到14.8%，较2001年提高10.7个百分点；2001—2017年，中国货物贸易进口额年均增长13.5%，高出全球平均水平6.9个百分点，已成为全球第二大进口国；2001—2017年，中国服务贸易进口从393亿美元增至4676亿美元，年均增长16.7%，占全球服务贸易进口总额的比重接近10%。自2013年起，中国成为全球第二大服务贸易进口国；加入世贸组织后，外商直接投资规模从2001年的468.8亿美元增加到2017年的1363.2亿美元，年均增长6.9%……除了可见的数据外，"入世"对中国法治的发展也产生了深远影响。就制度而论，加入世贸组织后，中国大规模开展法律法规清理修订工作，中央政府清理法律法规和部门规章2300多件，地方政府清理地方性政策法规19万多件，覆盖贸易、投资和知识产权保护等各个方面。2014年，制定了进一步加强贸易政策合规工作的政策文件，要求各级政府在拟定贸易政策的过程中，对照世贸组织协定及中国加入承诺进行合规性评估。2016年，建立规范性文件合法性审查机制，进一步清理规范性文件，增强公共政策制定透明度和公众参与度。这一系列制度变革背后的根本指向正是调整政府与市场之间的关系。根据WTO的要求，中国需要更加深入地进行改革，大刀阔斧地调整政府与市场之间的关系，将市场作为资源配置的主要手段。而调整政府与市场之间关系的关键依然在于政府，而对于政府的基本要求则是规范行政权力，减少对市场经济的不当干涉，实现依法行政。由此，以行政机关为核心研究对象的中国行政法也不可避免地被卷入了"入世"的历史大潮中。正如学者对2001年的中国行政法研究作出评述时说的那样："（入世）意味着21世纪的行政法学研究将发生重大变化，即行政法学者不能像过去那样将行政法仅当作'国内法'加以研究。"[1]

我们发现，1999年"依法治国入宪"确立了国家内部治理方式的法治化转型目标，而2001年的"入世"也对中国法治与政府治理提出了"全球化"的要求，进而无论是内部的"法治化转型"还是外部的"全球化"要求，本质上都要求中国实现治理方式的转变，建立一套与国际接轨的法治框架，而在这种法治框架的建立过程中，放松管制，知识产权保护，避免地

---

[1] 冯军、刘翠霄：《行政法学研究述评》，《法学研究》2001年第1期。

保护主义,建立公平竞争的市场环境,其核心与根本作用点都在于中国政府。由此,宪法上的"依法治国"与国际法视野下的"对接 WTO 规则"被转化为中国行政法中的"依法行政"——它既是世纪之交中国行政法的基本目标,也是世纪之交的中国行政法学者最为关心的问题。而接下来的问题便是"何谓依法行政"。

对于"依法行政"的理解存在动态的变迁,但在世纪之交的行政法学者看来,其至少有以下基本要素。①

第一,职权法定,即行政机关必须在法律规定的职权范围内活动。非经法律授权,不可能具有并行使某项职权。

第二,法律保留,即凡属宪法规定只能由法律规定的事项,或者只能由法律规定,或者必须在法律明确授权的情况下,行政机关才有权在其所制定的行政规范中作出规定。

第三,法律优先,即在已有法律规定的情况下,任何其他法律规范,包括行政法规、地方性法规和规章,都不得与法律相抵触,凡有抵触,都以法律为准;在法律尚无规定,其他法律规范做了规定时,一旦法律就此事项作出规定,则法律优先,其他法律规范的规定都必须服从法律。

第四,依据法律,即行政机关行为必须依据法律,或者说,必须有法律依据。

第五,权责统一,即行政机关必须行使职权,且必须尽一切力量履行法定义务。

综上所述,我们可以得出一些基本结论。

首先,世纪之交的中国行政法关注的核心问题依然是依法行政。

其次,中国学者在那时关注的依法行政的核心是规范行政权力,无论是行政程序立法还是司法审查,其出发点依然是对权力的监督。也就是说,学者的作用面向依然是政府,力图建立一套规范的行政法治秩序。这也解释了当年在平衡论异军突起的情况下控权依然是多数学者的主张。

最后,权利保护只是规范政府权力的附带效果,即规范政府权力本身就是在进行权利保护。当时对二者的区别有充分认识的学者并不多,而将权利

---

① 参见应松年《依法行政论纲》,《中国法学》1997 年第 1 期。

保护提升到重要地位的学者也很稀有,仅有王锡锌、沈岿专门撰文表达过类似观点。①

结合以上三点,我们可以说,21世纪初期的学者试图建立的"依法行政",从根本上来说是一种客观面向的、以政府为着力点、强调规范政府行为、塑造客观行政法秩序的"依法行政"。而这一判断,也构成我们观察信赖保护原则的时代背景。信赖保护原则的引入是否能够契合这一时代背景,很大程度上决定了其在中国行政法中的地位高低。另外,站在今日回望信赖保护原则,可能正是与时代需求在逻辑上的某种"未完全对合",才产生了本书一开始提出的诸多问题,影响了其在中国行政法中的命运。

二 作为模板的域外法理论:中国大陆学人的选择

从20世纪中叶开始,德国、日本等大陆法国家与中国台湾等地区对信赖保护原则展开了大量研究。或许因为语言与精力所限,中国大陆学人在客观上无法顾及所有各国存在的研究成果,而在主观上,他们对中国大陆以外理论的关注必然伴随着中国法的具体问题,是为了解决中国实践中存在的相关问题,因此在理论的选择上必然伴随着一定的目的性。正是这些目的性在主观上限缩了能够进入学者视域的理论范围,从而导致只有为学者所选择性借鉴的境外理论才是中国法信赖保护原则的模板。而在学术规范性的要求下,这种选择最明显的体现则是著作对中国大陆以外理论的援引。因此,笔者对2000年以来中国大陆学者对中国大陆以外理论的援引情况加以梳理,结果如表1-1所示。

表1-1　　　　中国研究中对中国大陆以外信赖保护原则的援引

年份	文章	渊源	原因内容
2000	何海波:《通过判决发展法律》	吴坤城:《公法上信赖保护原则初探》,收于城仲模主编《行政法之一般法律原则(二)》,中国台湾三民书局1997年版	理论依据,适用条件,保护方式,适用情形

---

① 参见王锡锌、沈岿《行政法理论基础再探讨——与杨解君同志商榷》,《中国法学》1996年第4期。

续表

年份	文章	渊源	原因内容
2000	沈林荣:《试论具体行政行为撤销的限制》	《德国联邦行政程序法》第48条	
2000	戚建刚:《行政主体对瑕疵行政行为的自行性撤销及其限制》	[日]盐野宏:《行政法》,杨建顺译,法律出版社1999年版	适用情形:授益行政行为撤销
2002	刘莘、邓毅:《行政法上之诚信原则刍议》	翁岳生编:《行政法》,中国台湾翰芦出版有限公司1998年版	表现形式,适用情形
2003	司坡森:《试论我国行政登记制度及其立法完善》	未涉及	
2004	陈莹:《行政法基本原则的丰富与发展》	未涉及	
2004	陈保中:《法治:打造信用政府》	未涉及	
2004	曹康泰:《行政许可法对政府管理的影响》	未涉及	
2004	莫于川、林鸿潮:《论当代行政法上的信赖保护原则》	(1)吴坤城:《公法上信赖保护原则初探》,收于城仲模主编《行政法之一般法律原则(二)》,中国台湾三民书局1997年版; (2)盐野宏:《行政法》,杨建顺译,法律出版社1999年版	(1)吴坤城:宪法渊源、理论渊源 (2)盐野宏:理论渊源
2004	曹琼:《有限政府下的行政许可》	未涉及	
2004	李洪雷:《论行政法上的信赖保护原则》	(1)林合民:《公法上之信赖保护原则》,硕士学术论文,中国台湾大学法律学研究所,1985年; (2)吴坤城:《公法上信赖保护原则初探》,收于城仲模主编《行政法之一般法律原则(二)》,中国台湾三民书局1997年版; (3)林锡尧:《行政法要义》,自刊行1999年版; (4)陈敏:《行政法总论》,中国台湾三民书局1998年版	(1)林锡尧:适用要件(正当信赖与公共利益) (2)林合民:"信赖"的界定;抽象与具体信赖的界分;理论依据的意义;诚实信用与信赖保护关系的否定说;社会国原则与信赖保护原则的关系

续表

年份	文章	渊源	原因内容
2005	周佑勇：《行政许可法中的信赖保护原则》	吴坤城：《公法上信赖保护原则初探》，收于城仲模主编《行政法之一般法律原则（二）》，中国台湾三民书局1997年版	适用条件
2005	肖金明：《行政许可法制与开放政府、信用政府》	未涉及	
2005	胡玉鸿：《论私法原则在行政法上的适用》	台湾"司法院"行政诉讼及惩戒厅编：《公法私法之区别·行政法一般法律原则·行政处分之定义解释、裁判选辑》，司法周刊杂志社2000年版	信赖保护原则适用举例
2006	王智斌：《行政许可法的制度创新与私权潜能》	未涉及	
2006	张兴祥：《行政法合法预期保护原则研究》	（1）洪家殷：《信赖保护及诚信原则》，载"台湾行政法学会"编《行政法争议问题研究》（上），中国台湾五南图书出版股份有限公司2000年版； （2）[日]盐野宏：《行政法》，杨建顺译，法律出版社1999年版； （3）李震山：《论行政损失补偿责任》，载应松年主编《海峡两岸行政法学学术研讨会实录2004年》； （4）吴坤城：《公法上信赖保护原则初探》，收于城仲模主编《行政法之一般法律原则（二）》，中国台湾三民书局1997年版	（1）洪家殷：保护条件与适用领域 （2）盐野宏：理论渊源 （3）李震山、吴坤城：内涵
2006	冯举：《纠错行政行为与信赖利益保护》	翁岳生：《行政法》，中国政法大学出版社2000年版	正当信赖与现状

续表

年份	文章	渊源	原因内容
2007	何海波：《具体行政行为的解释》	未涉及	
2007	程建：《对行政信赖保护原则的法律分析》	（1）毛雷尔：《行政法学总论》；（2）吴坤城：《公法上信赖保护原则初探》，收于城仲模主编《行政法之一般法律原则（二）》，中国台湾三民书局1997年版；（3）李惠宗：《行政法要义》，中国台湾五南图书出版股份有限公司2004年版	（1）毛雷尔：适用情形（2）吴坤城、李惠宗：适用要件
2007	王贵松：《论行政法原则的司法适用》	中国台湾地区"最高行政法院"2003年判字第1240号	证明信赖保护原则作为一种原则在司法实践中被适用
2007	孙丽岩：《信赖保护与相对人授益权的实现》	（1）罗传贤：《行政程序法基础理论》，中国台湾五南图书出版股份有限公司1993年版；（2）[德]哈特穆特·毛雷尔：《行政法学总论》，高家伟译，法律出版社2000年版；（3）洪家殷：《论违法行政处分——以其概念、原因与法律效果为中心》，《东吴法律学报》1995年第3期；（4）城仲模：《行政法裁判百选》，中国台湾月旦出版社1996年版	（1）罗传贤：具体表现（2）毛雷尔、洪家殷、城仲模：适用要件（主要是利益衡量）
2008	陈海萍：《对合法预期保护原则之艰辛探索》	未涉及	
2008	陈振宇：《〈行政许可法〉"信赖保护条款"的规范分析》	（1）[德]哈特穆特·毛雷尔：《行政法学总论》，高家伟译，法律出版社2000年版；（2）吴坤城：《公法上信赖保护原则初探》，收于城仲模主编《行政法之一般法律原则（二）》，中国台湾三民书局1997年版	适用条件

续表

年份	文章	渊源	原因内容
2009	周杰：《论环境行政中的信赖保护原则》	吴坤城：《公法上信赖保护原则初探》，收于城仲模主编《行政法之一般法律原则（二）》，中国台湾三民书局1997年版	保护方式
2009	王锴：《论行政复议中的不利益变更禁止原则》	（1）弗里德赫尔穆·胡芬：《行政诉讼法》，莫光华译，法律出版社2003年版； （2）蔡志方：《行政救济与行政法学（三）》，中国台湾正典出版文化有限公司2004年版； （3）林锡尧：《行政法要义》，中国台湾三民书局1998年版	（1）胡芬：定义 （2）蔡志方：适用要件 （3）林锡尧：适用要件
2009	陈海萍：《论对行政相对人合法预期利益损害的救济》	未涉及	
2009	王太高：《行政许可撤回、撤销与信赖保护》	未涉及	
2009	龚钰淋：《依法行政理念下的行政事实行为研究》	（1）洪家殷：《论违法行政处分——以其概念、原因与法律效果为中心》，《东吴法律学报》1995年第3期； （2）罗传贤：《行政程序法基础理论》，中国台湾五南图书出版股份有限公司1993年版； （3）盐野宏：《行政法》，杨建顺译，法律出版社1999年版	（1）洪家殷：定义 （2）罗传贤：目的 （3）盐野宏：理论渊源

续表

年份	文章	渊源	原因内容
2010	唐汇西：《论行政法上信赖保护的实现》	（1）吴坤城：《公法上信赖保护原则初探》，收于城仲模主编《行政法之一般法律原则（二）》，中国台湾三民书局1997年版； （2）洪家殷：《信赖保护及诚信原则》，载"台湾行政法学会"编《行政法争议问题研究》（上），中国台湾五南图书出版股份有限公司2000年版	（1）吴坤城：域外法发展史、适用条件 （2）洪家殷：适用条件
2010	傅江浩：《行政信赖保护原则浅析》	（1）罗传贤：《行政程序法基础理论》，中国台湾五南图书出版股份有限公司1993年版； （2）吴坤城：《公法上信赖保护原则初探》，收于城仲模主编《行政法之一般法律原则（二）》，中国台湾三民书局1997年版	（1）罗传贤：中国台湾地区规定 （2）吴坤城：保护条件（信赖正当性）
2010	李晓辉、尹建国：《论信赖保护原则及其在行政法中的适用》	（1）陈敏：《行政法总论》，自刊1999年版； （2）吴坤城：《公法上信赖保护原则初探》，收于城仲模主编《行政法之一般法律原则（二）》，中国台湾三民书局1997年版	适用条件
2010	谭剑：《论行政行为撤销的限制》	（1）叶俊荣：《行政程序与一般法律原则》，中国台湾经社研究报告 （2）[日]盐野宏：《行政法》，杨建顺译，法律出版社1999年版； （3）《德国行政程序法》； （4）中国台湾地区行政程序规定	（1）叶俊荣：适用范围 （2）盐野宏：保护方法 （3）德国、中国台湾地区规定：保护条件举例

续表

年份	文章	渊源	原因内容
2011	胡敏洁：《行政规定变迁中的信赖利益保护研究》	(1) 洪家殷：《论信赖保护之适用——司法院大法官释字第五二五号解释评析》，《台湾本土法学》（中国台湾）2001年第10期； (2) 林三钦：《法令变迁、信赖保护与法令溯及既往》，中国台湾新学林出版股份有限公司2007年版； (3) 毛雷尔：《法律安全》，载《德国行政法读本》，高等教育出版社2007年版； (4) 葛克昌、林明锵：《行政法实务与理论》，中国台湾大学法学论丛编辑委员会编，2003年版	(1) 洪家殷、林三钦：适用条件 (2) 毛雷尔、葛克昌：保护方式
2011	董风枝：《论依法行政与法治政府的构建》	未涉及	
2011	齐建东：《城镇化进程中规划变更的法律规制》	未涉及	
2011	耿宝建：《法规变动与信赖利益保护》	未涉及	
2012	陈鹏：《诚实信用原则对于规范行政权行使的意义》	吴坤城：《公法上信赖保护原则初探》，收于城仲模主编《行政法之一般法律原则（二）》，中国台湾三民书局1997年版	简要概括概念和机制
2012	李垒：《论授益行政行为的撤销》	(1) [德] 汉斯·J. 沃尔夫、奥托·巴霍夫、罗尔夫·斯托贝尔：《行政法（第二卷）》，高家伟译，商务印书馆2002年版； (2) [德] 哈特穆特·毛雷尔：《行政法学总论》，高家伟译，法律出版社2000年版	适用要件：权衡要素

续表

年份	文章	渊源	原因内容
2012	李垒:《论授益行政行为的撤销》	(3) 林三钦《论授益行政处分之撤销》,《台湾本土法学》(中国台湾) 2001 年第 28 期; (4) 翁岳生:《行政法》,中国法制出版社 2009 年版; (5) 董保城:《行政处分之撤销与废止》,载中国台湾地区行政法学会编《行政法争议问题研究(上)》,中国台湾五南图书出版股份有限公司 2000 年版	适用要件:权衡要素
2012	李垒:《行政行为附款新探》	未涉及	
2012	黄学贤、郑哲:《管窥风险预防下的行政法原则变迁》	未涉及	
2013	周昌发:《宏观调控信赖保护研究》	(1) [德] 格奥尔格·诺尔特:《德国和欧洲行政法的一般原则——历史角度的比较》,于安译,《行政法学研究》1994 年第 2 期; (2) 吴坤城:《公法上信赖保护原则初探》,收于城仲模主编《行政法之一般法律原则(二)》,中国台湾三民书局 1997 年版	(1) 诺尔特:历史制度渊源 (2) 吴坤城:域外法规定;理论渊源
2013	李沫:《激励型监管信赖保护的立法思考》	(1) [德] 哈特穆特·毛雷尔:《行政法学总论》,高家伟译,法律出版社 2000 年版; (2) 林锡尧:《行政法要义》,自刊行 1999 年版; (3) [德] 汉·沃尔夫、奥托·巴霍夫、罗尔夫·施托贝尔:《行政法(第二卷)》,高家伟译,商务印书馆 2002 年版,第 118—120 页	(1) 毛雷尔:适用要件 (2) 林锡尧、沃尔夫:适用要件

续表

年份	文章	渊源	原因内容
2014	桂萍：《延退政策之信赖保护原则适用》	坎贝哈德·阿斯曼等：《德国行政法读本》，于安等译，高等教育出版社2006年版（毛雷尔文）	信赖保护原则分层内涵
2014	陈思融：《混合过错情形下行政许可信赖利益的保护可能性》	（1）［德］哈特穆特·毛雷尔：《行政法学总论》，高家伟译，法律出版社2000年版； （2）林锡尧：《行政法要义》，自刊行1999年版	适用条件
2014	周佑勇：《论政务诚信的法治化构建》	未涉及	
2014	王克稳：《论变更、撤回行政许可的限制与补偿》	（1）林三钦：《"行政争讼制度"与"信赖保护原则"之课题》，中国台湾新学林出版股份有限公司2008年版； （2）洪家殷：《论信赖保护原则之适用》，《台湾本土法学》（中国台湾）2011年第27期	（1）林三钦：含义与适用领域；适用条件 （2）中国台湾判决：适用领域 （3）洪家殷：适用领域
2015	王新红：《科技发展对宏观调控的影响及其应对》	未涉及	
2016	黄学贤：《行政法中合法预期保护的理论研究与实践发展》	未涉及	
2017	季晨溦、肖泽晟：《论信赖保护原则在城乡规划变更中的适用》	林明锵：《行政规则变动与信赖保护原则》，载葛克昌、林明锵主编《行政法实务与理论（一）》，中国台湾元照出版公司2003年版	适用条件（处分行为的界定）
2017	江国华、张彬：《论行政法上的风险利益保护》	未涉及	

续表

年份	文章	渊源	原因内容
2021	程凌：《社会保障待遇追回中的信赖保护》	（1）林起卫：《信赖保护原则的舍繁取简：理论基础的反省与要件重构》，《"中研院"法学期刊》（中国台湾）2015年第16期； （2）林三钦：《违法授益行政处分相对人之信赖保护：以金钱或可分物给付之授益行政处分为中心》，《中研院法学期刊》2011年第9期	法理基础、适用要件

如表1－1所示，我们发现，作为中国学人研究信赖保护原则模板的域外理论其实具有高度的集中性。如果排除少数德国法背景的学者，这种模板的集中性便更加明显：如《德国联邦行政程序法》和中国台湾地区所谓"最高法院""最高人民法院"裁判的价值只在于证明信赖保护原则在该地的客观存在，而理论模板仅局限于吴坤城著《公法上信赖保护原则初探》，盐野宏著《行政法》，翁岳生编《行政法》，林合民著《公法上之信赖保护原则》，林锡尧著《行政法要义》，陈敏著《行政法总论》，洪家殷著《信赖保护及诚信原则》《论违法行政处分——以其概念、原因与法律效果为中心》，李震山著《论行政损失补偿责任》《论信赖保护之适用》，李惠宗著《行政法要义》，罗传贤著《行政程序法基础理论》，胡芬著《行政诉讼法》，蔡志方著《新政积极与行政法学》（三），叶俊荣著《行政程序与一般法律原则》，林三钦著《法令变迁、信赖保护与法令溯及既往》《"行政争讼制度"与"信赖保护原则"之课题》，毛雷尔著《法律安全》《行政法总论》，葛克昌、林明锵著《行政法实务与理论》，沃尔夫等著《行政法》（第二卷），董保城著《行政处分之撤销与废止》，格奥尔格·诺尔特著《德国和欧洲行政法的一般原则——历史角度的比较》与林明锵著《行政规则变动与信赖保护原则》等25部成果，其中除毛雷尔、胡芬与盐野宏外，其他均源于我国台湾地区，而且这些模板性论著相关内容均有较高程度的共通性。因此，我们选取援引频率较高的吴坤城与林三钦文作为代表阐述模板效应。

首先，认可法安定性作为信赖保护的理论基础，以保护个体权益作为主要功能目标。于前者而言，虽然理论层面也存在过社会国家原则说、诚信原则说和基本权说，但法安定性原则依然得到了绝大多数学者的认可，并因此当仁不让地成为中国信赖保护原则模板的理论渊源。但是在信赖保护原则的制度功能上却存在一定的差异，尤其在我国台湾地区，其所谓的"大法官释字第717号解释"认为："信赖保护原则涉及法秩序安定与国家行为可预期性，属法治国原理重要内涵，其作用非仅在保护人民权益。"[1] 这种论述带来的是秩序优先的目的排序，但占多数的学者还是将个体权益保护作为该制度的主要且直接的目的。如林三钦文便指出："只要人民的信赖是善意的，且在正当合理的范围内，公权力主体即有义务保障人民的信赖利益。"而在对中国大陆产生最重要影响的吴坤城文中，其明确表示："公法上之信赖保护原则，乃是为保护人民权利而产生。"据此我们可以认为，大陆学者选择的域外模板，其主要目的在于保护个体权益。

其次，适用信赖保护需要信赖基础、信赖表现和信赖正当性三要件。相对制度目的层面尚存一定争议，在保护层面，作为模板的域外理论均坚持了信赖基础、信赖表现和信赖正当性（或信赖值得保护）的三要件体系，只是在具体要件层面存在某些争议，较为典型的便是"信赖表现"作为保护要件存在的"肯定说"与"否定说"的分野。但在上述模板理论中，肯定说依然是主流，因为在论者的视野中，肯定说与否定说只是论述的方向不一，前者关注人民信赖的保护请求权，而后者则倾向于约束国家权力行使的信赖保护原则。虽然在后者的论述下，确实不需要信赖表现，但二者并非指向同一问题：针对抽象的信赖，针对公权力主体克以责任即可，无须当事人主观信赖，而否定论主张的某些案例，其实已经有了"信赖表现"，只是否定论者未能注意到这一点。[2]

最后，信赖保护以存续保护为原则，只有在特殊情形下，方可适用财产保护。这是德国早期实务和学说的做法，但是因为存在"全有或全无"的

---

[1] 参见陈新民《行政法学总论》，中国台湾三民书局2016年版，第117页。
[2] 参见林三钦《法令变迁、信赖保护与法令溯及既往》，中国台湾新学林出版股份有限公司2008年版，第17—19页。

缺陷，因此无法达到公私兼顾的要求。为了弥补上述缺陷，财产补偿被创设，也就是说，财产补偿在信赖保护的体系中处于"补充性"地位。而在关于模板的其他论述中，亦有过渡条款作为保护方式，并且强调财产补偿仅限于损失可以金钱利益衡量之情形，但后者在检索范围内，似乎并未被绝大多数大陆研究者吸收。

第二节　信赖保护原则的目的性引进：权益保护

我们在前文使用了非常细致甚至过于冗杂的文字，意在说明信赖保护原则被引入中国行政法体系的 21 世纪初，对信赖保护原则来说是一个并不友好却充满生机的时代。1984 年到 2000 年，信赖保护原则并不属于中国行政法的体系，从而导致该原则无法从中国行政法的理论中找到可能的逻辑接续。本书之前提到过何海波对"田某案"的感叹，其实正是这种不友好的直接反映。另外，这种既有体系上的"不友好"为信赖保护原则带来的未尝不是一种生机，因为没有接续既有体系的羁绊与要求，学者们完全可以根据特定的理论目的引入域外相关理论，服务于时代需求。而通过学术史的整体观察，我们发现，即使学者选用作为域外信赖保护原则模板的理论均以坚持法安定性为基本要旨，但是中国学者引入信赖保护原则的主要目的却在于相对人的权益保护。而在这种权益保护的目的下，中国学者才近乎全套地搬运了域外信赖保护体系，包括要件化适用规则和"从存续到补偿"的递进化保护方式。在既有研究中，学者们的关注重心主要集中于后者，对涉及目的意义的前者似乎都默认"信赖保护原则的目的在于维护法律秩序的安定性和保护社会成员的正当权益"的通说地位，而未深究这一判断下隐含的"什么才是中国引入信赖保护原则真正的目的"这一命题，进而忽略了对引入目的的深入观察，正所谓立法目的是任何一个法律制度的灵魂。立法目的衍生出法律原则，并借助法律原则源源不断地形成法律规范，并最终服务于立法目的之实现。[①] 理论引进目的亦不例外，而这种重规制体系轻引入目

---

① 章剑生：《行政复议立法目的之重述——基于行政复议立法史所作的考察》，《法学论坛》2011 年第 5 期。

的，甚至忽视目的与体系之间匹配关系的研究导向也为信赖保护的中国化进程埋下了难以估量的理论隐患。因此，我们在此必须通过知识考古证成前文提及的判断：中国学者引入信赖保护原则的目的，至少是主要在于保护相对人正当权益。

李春燕在 2001 年将信赖保护原则的制度目的概括为"维护法律秩序的安定性和保护社会成员的正当权益"。这一论述无疑成为当下学界关于该原则制度目的的通说。但这一作为制度起点的论述于今天看来似乎成为关于信赖保护原则目的的终局性论断，虽然时间已经过去多年，虽然中国信赖保护原则的立法与司法实践早已日新月异。站在今天的视角回溯学术史，我们可以发现，该论述至少包含两组需要进一步明辨的关系：一为权益保护与法秩序稳定的优先序列；二是信赖保护的对象是相对人还是第三人。

一 权益保护与法秩序稳定的优先序列

我们首先需要承认维护法的安定性在效果上自然能够维护社会成员的正当权益，但是二者却存在本质的区别：如同行政诉讼同时具有救济行政相对人权利、保障客观公法秩序的特殊功能，前者具有主观性，而后者具有客观性。[①] 如果信赖保护原则的首要目的在于维护社会成员的正当权益，那么其必然具有维护相对人主观层面的权益，乃至赋予其以信赖利益受损害作为请求权基础提起行政诉讼的可能性，也包含着一系列以个体权益保护为核心的制度设计；而"维护法的安定性"是客观的法秩序范畴，在广义上亦为行政合法性的构成要素，法安定性的存续在某种程度上源于法治的需求而非信赖保护原则的作用。对此，我们可以借鉴普通法学者对合法预期的某些观点加以佐证，毕竟在当下的中国学界，将二者等量齐观的论述并不鲜见（在后文的专章论述中，我们可以发现，抛却外在的语义差别，信赖保护与合法预期在实质内容上其实具有相当的关联性），合法预期面对法安定性的质疑依然可以投射到信赖保护中。在伦巴（Lumba）案中，戴森（Dyson）法官表示："个人有基本的公法权利来使得他的案子被基于任何行政机关认为适当

[①] 参见薛刚凌、杨欣《论我国行政诉讼构造："主观诉讼"抑或"客观诉讼"？》，《行政法学研究》2013 年第 4 期。

采纳的政策来处理,倘若这种被采纳的政策是在合法地行使法律授权的裁量权的话。"① 由此可见,在戴森法官眼中,这种情况既不需要合法预期也对合法预期无益。正如其对德·史密斯(De Smith)的《司法审查》(*Judicial Review*)一书的援引:"政策的持续性援引是一种独立的义务,其基于法律的平等事实原则、不歧视和不专断原则。"另外,持续性案件与常见的合法预期概念也并不匹配。"这些案件在本质上并不能被认为显示了合法预期",暗示的是"法院已经认为这些案件基于的是不公平的程度达到了需要法院介入的权力滥用(的地步)"。② 诉诸"明显不公平""跃然纸上的不公平"等泛化概念,反映了法官在此并不确定如何适用合法预期。③

由此,我们可以发现,"维护法安定性"与"维护个人权益"作为信赖保护原则的两种目的取向必然存在着主次顺序的排布,而不同的序列也会产生不同的效果。正如行政诉讼取主观诉讼模式抑或客观诉讼模式会产生不同的规制结构,信赖保护原则选取客观法秩序还是主观权益保护,也必然在应然层面构建不同的规制结构;而更为重要的是,如果中国学者引入信赖保护原则的目的是"维护法安定性",那么它很有可能面临普通法合法预期理论同样的质疑,即法安定性是法治主义的基本原则,信赖保护抑或合法预期是否存在对其并不产生根本性助力或杀伤,进而产生的影响是,中国学者就此赋予其"行政法基本原则"的地位是否适当? 可见,"何为中国学者引入信赖保护原则的目的"这一问题直接影响着该原则在中国行政法中的地位界定。但正如前文所言,中国学者对此的态度却是极其模糊的,我们只能从他们的表述当中推断出他们对于"目的"的态度。考察专著与 CSSCI 以上级别权威文献后发现,学者们对信赖保护原则引入目的的态度大致分为以下几个阶段。

(一)原点时期:以相对人权益保护为核心引入信赖保护原则

原点时期的学者们的态度十分一致,即意图引入信赖保护原则以保护相

---

① See R (Lumba) v SOSHD [2012] 1 AC 245 [35].
② See R (Rashid) v. Home Secretary [2005] EWCA Civ 744.
③ Jason Ne Varuhas, "In Search of a Doctrine: Mapping the Law of Legitimate Expectations", in Matthew Groves and Greg Weeks, *Legitimate Expectations in the Common Law World*, Hart Publishing Company, 2017, p. 18.

对人权益。正如"田某案"中，何海波主张引入信赖保护原则，其根本目的在于保护田某的信赖利益，而并非北京科技大学相关部门对田某决定的持续性。虽然后者的效力在客观上的确被维系了，但前者才是真正的目的，正如其所述"我们当然不应当忽视，如果法院维护田某的信赖利益对学校管理秩序造成的危害""如果法院保护田某的信赖利益，那意味着把学校某些部门的违法行为合法化了"①的出发点都在于保护田某的信赖利益，而代表着效力存续的"违法行为合法化"只不过是附加考量要件。而本阶段的另一位作者戚建刚则明确将信赖保护与法安定性原则相区分，作为限制撤销权行使的两个理由，他认为"信赖保护原则的作用在于防止行政机关反复无常的行为给相对人权益造成损害"与"与信赖保护原则相联系，对行政行为撤销权予以限制的另一个理由是法秩序稳定性原则"②。由此可以发现，21世纪初期学者引入信赖保护原则的目的其实非常单一，即保护个体的信赖利益，至于法秩序的安定，并非其主要考量要素，至少表述如此。

（二）《行政许可法》引发的"客观法秩序"面向的反弹：融合"诚信政府"理念

此后几年的学者也萧规曹随，"个体权益保护"成为学者援引信赖保护原则时的主要动因，甚至有学者明确提出："信赖保护原则实际上是对相对人之主观权利和无过错取得之既得权益的尊重和保护。"③但随着《行政许可法》的出台，学者们关于目的的论述似乎在悄然发生变化，这点也许论述者落笔时自己也未意识到，但客观的文字却暴露了学者们内心的波澜：在2004年至2007年发表的16篇涉及信赖保护原则的CSSCI以上期刊文章中，有8篇文章将目的直接指向"建立诚信政府"或"防止政府反复无常"。虽然这些文章里也有提及保护相对人信赖利益，但是其文字表述已经发生明显变化，它们的核心路径便是与"诚信政府"的要求相融合。由此，信赖保护原则不再仅仅是个体权益的保护工具，更是诚信政府建设重要的助力。

---

① 何海波：《通过判决发展法律——评田永案件中行政法原则的运用》，载罗豪才主编《行政法论丛》第3卷，法律出版社2000年版，第457页。

② 戚建刚：《行政主体对瑕疵行政行为的自行性撤销及其限制》，《浙江省政法管理干部学院学报》2000年第3期。

③ 刘莘、邓毅：《行政法上之诚信原则刍议》，《行政法学研究》2000年第4期。

"行政机关随意执法、不信守承诺的情况很多，行政许可行为缺乏稳定性和可预期性的问题十分严重……每当某一行政管理领域违法现象猖獗、社会反响强烈的关头，政府就要开展一场轰轰烈烈的'严打整治'运动"[1]，"行政法上的信赖利益保护原则是专门针对政府守信问题的，是防止政府失信的有力武器"[2]……上述表述直接将信赖保护原则和政府治理与诚信政府创建相联系，使其在目的层面脱离了"权益保护"的主观范畴，而时任国务院法制办主任的曹康泰的一段表述更是耐人寻味。其在《行政许可法对政府管理的影响》一文中虽然表示"行政管理相对人对行政权力的正当合理信赖应当予以保护"，并将《行政许可法》引入信赖保护原则的目的界定为：（1）有利于行政机关及其工作人员树立诚信意识。（2）有利于相对人形成对法律的尊崇。法律所要遏制的是行为的随意性，所给予的是稳定的预期。信赖保护原则有利于把政府为了人民和人民信赖自己的政府有机地统一起来。（3）有利于行政机关行使行政许可权更加谨慎、理性，更加注意保护相对人的合法权益。相对人合法权益在目的序列上被置于"树立诚信意识""建立法安定性以便尊崇法律"两种客观秩序后，信赖保护原则在"诚信政府"与《行政许可法》背景下的客观秩序面向目的格外突出。

（三）个体权益保护成为主流目的理论

然而，《行政许可法》出台前后的客观秩序的争议似乎并未对后世学界的选择产生深远影响。遍查2008年后的权威文献，虽然学者们依然未对目的进行明确论述，但学界仍将主要目的取向定格于个体权益保护，而可观的法秩序稳定则被置于后续位次。也就是说，"个体权益保护"依然是中国学者引入信赖保护原则的主要目的。但值得注意的是，当学者一旦涉及更为宏观的制度建构或政府管理的面向，而非具体救济领域时，引入信赖保护的主要目的便在于"维护法安定性"。如曾坚认为，"支持诚信政府建设的法律制度主要集中体现为公法制度，公法制度则以具体的规则及原则发挥其构建作用与保障作用，信赖保护原则就是其中重要的组成部分"。周佑勇也在《论政务诚信的法治化构建》一文中认为，"要求行政机关在行政管理过程

---

[1] 周佑勇：《行政许可法中的信赖保护原则》，《江海学刊》2005年第1期。
[2] 肖金明：《行政许可法制与开放政府、信用政府》，《中国行政管理》2005年第2期。

中，必须恪守信用、言行一致，不反言、不随意改变决定，注重保护相对人的正当信赖"①。

综上所述，我们发现，在个体权益与客观法安定秩序之间，由于在中国实践中信赖保护原则与"诚信政府"建设融合，因此在涉及政府管理时，维护客观法秩序代表的政府诚信便成为学者引入信赖保护原则的主要目的，但在多数情况下，前者依然是中国学者引入信赖保护原则的主要目的。而在此之下，"个体权益保护"还有一个需要额外关注的目的取向，即规制对象上的"相对人抑或第三人"。

二 保护谁的权益

由上可知，中国的行政法学者对保护个体权益还是维护法安定性的目的次序尚未给予足够重视，但至少还是自觉地选择了前者作为主要目的，虽然他们似乎从未意识到"引进信赖保护原则的保护对象"这一问题。

原点时期的学者均毫无疑问地将该原则用以保护"相对人权益"，而田某作为北京科技大学一系列违法决定的相对人，也为这一选择提供了最初的源起和实践证成，而后来的学者在目的的保护对象层面也基本认可了这一选择。由前文论述可知，该选择本身能够与域外模板形成自然的接续，并且无论是法规变动②、行政许可的撤销或撤回③，还是激励性监管④的理论语境中都能够与作者本身的理论形成自洽，学者们将其局限于"相对人"保护这一目的似乎也并无太多苛责乃至可深究之处。但是当实践，尤其是司法判决将信赖保护原则的保护对象加以拓展后，这种将信赖保护原则的适用目的限定于保护法律关系中的一方的做法便对实践而言可能无法提供足够的解释力，进而产生的问题是：信赖保护原则是否可用来保护第三人或利害关系人权益。

该问题源起于"益民公司案"。本案中最高人民法院认为："如果亿星公司不能中标，则其基于对被诉行政行为的信赖而进行的合法投入将转化为

---

① 周佑勇：《论政务诚信的法治化构建》，《江海学刊》2014年第1期。
② 参见耿宝建《法规变动与信赖利益保护》，《法学》2011年第3期。
③ 参见王克稳《论变更、撤回行政许可的限制与补偿》，《南京社会科学》2014年第1期。
④ 参见李沫《激励型监管信赖保护的立法思考》，《法学》2013年第8期。

损失。"其在遵从当时学界通说，将信赖保护原则用以保护作为相对人的益民公司之外，也将该原则扩展用以保护第三人的亿星公司的信赖利益。而这种向第三人的突破，学界的关注却远远不足：一般而言，信赖保护的研究者在论及"第三人"时的通常做法是将其与作为信赖保护对象的相对人对立并加以衡量，以是否损害第三人利益作为是否撤销或撤回授益行为的考量因素，如"行政机关在对信赖利益与公共利益进行权衡时，应当考虑如下因素：……不撤销对公众和第三人的影响……"[1]，而有的学者的表示则更明确，即"信赖保护原则首先保护行政相对人的利益，如果涉及行政法律关系中第三人的利益，一般由于其利益属于事实上的效果，而重点保护相对人的利益"[2]。其实，我们对学术史梳理后发现，在 2004 年之前，其实便存在对第三人予以信赖保护的论述。如戚建刚在 2000 年援引日本学者室井力的论述，将第三人信赖作为行政撤销权限制条件之一。需要注意的是，这里其采用的说法分别是"相对人权益"与"第三人信赖"，即对第三人的信赖保护独立于相对人的权益保护范畴。李春燕在 2001 年则直接表示："行政信赖保护原则适用于一切对行政行为的存续性及合法性形成合理信赖的社会成员，即行政相对人和第三人都可依法主张信赖保护……"这也是本书检索范围内中国学者首次试图用信赖保护原则保护第三人权益。更令人欣喜的是，2003 年司坡森通过保护第三人对行政登记的信赖，将信赖保护原则与第三人保护相结合，使得第三人信赖保护有了实定法上的依归。[3] 由此，似乎第三人信赖保护与相对人信赖保护并行的框架已然出现。正如我们在后文论述中将会看到的那样，在最高人民法院引入第三人信赖保护的"益民公司案"后，各地方法院在诸多案件审理过程中以保护第三人信赖利益为起点，将其与公共利益对接，进而适用情况判决制度，构建了信赖保护原则适用的新兴路径。但与此相对的是，以该原则保护第三人权益的论述在学者视野中却逐渐式微，虽然也有少部分学者试图将信赖保护拓展至"相对人"之外的第三

---

[1] 周杰：《论环境行政中的信赖保护原则》，《安徽大学学报》（哲学社会科学版）2009 年第 6 期。
[2] 程建：《对行政信赖保护原则的法律分析》，《内蒙古社会科学》（汉文版）2007 年第 2 期。
[3] 即"行政登记的公信力，是法律对行政登记效力的一种设定，表现为一经登记公示，外界即可信赖该公示的内容，即使其实体上有瑕疵甚至错误，对信赖该公示的善意第三人也将加以保护"。参见司坡森《试论我国行政登记制度及其立法完善》，《政法论坛》2003 年第 5 期。

人。如有论者在其著作中便将该原则拓展至"利害关系人"——"但对因信赖原有规划而安排了自己生产生活的利害关系人来说，城乡规划的变更可能会使他们处于不利的地位"。但遗憾的是，我们似乎并未发现作者有将"相对人"与"利害关系人"刻意区分的意图。也有研究者意识到了将信赖保护原则用于"相对人"与"第三人"所产生的不同，但因为"篇幅限制，将留待另作他文进行讨论"。① 这种实践提供样本但理论却予以"筛除"的做法显然是遗憾的，也是令人不解的。

三 小结

我们可以发现，中国行政法学人引入信赖保护原则的主要目的在于对相对人个体权益的保护，但在其发展历程中，这种目的取向在 2004 年前后受到了两次缘起于实践的冲击，即《行政许可法》出台与"诚信政府"建设带来的以"客观法秩序为主要目的"的理念冲击，以及最高人民法院审理"益民公司案"所带来的"以信赖保护原则保护第三人权益"的具体适用冲击。面对这两次冲击，就结果而论，绝大多数的学人自觉接受了该目的取向，这两次冲击并未对中国行政法信赖保护原则的学理框架带来根本性影响。然而，我们从既有文献主张只能看到选择的结果，而无法发现学者们作出选择的理由，可以认为这种现象是学人将信赖保护原则的目的超然处之，使其不因实践的发展而有所更改，也可以认为中国学人至少在目的层面，面对实践发展的反应是略显迟钝的。目的层面如此，在此之下的具体结构体系又当如何呢？

第三节 信赖保护原则的结构性体系

在维护相对人权益的根本目的下，研究信赖保护原则的中国学者已经向诸多方面伸出了触角。我们可以从中提炼出中国学者在概念层面便展现出的

---

① 如陈思融表示，"本文的研究论域仅限于了解行政机关与被许可人存在混合过错的情形……被许可人以及第三人信赖利益的保护问题，以及在混合过错情形下存在信赖利益的保护时保护程度应当如何，保护方式应当如何等问题，由于篇幅限制，将留待另作他文进行讨论"。参见陈思融《混合过错情形下行政许可信赖利益的保护可能性》，《行政论坛》2014 年第 1 期。

两大核心结构要点,即"保护对象"和"保护要件"。前者即信赖保护原则应用以保护什么;后者为前述保护对象满足何种条件才能适用信赖保护原则予以保护,是前者产生的前提要件。而在此要件之外,自然产生的一个要点是保护方式,即在满足适用前提的情况下,信赖保护原则提供何种方法来保护其试图保护的对象。因此,本节内容便围绕上述三大结构性要点展开论述。

一 保护对象的三重争议

这里首先需要明确的是保护对象与保护客体的不同。所谓保护对象,即为保护所针对的直接的、外在的表现形式,如某一行为;而所谓保护客体,应指外在形式之内所代表的利益,即法益。这一问题在刑事司法领域早已成为共识,但在行政法领域,尤其是信赖保护鲜有对二者的明确区分。更为重要的是,在信赖保护原则的领域中尚存在着是保护"公民信赖"还是保护"信赖利益"的争议,因此并不适宜直接深入"客体"范畴。本处使用"保护对象",具体内容指向"信赖利益保护原则应当予以保护的存在"。通过学术史考察,我们可以发现,中国学界关于保护对象的制度设计,实际上指向三个层面:第一,信赖保护原则是保护相对人信赖还是信赖利益?第二,信赖保护原则保护的是合法信赖(利益)还是正当信赖(利益)?第三,如果该原则的保护对象是信赖利益,那么信赖利益的构成是什么?

(一)保护信赖抑或保护信赖利益

这一问题其实并不能称之为争议,诚如笔者在本书伊始便提到的那样,在中国行政法学界的通说中并不区分该原则究竟应被称为"信赖保护原则"抑或"信赖利益保护原则"的做法本身便是对该问题的最好回应。而在多年的研究中,虽然学者们在论述中的确存在着"保护信赖"与"保护信赖利益"两种类型的保护对象使用方式,但是甚少有人认识到二者的不同,并对其进行分析,只有王锡锌在 2009 年的《行政法上的正当期待保护原则述论》[①] 一文中以"权益是否应当客观化"对二者之间的区别加以论述,即其

---

① 王锡锌在该文中并没有区分信赖保护与正当期待,本质上是将二者归为同一类的认识。

语境下的信赖"究竟是一种纯粹的主观状况,还是必须表现为一定的客观行为"。同时,他也意识到了国内研究者对这一问题的忽视——"就'正当期待'的构成及其'可权利化'要件,鲜有学者给出直接的描述和分析"——更加难能可贵的是,王锡锌在中国学界罕见地点出了区分"信赖"与"信赖利益"对信赖保护原则结构性体系其他要素的价值:"并非所有具体的信赖保护类型都必须要求处分行为的存在。期待利益的构成是否需要行政相对方采取'响应行动'或处分行为,关键要看'响应行动'是否是主体所期待状态得以实现的必要条件"[①]——对保护对象的不同认定足以影响信赖保护原则的适用要件。事实上,一种非常简单的语言逻辑思维也可以帮助我们理解"信赖"与"信赖利益的不同":如果保护对象是信赖利益,我们的学者为什么在谈及适用要件时强调的依然是"信赖基础""信赖表现"和"信赖正当性",而不是"信赖利益基础""信赖利益表现"和"信赖利益正当性"呢?足可见很少有人认真思考过这个问题,即使是王锡锌颇为敏锐的观察也不无遗憾。因为虽然其开始发现并点出了保护对象问题的实质,却未明确表明自己的观点。考虑到该文属于综述性论文,对保护对象采取分类论证、随机应变的态度既符合文章整体思维,也能为后续研究保留空间,不失为一种现实的选择。而我们通过学术史考察后发现,和前文关于保护目的的研究类似,中国学者虽然不将"信赖"抑或"信赖利益"作为一个争议,但从其表述中依然可以推知作者对这一问题的态度。

在作为样本的权威文献中,学者们基本认同以"信赖利益"为保护对象,即使是提及"信赖"的少数学者,其观点也是将"信赖"与"信赖利益"杂糅,[②]或信赖受保护,但是信赖一般要通过客观化的信赖利益来证明相对人存在信赖而有行动。因此,无论学者们是否对信赖保护原则的保护对象这一话题有自己的观点,但就其行文表述这一形式化标准观察,在中国学者眼中,信赖保护原则的保护对象就是信赖利益,信赖必须"可客观权利化"。在此基础上,该原则存在着保护客体,即信赖利益,即使它依然被称为"信赖保护原则",但其保护客体依然是信赖利益。结合

[①] 参见王锡锌《行政法上的正当期待保护原则述论》,《东方法学》2009年第1期。
[②] 参见齐建东《城镇化进程中规划变更的法律规制》,《苏州大学学报》2011年第2期。

前文,我们可以将中国信赖保护原则理论预设中的保护客体明确为"相对人的信赖利益"。

(二)保护合法权益抑或保护正当权益

这一争议其实本不属于信赖保护原则的争议范畴,因为信赖保护原则的德国缘起便是在于保护一名来自前东柏林地区的妇女因为原信赖基础违法被撤销而处于违法状态的信赖利益,而域外法模板中也毫无疑问地承认信赖保护原则对因信赖基础的合法性被否定时信赖利益的可保护性。然而,这一问题之所以成为问题,在某种程度上也源于实践中某些法院对违法利益适用信赖保护原则的否定。如在"李某某与湘潭市岳塘区城市管理和行政执法局、湘潭市岳塘区人民政府限期拆除决定案"中,湘潭中院认为:信赖保护应当以利益合法为前提,不法利益不存在"信赖保护"的问题……[1]其实,这种裁判思维在司法实践中并不鲜见。而与此对照的是,我国信赖保护理论普遍认可的是"正当权益",与"合法性"相比,其本质强调一种有理由支持的可接受性。[2] 这种"正当权益"包含三层含义。

第一,合法权益当然受到保护。这里的"合法权益"源于信赖基础的合法性,所有的学者均承认相对人因信赖合法的信赖基础而产生的权益,如果因为撤回或废止当然应受到保护。

第二,多数学者不明示违法权益受到保护。多数的研究者对于"正当权益"承认如下表示:非因相对人主观过错,基于违法的信赖基础而获得的正当信赖利益亦应予以保护。[3] 其本质上与适用要件中的"正当信赖"相联通。这种说法看似承认了违法权益的可保护性,而"非因自身主观过错"与"信赖"相结合也为"正当"提供了证成可接受性的理由,但"基于违法基础行为而获得的利益"是否就是违法权益呢?如果是,为何还要采用如此复杂的表述呢?各种原因,也许是学者们仍然顾及"依法行政"与合法权益保护的核心价值,从而需要将本质上的违法权益借由"非过错+信赖"的模式转化为"正当权益",从而避免与"依法行政"产生直接冲突。如果

---

[1] 参见(2015)潭中行终字第37号判决书。
[2] 参见沈岿《公法变迁与合法性》,法律出版社2010年版,第361页。
[3] 参见王太高《行政许可撤回、撤销与信赖保护》,《江苏行政学院学报》2009年第2期。

这一推论成立，那么这种基于强调基础而非利益的"正当权益"的说法本身只是"违法权益"保护的概念转换。

第三，少数学者直接承认违法权益受到保护。持此论点的学者似乎只在早期存在，如沈林荣、刘小兵主张的"除非受益人对违法的授益有过错，以及撤销的必要性超过保护信赖的必要性，否则，不应撤销"。而随着时间的推移，学者们似乎都不再直接表述授益的违法与否，而是"回避合法性"，遵循第二点的路径，借由"善意"与"信赖"主张违反信赖基础下产生的权益的可保护性。

（三）信赖利益的构成：期待利益、投入和既得利益的不明显分野

在解决了保护对象与保护对象的性质问题后，我们接下来面对的是信赖利益的构成问题。在学术史的考察中，对这一问题的最早探索依然源于李春燕 2001 年的探讨。她认为信赖利益由既得利益和期待利益构成，而"既得利益是指对利害关系人已获取的利益所造成的损失；期待利益是指规划变更对利害关系人在正常状态下可预见的利益所造成的损失"。这一论述不但提出了二元化的信赖利益构成，而且提出了界分二者的标准，即"已取得"和"可预见"，而这种二元化的利益构成也成为之后中国学者探讨信赖利益构成的基础。① 之后学者们争议的焦点无非是期待利益或预期利益是否可作为信赖保护原则的构成。就本书所选文献样本中的持论者数量论，二者基本持平，但值得关注的是，否定期待利益属于信赖利益构成的学者可能出于以下考量，即将信赖保护原则与普通法合法预期理论相区分，认为信赖保护原则仅保护既得权益，而合法预期则不仅仅保护预期利益。如黄学贤便在《行政法中合法预期保护的理论研究与实践发展》一文中表示："信赖保护的利益是既有利益，即因基于信任行政行为而实施某种行为从而导致的利益付出……合法预期保护的利益不仅仅是既有损失利益，还包括合法预期的利益……"②

学者对既得（既有）利益的认识也不统一。在他们关于既得利益的论

---

① 如冯举坚持了这种分类基准，认为："一般而言，行政信赖利益由既得利益和期待利益构成，二者的区别在于社会成员是否实际占有这部分利益，并有权通过处理该利益而获得新的利益。"参见冯举《纠错行政行为与信赖利益保护》，《中州学刊》2006 年第 5 期。

② 黄学贤：《行政法中合法预期保护的理论研究与实践发展》，《政治与法律》2016 年第 9 期。

述中，实际包含着两种利益：其一，如前述黄学贤文中所示的"实施某种行为从而导致的利益付出"，参照最高人民法院在"益民公司案"中的态度，其宜被称为"投入"；其二，如李春燕等所述，基于信赖行政行为取得的权益，宜被称为"既得权益"。对于这两种利益，学者虽然均认为其属于既得利益，至少与既得利益有关，但对二者性质依然缺乏明确辨析。如有学者在分析"益民公司案"中的信赖利益保护时便认为：如果以公式形式予以简化，即"信赖利益＝所受损失（既得权的损失）"。① 但值得注意的是，如果我们仔细回顾本案与之后诸多案件的裁判思维就会发现，"益民公司案"其实是一个法院在探索信赖保护原则适用过程中的特例，合法投入在这里即使能够转化为损失，也并不意味着被保护的信赖利益是既得权，因为作为既得权的经营权本身其实是不受保护的，本案中的等式实际上是一种巧合，在后续的群案分析中，我们会发现投入、既得权益和预期利益之间的区别存在较为明显的区别。

二 要件化适用规则

行政法学无论如何体系化，都必须回答发生在各个具体领域中出现的法律问题。② 因此，探索"原则如何作用于个案实践"的价值便越发凸显，而信赖利益保护领域中连接二者的桥梁便是其"适用要件"。通过学术史的梳理，我们可以发现，信赖保护要件存在着从"三要件独占"到"四要件兴起"的脉络。

（一）原点时期

关于原点时期对于该原则的适用方式，当时三篇文章态度不同。何文提出了较为明确的"三要件"，即以信赖基础、依赖表现（行为）和正当信赖为要件的适用条件；而在其他两位作者的论述中，虽然也有表示出对于何文中部分内容的认同，如以相对人自身过错排斥该原则的适用，但并未表示出完整的关于如何适用该原则的体系。另外，此时已经出现了"利益衡量能否作为信赖利益保护适用的条件"的争论，我们可将对立观点称为"排除说"

---

① 工贵松：《依法行政原则对信赖利益的保护》，《交大法学》2015 年第 1 期。
② 朱芒：《中国行政法学的体系化困境及其突破方向》，《清华法学》2015 年第 1 期。

与"包含说"。① 但这种争论尚不足以构成域外所谓的"三要件"与"四要件"的争论,因为"四要件"本身在国内并未形成。

(二)"三要件通说"时代

继之原点时期,信赖利益保护原则在中国大陆蓬勃发展,但该原则适用条件却基本保持了原点界定中"信赖基础—信赖表现—信赖正当性"的基准结构。至少就形式而言,这一时期的适用要件却并非完全地"率由旧章"。

第一,信赖基础,即人民应当信任什么的问题。② 对于这一要件,有些学者或基本沿袭了原点要件的表述③,或将其直接表述为"国家行为"④,这种不区分合法与否的模糊性的表述显然与原点概念较为接近。也有学者对此要件进行了替换,即表述为"社会成员对授益性行政行为存在产生信赖的可能性"。这一表述方式实际上将要件替换为"信赖可能性",而这种"可能性"无论是从表述自身结构还是社会实际出发,都是一种行政机关与行政相对人之间的交互,而非"信赖基础"所表示的单方的行政行为,故其已经不属语言表述方面,而是属于要件的实质争议。另外一种介于这两者之间的表述为:行政许可已经生效且此生效事实被相对人获知。⑤ 这种表达方式更加类似于一种形式上的限缩,或者说更加明确,因为其将"信赖基础"限缩为以为相对人所知的生效行政行为,而只根据第一种形式表述,我们可能无法完全将"已经成立但未生效"的行政行为排除在外。这种表述中,告知相对人与行政行为本身效力相结合,可能更加容易产生第二种表述所坚持的"信赖可能性"。

第二,信赖表现(行为)。相较于对"信赖基础"出现的些许实质争议,对于"信赖表现"的争议相对较少,即学者们都坚持了需要相对人具

---

① 沈林荣认为,撤销的必要性超过保护信赖的必要性,否则不应撤销;戚建刚认为,根据德国联邦行政法院判例,授益行政行为只有在不违背信赖保护原则的前提下方可撤销。符合下列情况时,信赖保护须予以承认:(1)受益人已信赖保护须予以成立;(2)其信赖需要保护;(3)保护信赖利益大于合法性公益。

② 参见吴坤城《公法上信赖保护原则初探》,载城仲模主编《行政法之一般法律原则》(二),中国台湾三民书局1997年版,第211页。

③ 参见李洪雷《论行政法上的信赖利益保护》,载《公法研究》(第四卷),中国政法大学出版社2005年版,第88页;周佑勇《行政法基本原则研究》,武汉大学出版社2005年版,第234页。

④ 参见黄学贤《行政法中的信赖保护原则》,《法学》2002年第5期。

⑤ 参见周佑勇《行政许可法中的信赖利益保护原则》,《江海学刊》2005年第1期。

有处分性的客观行为,而非仅仅存在意思表示。但是也有学者基于对信赖利益保护予以抽象与具体的划分,提出抽象的信赖保护无须处分行为。①

第三,信赖的正当性,即应当保护的信赖是具有正当性的。同"信赖表现(行为)"类似,此阶段的学者基本上对此要件予以了继承,并且将原点要件中排除适用此原则的情形抽象概括为"无可归责性"或者"不可归责于相对人之原因",并以此判定相对人的利益是否正当。但是对于"有生活经验上根据"的具体表述,却并未出现在学者们的论述当中。

除上述三要件之外,我们也发现,"公共利益与个体利益的衡量"这一条件继续存在于学者们的讨论当中。而对此,相较域外学界曾经产生的其是否为第四项适用要件的争议,大陆学界对此均给予了否定的回答,因为"此对比关系所决定的是信赖保护方式的差别(是适用存续保护还是财产保护的问题),而非是否适用信赖保护原则的问题"。从这样的观点也可看出,大陆学界并非没有注意到"利益衡量"这一要件的重要性,而是普遍将其认为"具体适用要件"而非"适用构成要件",甚至周佑勇视之为"信赖保护原则适用的核心规则"。由此可知,"三要件"体系在理论层面已经形成"通说"地位。

(三)来自"利益衡量"的质疑

"三要件"适用体系真正受到挑战似乎源于"益民公司案"。虽然这一时期"三要件"依然为许多学者所主张,各构成要件的基本含义也与上一阶段无太大差异,②但是事实上的冲击却是可见的。这种冲击的核心便是"利益衡量"能否作为构成要件之一。有学者明确主张,适用信赖保护应当"经权衡,与撤销违法的行政行为所获得的公共利益相比,该信赖利益更值得保护"③。

此时,这种"利益衡量"争议真正成为中国大陆理论实际的争论,而非只是一种域外法经验的探索。由此,我们也可以作出一个谨慎的观察:关

---

① 参见李洪雷《论行政法上的信赖利益保护》,载《公法研究》(第四卷),中国政法大学出版社2005年版,第89页。

② 参见姜明安、余凌云主编《行政法》,科学出版社2010年版,第81页;胡建淼、江利红《行政法学》,中国人民大学出版社2010年版,第77页。

③ 唐汇西:《论行政法上信赖保护的实现》,《江海学刊》2010年第5期。

于利益衡量是否属于适用要件的归属争议将会继续,甚至会持续升温,因为之后,它真正属于中国大陆。而在其要件化道路上,有两个问题应当予以关注:其一,其地位应当是"构成要件"还是"适用方法"?关于这二者的不同,前一阶段的学者便已阐述,且一直是学界质疑"利益衡量"的焦点,二者一静一动,且都在具体适用中发挥作用,那应当如何确定归属?其二,利益可比较的前提在于"信赖利益"与"公共利益"的客观化,否则二者难以比较,即使加以比较,如果摄入过多的主观色彩则难以具有较强的说服力,而有学者以行政特许为例,认为"行政特许中的信赖利益大小与因行政特许而获得的权利被物权化的程度是成正比的"[1]。其中的"物权化程度"便在于解决这一问题。总而言之,这种量化是极其困难的。如果将信赖利益保护的适用建立在这种不确定之上,那么,对于保护的适用是不利的。

三 "存续保护到财产补偿"的保护模式

所谓保护方式,即具体采取何种方法来保护行政相对人的信赖利益,其位于信赖保护原则核心框架的末端:当我们通过保护要件确定个案中存在需要保护的信赖利益之后,剩下的问题便在于以何种方式保护这种信赖利益。而从相对人的角度出发,他们可能并不关心行政机关与法院认可其信赖利益的逻辑及其方式,只要国家政权认可其信赖利益受到保护即可;但是他们一定会关心自己的信赖利益会如何受到保护,因为毕竟对普通群众而言,能够实实在在到手的利益才是最重要的,因此信赖利益的保护方式虽然处于该原则体系的末端,但并不意味着它是最不重要的。回顾我国信赖保护原则的学理研究,对于保护方式的研究并不如保护条件一般呈现出"三要件"与"四要件"的强烈争鸣。虽然时有不同观点,但基本仍在"从存续保护到财产保护"的预设轨道上平稳运行。

在原点时期,三篇文章的研究者对于存续保护方式,尤其是对撤销应予以限制方面已经达成基本共识,而内容也与作为其模板的域外法理论较为类似,即原则上存续作为信赖基础的行政行为所创设的法律关系及相应的权利

---

[1] 肖泽晟:《论行政特许中的信赖利益保护——以取水许可为例》,载山东大学法学院《山东大学法律评论》(第五辑),山东大学出版社2008年版,第88页。

第一章　信赖保护原则的中国法学理框架：一个学术史的考察　51

义务，但对另一种保护方式——财产保护却仅有何海波加以提及，却也未加以详细论述。如果我们以后来者的角度观之，这可能与作为何海波文章基础的"田某案"有关。即何海波在"田某案"评析中引入"信赖保护原则"的目的可能在于呈现这样一种观点：既然北京科技大学已经对田某进行了收费、注册的行为，那么自然就是承认了田某在四年内一直是北京科技大学的学生，作为学生的田某与作为教育机构的北京科技大学之间四年一直存在着教学管理关系，那么基于这种关系，田某在满足学位授予要求时理应授予其学位，维护教育关系的当然结果。因此，财产保护显然不是何海波为"田某案"提供的解决方案，自然也无须再加以论述。

在 2005 年前后，最高人民法院公布了"益民公司诉周口市政府等行政违法案"与"洋浦大源实业有限公司与海南省林业局行政侵权并请求行政赔偿上诉案"等案例，地方法院关于信赖保护原则的适用也日渐增多，《行政许可法》第 8 条与第 69 条也引发了中国学界新一轮的关于信赖保护原则的讨论。在这一轮的讨论中，中国学理中信赖保护方式的基本框架得以确定，即"从存续保护到财产保护"的二元路径。

第一，二元保护方式基础上的多元化。虽然简陋，原点时期的学者终究将域外信赖保护的两种方式引入中国行政法，而在之后的十多年中，这两种方式构成了信赖保护的主要理论武器，而在具体内涵上也基本上坚持了何海波界定的基本内涵，即存续保护是对信赖基础与现有状态的维系。财产保护是对因现有状态被打破所造成的财产损失的补偿。但是这一时期理论的发展在于坚持了"存续保护与财产保护"的二分法。学者们也先后提出了至少 3 种其他的保护方式：一是"设定一定的约束性机制"，但是并未表述具体应设定何种方式；[①] 二是不设定具体方式，只设定具体要求；[②] 三是设定过渡条款。其中，"过渡条款"是学者更愿意选择的新兴保护方式，不过持这一观点的研究者相较其他并不占多数，而更为重要的是在学者的论证中，这种保护方式目前主要针对规划或抽象的法律规范性文件的溯及力范围，是否能

[①] 参见姜明安主编《行政法与行政诉讼法》（第 2 版），北京大学出版社、高等教育出版社 2001 年版，第 71 页。

[②] 参见莫于川、林鸿潮《论当代行政法上的信赖保护原则》，《法商研究》2004 年第 5 期。

够推广使用尚存在争议。另外，也有研究者指出，这种过渡条款也属于存续保护的一种形式，意在规划变更之际，建立一个缓冲地带，从而在维护新规划所确定的秩序的同时，减少因规划突然变更而给利害关系人造成的信赖利益损失。①

第二，保护方式的适用次序确定。在原点时期的有限论述中，何海波将适用方法称为"具体采取哪一种保护方式，应当衡量公共利益而定"，其本质在于以"利益衡量"规则决定适用顺序。这种保护方式的缺陷在于缺乏明确标准，尤其是在将"利益衡量"作为要件之一的"四要件"保护条件出现后，"利益衡量"究竟应归属保护条件还是保护方式便存在相当的争议。更为重要的是，这种根据公共利益而变化的保护方式选择与"维护法安定性"的信赖保护原则的目的性创设无法紧密衔接，因为二者的核心标准——"法安定性"与"公共利益"——二者并不天然统一：法安定性意味着既存法律关系存续必然优先，而公共利益则可能导致变动既存关系成为优先解。因此，后继的研究者对"保护方式的适用次序"进行了一定的明确。

其一，根据信赖保护的不同类型进行划分，即在抽象的信赖保护案中采取存续保护的方式较为适宜，而在具体的信赖保护类型中，我国目前采取的财产保护的方式更加符合实际，以存续保护弥补重大公共利益时例外。但这种分类方式仅为极少数学者所主张。

其二，作为后续理论通说的一种表示，即以存续保护为优先、以财产保护为次的理论。财产保护的产生原因即为填补存续保护的不足，如果打破该法律状态所维护的公共利益明显大于相对人信赖利益，按"公益优先"原则，则不得不打破原有法律状态，对相对人的信赖利益予以财产保护（主要是金钱补偿）。② 实际上，该理论也建立于利益衡量的基础上，实际上是对何海波理论的再明确。

经过上述争论，学界关于保护方式的论述逐渐稳定，形成以维护法安定

---

① 参见季晨溦、肖泽晟《论信赖保护原则在城乡规划变更中的适用》，《南京社会科学》2017 年第 2 期。

② 参见黄学贤《行政法中的信赖保护原则》，《法学》2002 年第 5 期。

性为原则、契合信赖保护原则的目的性创设,而以通过衡量具有明显优先性的公共利益为打破法安定性原则的必备条件的次序性保护方式,其代表性论述如下:对于相对人的信赖利益具体是提供存续保护还是财产保护,涉及公共利益与信赖利益的衡量问题。为维护相对人的既得利益,存续保护应成为首选方式;在打破既存法律状态所欲维护的公共利益明显大于相对人的信赖利益时,则应采取财产保护方式,[①] 即以利益权衡为核心,以存续保护为优先适用,而以财产保护为因重大公共利益而必须撤销时之适用方式。

第四节 小结:制度体系与时代背景的偏离

至此,笔者再花费一点篇幅对本章内容做一些简单但必要的总结,即我们在本章中通过知识考古的方式已经发现了掩埋在浩瀚文献中的如下事实。

事实一:信赖保护原则被学人在2000年引入中国行政法伴随着两个重要的法治节点:1999年"依法治国"被写入《中华人民共和国宪法》和2001年中国通过作出一系列以国内改革为基础的"入世承诺"从而加入世界贸易组织。两者在极其巧合的时间点上塑造了信赖保护原则引入之时的中国行政法逻辑,即通过完善法律规范、塑成程序规制、强化司法监督的方式打造规范行政权运行的客观秩序,并以这种秩序作用于行政权本身,实现以秩序规范性为核心导向的"依法行政"。

事实二:虽然中国信赖保护原则的研究者热衷于援引相关的域外理论,但无论基于何种原因,就结果而论,他们的援引对象存在高密度的重合性与集中性,而通过对这些引注对象的研究,我们可以发现,学者们选择的援引对象基本上都将信赖保护原则与维护法安定性紧密相连,并多以后者为前者的理论基础,在此之下,从德国毛雷尔到中国台湾地区吴坤城莫不如是。因此,就中国学人所选择的工具本身而言,仍属于以保护个体权益的主观视角为导向,而这种导向实际上并不与"事实一"中2000年左右的中国行政法主流逻辑完全契合。

事实三:一般而言,人们对于工具特性的认知与工具使用的目的会带有

---

① 范旭斌:《论我国行政法上的信赖保护原则及其完善》,《学术论坛》2006年第10期。

一定程度的匹配性，正如人们不可能用防空导弹去攻击潜藏于深海的核动力潜艇一样。但是从中国学者引进信赖保护目的的相关论述来看，"保护相对人合法权益"的主观诉求始终是中国信赖保护研究者的核心关注点，即使仅有很少学者对此加以特别说明，但是他们笔下的文字已经说明了他们的选择。

事实四：在"保护相对人合法权益"的目的下，中国的研究者为信赖利益保护匹配的工具依然未能跳脱学人所遵循的域外法模板，即依然以"信赖基础—信赖表现—信赖正当性"构成的要件化路径来确定被保护的利益是否构成"可保护的信赖利益"，并且适用先存续保护后财产保护的保护方式。

通过上述四个事实，我们可以发现在中国信赖保护的理论层面存在这一个颇为吊诡的逻辑演进：21世纪初的中国行政法学坚守着一种以规范行政机关自身权力运作的"依法行政"主线逻辑，这种主线逻辑决定了中国行政法所有的工具原则，无论是内生性的还是域外引进的，都必须围绕这一主线进行；但是中国学人的主流学说引入的信赖保护虽然以法安定性为理论基础，其主要目的却在于个体权益保护，而中国学人继承了这一目的，并几乎完全移植了该目的相关的域外信赖保护原则的保护条件与保护方式构造。这种移植，实际上造成的是制度体系与时代背景的断裂，即在一个规范政府权力为主要任务的时代，引入了一个以权利保护为主要目的的制度工具。虽然二者存在着紧密的联系，但是被引入的制度工具本身必然面临着融入时代主流行政法体系的困难。当我们发现并理解了这一点，也就可以理解为什么在2004年前后当《行政许可法》颁布后，学界会出现"客观法秩序"的反弹面向。尤其前文所提及的曹康泰对"信赖保护原则"引入的论述，更应当引起我们的深思：我们引入信赖保护原则究竟是为了什么？至少，我们必须意识到上述断裂的存在，并加以适当的反思。而反思路径应当存在于由立法与司法构成的实践之海中。

第二章　信赖保护原则的中国实定法注释

在理论框架的论述中，我们回溯了 2000 年以来中国学者在中国法框架内对信赖保护的论述。正如前文提到的那样，虽然学者们主观上似乎并未察觉，但在他们援引该原则为行政或司法行为提供解释力的时候，却无意中暴露出信赖保护在中国行政法内究竟是为权益保护还是规范行政机关依法行政客观秩序的摇摆不定。正是因为这种摇摆的存在，信赖保护的内在结构存在着矛盾与不稳定。而在理论之外，在中国这样一个成文法色彩异常浓厚的有大陆法传统的国家，任何涉及信赖保护的论述都必然会被提及一个问题：中国行政法中存在"信赖保护原则"吗？这一问题同样是本章需要回答的问题。我们的论述遵循以下思路：首先，将从中国行政法中唯一被立法者承认的《行政许可法》第 8 条和第 69 条出发，考察这两条在司法实践中与信赖保护之间的认定关系，验证立法者认知的正确性，同时为本章论述提供基础性的支撑，即《行政许可法》规范可以作为我们发现其他信赖保护条款的制度基础；其次，在以司法判决认可《行政许可法》第 8 条和第 69 条信赖保护原则地位的前提下，以这两条为基础，提炼立法者眼中信赖保护条款的核心要素，并以此为基础，发现中国法中信赖保护条款的"族群"；最后，把目光投向更广阔的司法适用场域，在第一部分和第二部分形式信赖保护条款外，探寻中国行政法中实质的信赖保护条款，并借由上述三个层次的发现，寻找我国信赖保护条款在实践中的意涵和定位。

第一节　信赖保护条款存在与否的司法考察

一　对《行政许可法》第 8 条与第 69 条的理论质疑

2004 年,《行政许可法》颁布。对于第 8 条与第 69 条,学界存在不同理解:第一,信赖保护被明确写入《行政许可法》,它明确体现信赖保护原则,而且第 69 条充分体现了利益权衡规则,[①] 甚至有学者直接认为第 8 条就是信赖保护原则。[②] 第二,《行政许可法》在行政许可的废止与撤销问题上已经在一定程度上体现了信赖保护原则的要求。[③] 第三,《行政许可法》本身对于信赖保护原则的作用有限,甚至并未体现该原则,即无论是第 8 条还是第 69 条,均不是基于信赖保护原则的规定,而是基于依法行政原则,因为第 8 条第 1 款并不包含违法授予的行政许可,依然是合法权益保护,价值仅仅在于确立了行政补偿制度;[④] 而第 2 款涉及合法授益行为的废止。从规范的实质内容来看,原许可行为以及因规范的修改或废止而作出的变更或撤回决定同属合法行为,因合法行为造成的损失应"依法给予补偿",这依然是依法行政原则的体现。而第 69 条的规定是基于公共利益保护,而非私人信赖保护。[⑤]

如果我们对于以上理论争议加以分析,便会发现,对于同一法律条文产生不同理解的原因实际上是对于信赖保护原则内涵理解不同,而以此为中心,将《行政许可法》相关条文与其相对比,判断相关法条是否符合理论上的信赖保护原则,进而得出判断。正如前文所言,这种思想依然是一种"西方中心论"在信赖保护原则方面的体现。即使我们抛却意识形态的桎梏,回归纯粹的逻辑探讨也会发现,这种判断的路径本身是极为不可靠的,因为由前文的学术史梳理我们已经发现,中国学界关于德国信赖保护原则的

[①] 参见章剑生《现代行政法基本理论》(第 2 版)(上卷),法律出版社 2014 年版,第 320 页。
[②] 参见杨临宏《行政法中的信赖保护原则研究》,《云南大学学报》(法学版) 2006 年第 1 期。
[③] 参见莫于川、林鸿潮《论当代行政法上的信赖保护原则》,《法商研究》2004 年第 5 期。
[④] 陈海萍:《行政相对人合法预期保护之研究——以行政规范性文件的变更为视角》,法律出版社 2012 年版,第 9 页。
[⑤] 参见陈振宇《〈行政许可法〉"信赖保护条款"的规范分析》,《广西社会科学》2008 年第 8 期。

理解是极其多元化的,而基于此建立的对于《行政许可法》相关条文的理解也必然陷入多元化的无限循环。其实,我们可以就此提出一个疑问:如果与德国传统理论不相一致,这样的理论是否还是信赖保护原则?

二 法院对《行政许可法》第8条与第69条的态度:内涵重于形式

(一)第8条与信赖保护原则关系的司法认知

笔者在中国裁判文书网案例库中,以《行政许可法》第8条为法律依据在法官认为部分进行检索,得到样本裁判文书112件,剔除重复裁判文书后共得到样本文书97份。在这些援引第8条的文书中,同时提及信赖保护原则的共有22件,而未提及信赖保护,只进行单纯法条援引的共有75件。由此我们可以发现,法官在适用第8条时并不将同时适用信赖保护原则视为必需。那么,我们是否就能以此断定:法院并不认可立法者的观点,将《行政许可法》第8条视为中国的信赖保护条款呢?这种判断显然是武断的。

首先,法院虽然有依法裁判的义务,但是并没有释明条款背后相关理论的义务。虽然最高人民法院一直要求法院在裁判中强化说理,但是这并不意味着一定要将法条与相关理论结合,只需要第8条进行强化说理即可。此外,信赖保护毕竟在理论层面存在争议,其也并非实体法要求。在法条主义传统色彩浓厚的中国法视域下,法官援引法条解决相关争议时对其采取保守态度是可以理解的。因此,多数样本中的法院不在援引第8条的同时援引信赖保护并不能排除二者之间的关联。

其次,在22件法院明确同时援引第8条与信赖保护的案件中,法院的态度均十分坚决,均明文指出信赖保护就是第8条的规范意涵。如"唐某勇、袁某义与信阳市工商行政管理局鸡公山分局工商行政登记案"(以下简称"唐袁案")中,法院认为"《中华人民共和国行政许可法》第八条规定……根据上述对行政许可信赖保护原则的规定,行政机关要依职权变更或者撤回已经生效的行政许可,必须同时具备两个条件:一是行政许可所依据的法律、法规、规章修改或者废止,或者准予行政许可所依据的客观情况发生重大变化;二是为了公共利益的需要"[1]。此外,值得注意的是,除极少样本

---

[1] (2014)平行初字第28号判决书。

外，基本上所有文书中，法院均将第8条整体等同为信赖保护原则的要求。甚至在某些案件中，法院特别强调第8条第1款对信赖保护的意义——"《中华人民共和国行政许可法》第八条规定：公民、法人依法取得的行政许可受法律保护，行政机关不得擅自改变已生效的行政行为。据此规定，第三人取得土地使用证的行为并无过错，应当保护第三人的可信赖利益。"① 这种整体性的认知不仅将第8条完整地与信赖保护联系，更为我们接下来的分析提供了实践样本。

最后，虽然法院在多数情况下并未同时援引第8条和信赖保护，但当我们对法院在这些文书中的援引逻辑进行实质分析时，便会发现，法院在这种情况下的主要逻辑与适用信赖保护时的思维并无根本区别，仍然强调行政许可的稳定、公共利益的重要性与打破许可后的补偿。可以说，法院采用了重实质内容、不重形式名称的做法。如在"宛某月与庐江县公路运输管理所行政许可案"中，法院的论证过程也坚持了前文"唐袁案"中"情势变更+公共利益"的二元论证模式："《中华人民共和国行政许可法》第八条第二款规定……庐江县公路运输管理所作为城乡客运的行政管理部门，在庐江县实行农村客运班线公司化改造的情况下，为了公共利益的需要，决定不再延续并收回全县范围内的道路旅客经营户运输经营权，并给予相应的补偿，并不违反法律规定。"② 而在未引入信赖保护的前提下，法院同样坚持了前文信赖保护逻辑对第8条第1款的认可态度，即以该条维系第三人已经获得的信赖利益——"2014年县境内新增客运班线经营权项目经被告天柱县道路运输管理局通过公开招投标程序，许可给了贵州省凯里汽车运输总公司，并颁发了《贵州省道路客运班线经营行政许可决定书》，根据《中华人民共和国行政许可法》第八条第一款的规定，公民、法人或其他组织依法取得的行政许可受法律保护，非因特定事由及法定程序不能撤销。"③

综上所述，就《行政许可法》第8条而言，无论法院是否在适用本条的同时援引信赖保护，都不影响本条与信赖保护原则的对应性，法院在本条法

---

① （2014）漯行终字第27号判决书。
② （2015）合行终字第00082号判决书。
③ （2015）天行初字第4号判决书。

域内对条文和理论的适用基本坚持了注重实质内容而非形式语言的逻辑。

（二）第 69 条与信赖保护原则关系的司法认知

法院在第 69 条的适用上则展现出与第 8 条适用差异较大的态度。以同样的方式检索得到"法院认为"部分适用第 69 条的裁判文书 287 件，以前文标准剔除重复的文书后，共剩余 276 件。在这其中同时适用信赖保护的裁判文书仅有 11 件，仅占比 4%，相较于第 8 条中 22.7% 的适用比例不可同日而语。虽然根据第 8 条的分析，法院并没有在适用法条的同时援引相关理论强化说理的法定义务，前文中法院对第 8 条和信赖保护重实质而非形式的适用逻辑也阐明了二者的联系，但即使我们暂时搁置这种数量上悬殊的比例，法院对第 69 条与信赖保护的具体适用也对二者关系提出了质疑。

首先，法院 276 件样本文书中，有 237 份适用了第 69 条第 1 款和第 2 款，即使在同时援引信赖保护的 11 件裁判文书中也有 8 件适用这两款，而这两条的内容均指向行政机关可以撤销行政许可的法定情形，旨在为行政机关撤销行政许可提供法律依据，并未涉及相对人权益保护，因此与涉及个体的信赖保护当无关系。

其次，法院在同时援引第 69 条和信赖保护的 11 个案件中，并未体现出对第 8 条的那种坚定态度。其具体分为以下三种情形。

第一，信赖保护与第 69 条分离适用，如"马某诉长沙市望城区人民政府、长沙市人民政府土地管理行政撤销以及行政复议案"中，法院认为："被告望城区政府根据《中华人民共和国行政许可法》第六十九条第一款第（四）项……进行行政处理，撤销原告持有的《个人建设用地许可证》《国有土地使用证》，并告知原告对其信赖利益等合法权益造成损失的，另案处理且依法予以保护，并无不当。"[①] 在本案中，法院以第 69 条认定行政机关撤销行政许可的合法性问题，而以信赖保护作为具体的权益损失补偿基础，二者呈现出"合法性—补偿"的分离适用趋势。

第二，第 69 条（第一款与第二款）反而作为破坏信赖秩序、对抗信赖保护原则的条件，而这种情形在 11 件文书中占有绝大多数的比例。如"冯某波诉武汉市江岸区食品药品监督管理局食品行政回复案"中，法院认为：

---

① （2016）湘 01 行初 322 号判决书。

"如因有关部门下发文件即由基层监管部门直接认定已经依法取得行政许可准予销售的产品为非法,则明显违反了《中华人民共和国行政许可法》第八条确立的行政法'信赖保护'原则……检验检疫机构还可以根据《中华人民共和国行政许可法》第六十九条的规定,在查明事实的前提下依法撤销其已作出的卫生证书等行政许可。本案不存在上述情形。"① 相较于第一种单纯的"分离"情形,法院在本案中将更进一步,即以第 8 条塑造正向的信赖保护秩序,而第 69 条的价值则在于提供打破这种信赖秩序的特定条件。

第三,仅在 3 件案件中,法院将第 69 条的内涵与信赖保护相联系。如"喻某亮、张某明等与溆浦县工伤保险管理中心行政给付案"中,法院认为:"依据《中华人民共和国行政许可法》第六十九条,行政机关应当遵守信赖保护原则……"②

综上所述,我们从法院视角对《行政许可法》第 8 条和第 69 条作出了司法适用层面的"检验"。就结果而论,法院基本认可第 8 条意涵对信赖保护原则的包容性,即使法院在绝大多数案件中并不直接援引该理论。而对于第 69 条,法院的态度便模糊许多:法院适用最多的第 1 款和第 2 款在形式上并不对信赖保护有过多涉及,但从遵从立法者意志的角度解释,这两条亦可作为信赖保护条款的负向条款,即只有出现这些情形才可能违背信赖保护原则的要求,与第 8 条形成适用上的对合。因此,就整体而言,《行政许可法》第 8 条与第 69 条在法院层面基本得到了认可,但这种认可是以第 8 条为主、第 69 条为辅的,也正是这种认可方式影响了我们之后对其他中国信赖保护条款的筛选。

三 "诚实守信"在司法审判中的地位

《全面推进依法行政实施纲要》将"诚实守信"作为对法治政府的基本要求之一,其规定:"非因法定事由并经法定程序,行政机关不得撤销、变更已经生效的行政决定;因国家利益、公共利益或者其他法定事由需要撤回或者变更行政决定的,应当依照法定权限和程序进行,并对行政管理相对人

---

① (2015)鄂江岸行初字第 00070 号判决书。
② (2016)湘 12 行终 127 号判决书。

因此而受到的财产损失依法予以补偿。"此表述看似与前文中"信赖保护原则"表述类似,但是依然存在着谨慎的保留意见。①《04 纲要》作为国务院规范性文件的形式使其性质存在相当争议——持表现形式说的学者认为,国务院规范文件未被《中华人民共和国立法法》认可为正式的法规范,其效力位阶应低于行政法规,甚至低于部门规章;②而行政等级说认为,同一主体制定的行政规范性文件,与其所制定的立法具有同等位阶。③对于这些分歧,有学者指出,若单纯在行政系统内部考察《04 纲要》的规范属性,则其效力位阶服从于行政等级说无疑;若从整体法秩序来看,则《04 纲要》的效力位阶应服从于表现形式说。④因此,"诚实守信"虽然无法匹敌《行政许可法》,但同样成为我们考察信赖保护条款是否存在的重要参考要素。

在检索范围内以"诚实守信"作为全文检索词,以《全面推进依法行政实施纲要》作为"法院认为"部分的检索词,共得到相关案例 18 件。经人工筛查,其中 9 件虽然同时出现了上述两个关键词,但其主要援引仍是"程序正当",由此仅剩下 3 件案例。法院的主要援引逻辑如表 2-1 所示。

表 2-1　　　　　　　　法院援引"诚实守信"裁判案件

案件名称	法院思维
果某雷与北京市海淀区温泉镇人民政府信息公开案⑤（简称"果某雷案"）	诚信是我国社会主义核心价值观的重要内容之一,也是弘扬法治精神、建设法治政府的重要基础。国务院在《全面推进依法行政实施纲要》中,将诚实守信作为依法行政的基本要求,凸显了诚信在法治政府建设中的作用。被告在前一案中声称其通过会议、实地检查等多种方式对方案的实施情况进行了协调监督,并且提交会议材料作为证据,证明其履行了相应的职责。然而其在本案中,对于原告所申请的上述政府信息却又答复不存在,显然自相矛盾,违背了依法行政的基本要求

---

① 参见莫于川、林鸿潮《论当代行政法上的信赖保护原则》,《法商研究》2004 年第 5 期。
② 叶必丰、周佑勇:《行政规范研究》,法律出版社 2002 年版,第 186 页。
③ 参见章剑生《依法审判中的"行政法规"——以〈行政诉讼法〉第 52 条第 1 句为分析对象》,《华东政法大学学报》2012 年第 2 期。
④ 参见贾圣真《论国务院行政规定的效力位阶》,《中南大学学报》(社会科学版) 2016 年第 3 期。
⑤ (2018) 京 0109 行初 41 号判决书。

续表

案件名称	法院思维
韩某元等诉岳西县人民政府、岳西县经济开发区管理委员会行政允诺及行政赔偿案（简称"韩某元等案"）	国务院关于《全面推进依法行政实施纲要》提出的依法行政的基本要求是：合法行政、合理行政、程序正当、高效便民、诚实守信、权责统一。政府既然作出允诺，就应当守信、兑现，不能失信于民。虽然被上诉人答应给予安排门面房，并称岳西县经开区现已建成的门面房数量不足以满足被征收土地农户的需要，目前被上诉人正在酝酿制订岳西县经开区被征地农户门面房的安置方案，准备将已建成的门面房进行安置。但从上诉人土地被征至今已过多年，迟迟未予安排，如何体现高效便民依法行政的基本要求，行政允诺必须遵循合法性、合理性和信赖保护原则
赵某与石首市人力资源和社会保障局劳动和社会保障行政确认①（简称"赵某案"）	被告石首市人力资源和社会保障局《决定书》违反了信赖保护原则。国务院《全面推进依法行政实施纲要》中对依法行政的第五个基本要求即诚实守信，要求"行政机关公布的信息应当全面、准确、真实。非因法定事由并经法定程序，行政机关不得撤销、变更已经生效的行政决定；因国家利益、公共利益或者其他法定事由需要撤回或者变更行政决定的，应当依照法定权限和程序进行，并对行政管理相对人因此而受到的财产损失依法予以补偿"。诚实守信要求行政机关必须严格遵守信赖保护原则，即行政管理相对人基于对行政权力的信赖而产生的利益应当受到保护，行政机关非经法定事由并经法定程序不得撤销或者改变已生效的行政决定

以上三个案例中，"果某雷案"中的行政机关之所以违背诚信要求，是因为其在前后两个案件中对信息是否存在的答复不一致，从而使人们对信息的真实性产生疑惑。本质上，其体现的是诚实守信中"诚实"的要求——"行政机关公布的信息应当全面、准确、真实"，与信赖保护并无关系。

而与"果某雷案"不同的是，"韩某元等案"和"赵某案"均同时援引了"诚实守信"与"信赖保护"，且在两案中，行政机关适用信赖保护均是"诚实守信"的基本要求内容。虽然在"韩某元等案"中，法院更多的是将《04纲要》及诚实守信作为一种政策性宣示，即"政府既然作出允诺，就应当守信、兑现，不能失信于民"，而法院则用信赖保护将这种政策性宣示转化为处理法律争议的依据性规范——"行政允诺必须遵循合法性、合理性和

---

① （2014）鄂石首行初字第00014号判决书。

信赖保护原则"。在"赵某案"中,《04纲要》与诚实守信则更具有法源一般的规范意涵,法院在某种程度上已经将"诚实守信"的具体内容作为一种规则存在,而"行政机关严格遵守信赖保护原则"已经相当于遵守规范。无论是将"诚实守信"视为政策性宣示还是法律意义上的规范,信赖保护都是其必然的内容要求,因此,至少在法官的视域下,信赖保护确实存在于《04纲要》中。

第二节 中国行政法"信赖保护条款"的解释与发现

一 为什么需要发现实定法"信赖保护条款"?

作为信赖保护原则的母国,德国在该原则生成之时曾面临一个非常关键的法治疑问:在德国"安寡金案"中,(西)柏林高等行政法院以对相对人的信赖保护为理由,否定了当时理论与实践均严格遵循的严格依法行政标准。虽然"公民对公权力意思表示的信赖"在彼时的德国甚至被视为构建法治国的重要基础,但是法院在本案中用以否定依法行政的信赖保护在当时的德国公法上并无明确的规范基础。也就是说,在严格遵循法教义学的德国,法院在无规范基础的情况下否定了依法行政原则,这显然是令人震惊的。正如后世观察者所言:"为了保证在'国家—公民'关系范畴中,信赖保护在范围和标准上的统一性和延续性,避免因案而异的援引方式造成保护内容和效果上的差异,如何站在法教义学的立场上,将法律理念层面的信赖保护'形式化'地从实证的法律规范中提取出来,使其获得在法律适用上的稳定性,并为争议事实的裁判提供'体系化'的模式导向,成为信赖保护理念得到司法确认后摆在德国公法学界和司法实践领域的首要问题。"[①]虽然中国行政法与行政审判中似乎并没有德国那般"痴迷"于法教义学,但中国法院在行政诉讼中被要求具有明确的规范依据却是不争的事实:《行政诉讼法》要求"人民法院审理行政案件,以法律和行政法规、地方性法规为依据。地方性法规适用于本行政区域内发生的行政案件";《最高人民法院

---

① 展鹏贺:《德国公法上信赖保护规范基础的变迁——基于法教义学的视角》,《法学评论》2018年第3期。

关于印发〈关于审理行政案件适用法律规范问题的座谈会纪要〉的通知》规定:"根据行政诉讼法和立法法有关规定,人民法院审理行政案件,依据法律、行政法规、地方性法规、自治条例和单行条例,参照规章。"而最高人民法院虽然在《最高人民法院关于适用〈中华人民共和国行政诉讼法〉的解释》第100条第2款表示"人民法院审理行政案件,可以在裁判文书中引用合法有效的规章及其他规范性文件",但行政审判需要明确规范基础的态度并未发生改变,有论者甚至将其极端化为"中国虽然实行人民代表大会制度的政治体制,但审判依据的范围同样应当被界定于法律的层面,其他法的规范要成为审判依据,必须与法律具有同等地位、同等性质或者同等效力"①。在这种规范基础需求的态势下,学者的更多努力似乎只能停留在对"其他规范性文件"加以解释,扩张其范围,将"惯例"等纳入其语义内涵,从而获得正当性。②对于信赖保护原则而言,其作为一种行政法原则,显然从规范上说必须有明确的规范基础,因为让法官作出超越规范的基于法律原则的裁判是有难度的,这样的裁判很可能会因为裁判理由不充分而以适用法律、法规错误为由被上级法院撤销。③正是在这个意义上,无论中国法院是否如德国一般对法教义学具有真理般的信赖与痴狂,就规范要求而言,个案法官都必须为适用信赖保护裁判案件寻找到明确的规范依据,而他们与我们首先需要做的便是对《行政许可法》第8条与第69条予以规范解释。

二 《行政许可法》第8条与第69条规范解释

(一) 基于立法目的的解读

相较于学术史的难定一尊,我们可以将目光扫向立法史,探求立法者本身的制度取向。事实上,在《行政许可法》制定过程中,关于该原则的讨论并非重点,在历次说明、审议意见和审议报告中仅有1次提及第8条与第69条相关内容,其中便提及信赖保护原则。④ 而在由全国人大常委会法工委

---

① 刘松山:《人民法院的审判依据》,《政法论坛》2006年第4期。
② 柳砚涛:《构建我国行政审判"参照"惯例制度》,《中国法学》2017年第3期。
③ 蒋成旭:《基于行政法基本原则裁判的一般方法初探》,《行政法学研究》2015年第5期。
④ 参见《十届全国人大常委会第四次分组审议行政许可法(草案四次审议稿)的意见》,载乔晓阳主编《中华人民共和国行政许可法及释解》,中国致公出版社2003年版,第311页。

参加《行政许可法》制定工作的人员编写的《行政许可法》相关释义性书籍中，均将第8条与第69条视为信赖保护原则的具体体现。而且，由于在这类书籍的前言中编者均表述"依据立法原意，进行逐条解释"，所以我们能够以此为据，在一定程度上弥补立法理由书的缺乏，进而对立法目的作出一个大胆的假设，即在立法者的视角下，设立第8条与第69条相关规定的目的，就是要建立中国自身的信赖保护原则。而这两条所体现的，也就是信赖保护原则的中国面向，它们仅是借用了德国的概念名称，而在内涵体现上则有所区别。

（二）针对《行政许可法》第8条与第69条规范的分析

如前文所言，在立法者编写的权威注释中，其将第8条与第69条整体定位于"信赖保护原则"。我们以此为前提便可对中国行政法内的信赖保护原则作出两个层次的解读。

1. 第8条与第69条解读

（1）《行政许可法》第8条解读

《行政许可法》第8条规定：公民、法人或者其他组织依法取得的行政许可受法律保护，行政机关不得擅自改变已经生效的行政许可。

行政许可所依据的法律、法规、规章修改或者废止，或者准予行政许可所依据的客观情况发生重大变化的，为了公共利益的需要，行政机关可以依法变更或者撤回已经生效的行政许可。由此给公民、法人或者其他组织造成财产损失的，行政机关应当依法给予补偿。如果我们依前文所述将该条视为立法者所视之中国的信赖保护原则，那么其规范内涵可做如下解读。

本条第一款规定之基本结构如下：（1）行政许可必须依法取得；（2）行政许可已经生效；（3）行政机关可以改变行政许可；（4）但改变应受约束，即不可"擅自"。

本条第二款规定之基本结构如下：（1）行政机关可以变更或撤回行政许可；（2）行政机关进行（1）行为必须同时存在两个要件：第一，为公共利益，第二，缘于所依据的法律、法规、规章修改或者废止，或者准予行政许可所依据的客观情况发生重大变化的（以下简称为"情事变更"）；（3）如（1）造成财产损失则应当给予补偿。

这里的第一条涉及行政机关本身的生效行政许可的实质存续力问题，即行政机关改变已生效许可必须受到一定条件限制。而这种实质存续力与信赖保护紧密相关，信赖保护正是行政机关效力必须存续的理由。但本款遗憾在于并未明示应为何种限制。另外，第一款要件（1）同样对于本条的射程予以了程序性限缩，即必须依法取得，虽然此种"依法"所经程序为形式审查，但其效果却在于对程序与实体合法的双重认可，即这里的行政许可被限缩为"合法"许可。

本条第二款之规定可视为对于第一款要件（4）之具体化，即第二款的要件（2）所设立的两项要件：公共利益+情事变更。然而，第二款之要件（1）"变更或撤回"则是对第一款之要件（3）"改变"的一种明确，因为合法行政行为效力的改变本身便包含了"撤回与变更"，所以第二款的适用范围仅针对"撤回与变更"，并不适用于撤销许可。而第二款要件（3）之"由此"联通了（1）与补偿，使得二者必须具有一种因果关系，但是"由此"本身也是一种需要简化因果关系的形式，即只需要损失与（1）有来源关系，则应当予以补偿。

故而第二款的逻辑可总结如下：如果存在（2）才可以，即可产生（1）之效果，如果因为（1）造成相对人财产损失则应当给予补偿。

（2）《行政许可法》第69条解读

《行政许可法》第69条则以"撤销"填补了第8条第二款对于第一款的限缩。其规定有下列情形之一的，作出行政许可决定的行政机关或者其上级行政机关，根据利害关系人的请求或者依据职权，可以撤销行政许可：（1）行政机关工作人员滥用职权、玩忽职守作出准予行政许可决定的；（2）超越法定职权作出准予行政许可决定的；（3）违反法定程序作出准予行政许可决定的；（4）对不具备申请资格或者不符合法定条件的申请人准予行政许可的；（5）依法可以撤销行政许可的其他情形。

被许可人以欺骗、贿赂等不正当手段取得行政许可的，应当予以撤销。依照前两款的规定撤销行政许可，可能对公共利益造成重大损害的，不予撤销。依照本条第一款的规定撤销行政许可，被许可人的合法权益受到损害的，行政机关应当依法给予赔偿。依照本条第二款的规定撤销行政许可的，被许可人基于行政许可取得的利益不受保护。

本条的基本结构可做如下梳理：（1）依据5类情形可以撤销行政许可；（2）对于欺诈、贿赂等方式取得的行政许可，应当撤销；（3）如有公共利益且对其有重大损害则排除（1）和（2）的适用；（4）如果基于（1）发生"合法权益"损害，则应补偿；（5）如果基于（2），则基于行政许可取得的利益不受保护。

显然，（1）之情形指向行政许可过程中行政机关违法导致的行政许可本身违法，（2）之情形指向申请人在行政许可过程中违法导致行政许可违法，故（1）和（2）均为违法，一般指向撤销这一结果。但是可以由于（3）产生阻却事由，从而维持行政效力，显然此时的行政许可基于违法而获得，但是由于利益权衡的存在，许可行为本身可以继续存在。但是如果无（3）之阻却事由，那么（2）所产生的利益不受保护，（1）产生之"合法"利益受到保护。

由此，我们可以对第69条的基本逻辑作出梳理，即对于违法许可一般应当予以撤销，仅在且只要（3）存在的情况下通过利益衡量进行保护，但是这里保护的是许可行为本身之效力；而仅在（1）时保护"合法权益"；而在这一结构当中，（3）之效力不可被视为信赖保护的范畴，因为其基准是公共利益，而信赖利益属个人利益范畴，所以对于违法许可所产生的利益的保护显然不为信赖保护范畴，而是属于利益衡量判定。换言之，在本条中，利益衡量与信赖保护属于不同的两种保护方式，而属于信赖保护范畴的仅应为（4）所示内容，即合法权益保护。

2. 行政许可法信赖保护条款的双层结构

根据立法原意与背景理论，第8条和第69条作为《行政许可法》中的信赖保护条款，它们同时包含三种要素：第一，行政机关对已经作出的许可的撤销限制；第二，行政许可应当且只能在特定情形下才能予以撤销；第三，如果撤销，撤回或者变更已取得的行政许可，应当对相对人因信赖该许可产生的合法权益予以赔偿或补偿。而这三种要素，亦可分为两个层次。

第一层次，我们称之为"变化限制条款"，即行政机关针对已经由信赖基础而生成的法律状态的改变应当被限制在特定情形下，结合第一节司法实践的相关阐述，这种对信赖基础所塑造的法秩序的维系在实践中具有相当高的接受程度，而在后文所展示的地方立法实践中，这种规定本身在相当多的情况下被视为信赖保护原则的基础条款，对规范整体起到统率作用。

第二层次，我们称之为"合法权益补救条款"。该条款的来源在于第 8 条第 2 款和第 69 条第 4 款。这两条之所以成为"信赖保护条款"，在于"由此"一词带来的行为撤销或撤回与损失之间的因果关系。这里的"由此"所代表的因果关系其实代表了两种解释方向：第一，因果关系联通的是损失与撤销行为本身，因为撤销许可本身给权利人带来了直接影响，如既得行政许可的剥夺等。这种因果关系强调撤销与损害之间的直接联系，至于损害如何产生并不影响因果关系的建立，而在这种因果关系下，其实并不存在信赖保护的发挥空间，因为因行政机关侵权行为造成的损失自当予以赔偿。第二种解释则与此不同，它的侧重点在于损害产生的原因：这些损失的起源在于行政机关作出的行政许可，于合法的行政许可而言，是原始的行政许可导致了相对人进行某种投入，或者是取得既有产权，无许可则无"用以损失"的权益；而对于违法的行政许可，这种损失的产生源于对行政机关的信赖，是行政机关的原始许可行为导致了行政被撤销的后续结果。这种行政许可本身的违法性基于"依法行政、有错必纠"的逻辑，也蕴含了损失的可能性。因此，这种"由此"所带来的因果关系不仅包含撤销或撤回行为与损失之间的因果关系，同样也溯及形成"损失之权益"的原始行政许可。而在后者的逻辑中便蕴含着信赖保护的可能性，因为"用以损失"之权益的来源，便是相对人基于对行政许可的信赖而进行的投入，或者基于行政许可而获得的既有权益。在第二种路径下，信赖保护借由"由此"而获得了《行政许可法》第 8 条与第 69 条的规范性基础。

3.《行政许可法》信赖保护条款核心要素的提炼

综合以上两款，我们对第 8 条与第 69 条所阐述的"中国信赖保护原则"作出一个具有规范性的抽象：因行政许可而生成的法律状态原则上不得变动，对于因合法的许可行为的废止或者变更造成相对人损失的，应当予以补偿。显然，基于合法许可而产生的利益因其具有合法性基础，属于合法利益；而对违法行为撤销时，则仅仅保护因行政机关过错被撤销而产生"合法权益"保护。故而我们可以发现，《行政许可法》中的信赖保护所针对的，实质上仍然是合法权益保护，而即使是合法权益保护，其射程也仅仅涉及行政许可领域。而这种规范内含的价值既在于限制行政机关撤销或变更权，也在于撤销或变更后对相对人权益的保护。但权益保护囿于"合法权益"的存在，仍然带有维护依法行政中的合法秩序的意涵，并非单纯的相对人权益保护。通过对这种规范意涵的再提炼，我们能够发现信赖保护条款的核心构成因素，即"行为撤销（或撤回、变更）""损害""行为撤销与损害之间的因果关系"（由此或因此等）。基于上述三个关键要素，我们可以发现其他立法规范中的信赖保护条款，进而勾勒中国信赖保护条款的规范"族群"。

三 中国信赖保护条款的规范"族群"

以我们从前文选出的核心构成要素提炼出的"撤销（变更或撤回）""损害""由此（或因此）""补偿"等关键词为基础，结合《行政许可法》第 8 条和第 69 条包含的"公共利益""客观情况"进行综合检索与人工筛选，在规章以上法律规范中寻找到 20 条信赖保护条款，而这些信赖保护条款具体可分为地方行政程序规范、地方优化营商环境规范和具体许可类规范。

（一）地方行政程序规范：实质接纳下的基本原则化努力

现阶段在制定中央层面统一的行政程序法典无法达成的情况下，地方行政程序的实践承载了学者们为未来的法典化努力做准备的理想（见表 2-2）。论者有言："在行政程序立法的这个问题上，似乎也可以由地方先行，取得经验之后再制定出一部全国性的统一而成熟的《中华人民共和国行政程序法》。"① 也正因如此，地方行政程序立法中的信赖保护条款有着更为独特的含义，即它承载着将这一原则由单一的行政许可法规范上升到约束所有领域行政行为的行政法规范的功能。事实上，通过各地的行政程序立法，信赖保护确实如学者所主张的那样，成为与正当程序等并列的行政法基本原则。

---

① 江必新等：《先地方后中央：中国行政程序立法的一种思路》，《现代法学》2003 年第 2 期。

表2-2　　　　　　部分地方和行政程序规定中的信赖保护条款

序号	来源	规范
1	《浙江省行政程序办法》第8条	行政机关应当诚实守信；非因法定事由并经法定程序，不得擅自撤销、撤回、变更已经生效的行政行为 行政机关撤销、撤回、变更已经生效的行政行为，造成公民、法人和其他组织合法权益损失或者损害的，应当依法予以补偿或者赔偿
2	《湖南省行政程序规定》第8条	非因法定事由并经法定程序，行政机关不得撤销、变更已生效的行政决定；因国家利益、公共利益或者其他法定事由必须撤销或者变更的，应当依照法定权限和程序进行，并对公民、法人或者其他组织遭受的财产损失依法予以补偿
3	《蚌埠市行政程序规定》第9条	行政机关实施行政行为，应当遵循诚实信用原则 非因法定事由并经法定程序，行政机关不得撤销、变更已生效的行政决定；因国家利益、公共利益或者其他法定事由必须撤销或者变更的，应当依照法定权限和程序进行，并对公民、法人或者其他组织遭受的财产损失依法予以补偿
4	《兰州市行政程序规定》第8条	公民、法人和其他组织因行政行为取得的正当权益受法律保护 非因法定事由并经法定程序，行政机关不得撤销、变更已经生效的行政决定。行政机关因国家利益、公共利益或者其他法定事由，需要撤销或者变更已经生效的行政决定的，应当依照法定权限和程序进行，由此给公民、法人和其他组织造成财产损失的，依法予以补偿
5	《江苏省行政程序规定》第7条	公民、法人和其他组织因行政行为取得的正当权益受法律保护。非因法定事由并经法定程序，行政机关不得撤销、变更已经生效的行政决定；因国家利益、公共利益或者其他法定事由必须撤销或者变更的，应当依照法定权限和程序进行，并对公民、法人或者其他组织因此遭受的财产损失依法予以补偿
6	《宁夏回族自治区行政程序规定》第6条	公民、法人和其他组织因行政行为取得的正当权益受法律保护。非因法定事由并经法定程序，行政机关不得撤销、变更已经生效的行政决定；因公共利益或者其他法定事由必须撤销或者变更的，应当依照法定权限和程序进行，并对公民、法人和其他组织因此遭受的财产损失依法予以补偿
7	《西安市行政程序规定》第10条	行政机关实施行政行为，应当遵循信赖保护原则，保护公民、法人或者其他组织对行政行为正当合理的信赖利益

续表

序号	来源	规范
8	《山东省行政程序规定》第7条	公民、法人和其他组织因行政行为取得的正当权益受法律保护。非因法定事由并经法定程序，行政机关不得撤销、变更已经生效的行政决定；因公共利益或者其他法定事由必须撤销或者变更的，应当依照法定权限和程序进行，并对公民、法人和其他组织因此遭受的财产损失依法予以补偿
9	《广州市依法行政条例》第10条第1款	行政行为一经作出，非因法定事由并经法定程序，不得撤销、变更。行政行为所依据的法律、法规、规章修改、废止，或者作出行政行为所依据的客观情况发生重大变化的，为了公共利益的需要，行政机关或者法律、法规授权的组织可以依照法定权限和程序撤回或者变更已经生效的行政行为，因此导致公民、法人或者其他组织财产损失的，应当依法予以补偿

就规范的整体情况而言，除西安外，各地行政程序规定均未在形式上提及"信赖保护"的字样，只是在实质表述中接纳了《行政许可法》第8条和第69条所确立的基本表示。蚌埠虽然也如其他地域一样接纳了《行政许可法》的表述逻辑，但却将其置于"诚实信用原则"之下，从而在规范层面造成信赖保护与诚实信用的混淆。

就规范的具体结构而言，各地的规范均主要源于《行政许可法》第8条，即强调因公共利益而产生的信赖利益背弃，并对这种信赖利益的损失予以相应补偿。由此我们可以看出，地方行政程序法的起草者实际上在第8条与第69条之间作出了选择，即以第8条为基础，强调公共利益对既得利益的毁弃作用，并对因此种行为造成的损失进行补偿，而在基础行为上，纳入第69条的违法行为，即将撤销与撤回、变更并列，成为影响基础行为效力的后续行为。而在具体路径上，各地则分流成两种规范逻辑：第一种逻辑其实和前文《行政许可法》借由"由此"生成"初始行为与后续背弃行为共同构成信赖利益损失原因"的逻辑一脉相承，即着重强调第二层次的补偿规范，仍然强调合法权益保护。如《广州市依法行政条例》第10条第1款规定：行政机关或者法律、法规授权的组织可以依照法定权限和程序撤回或者变更已经生效的行政行为，因此导致公民、法人或者其他组织财产损失的，应当依法予以补偿。在这种逻辑下，信赖保护作为撤销（撤回或变更）行为与损失之间因果关系解释的要素的理由并未被明示。

相较于第一种逻辑，第二种逻辑则更进一步，它将权益取得与行政行为之间的联系明确化，也将信赖保护的规范意涵予以扩张。如《江苏省行政程序规定》第7条规定：公民、法人和其他组织因行政行为取得的正当权益受法律保护。非因法定事由并经法定程序，行政机关不得撤销、变更已经生效的行政决定；因国家利益、公共利益或者其他法定事由必须撤销或者变更的，应当依照法定权限和程序进行，并对公民、法人或者其他组织因此遭受的财产损失依法予以补偿。这种逻辑实际是通过两个层次发展了《行政许可法》的信赖保护逻辑。首先，在整体结构上联通"正当权益取得"与"行政行为"之间的因果关系，从而为本条整体打上了"信赖保护"的烙印，即在信赖保护要求下，正当权益因行政行为取得，应当予以保护。其次，在这一烙印下，生效行政决定的实质存续，行政决定撤销或变更的法定理由和法定程序要求，以及因撤销或变更带来的损失补偿都被纳入信赖保护的规范框架中。尤其是前两项，它们以立法者意志的方式直接继承了《行政许可法》确定的信赖保护内涵，将信赖保护的内涵固定为涵盖行政行为存续力与撤销或变更要求的整体化作业，并将合法权益转变为正当权益。这也是地方行政程序规范对信赖保护的价值所在。也只有在这个层面上，信赖保护才不仅仅是依法行政意义上的许可保护，还能对行政行为体系产生影响。

（二）地方优化营商环境规范

第二类信赖保护条款的载体与第一类地方行政程序规范有一定的类似性，即均非专门的行政许可规范，而是在总则性质的规范中择一条款规定信赖保护，而这类条款的载体便是地方优化营商环境规范。该规范的产生大多源于各级政府实现政企关系法治化的措施，希望将地方优化营商环境的多项措施成文法化，维护经济秩序，吸引外来投资。具体规范内容如表2-3所示。

表 2-3　　　　　　部分地方优化营商环境规范中的信赖保护条款

来源	规范
《北京市优化营商环境条例》第 25 条	政府及有关部门应当履行向市场主体依法作出的政策承诺以及依法订立的各类合同，不得以行政区划调整、政府换届、机构或者职能调整以及相关责任人更替等为由违约毁约，不得违背市场主体真实意愿延长付款期限。因国家利益、社会公共利益需要改变政策承诺、合同约定的，应当依照法定权限和程序进行，并依法对市场主体因此受到的损失予以补偿
《辽宁省优化营商环境条例》（2016 年版）第 9 条	有关机关及其部门应当保持政策的连续和稳定，其依法作出的经济社会发展规划、行政许可决定、招商引资书面承诺等，不得随意改变。因公共利益或者其他法定事由确需撤回或者变更的，应当依照法定权限和程序进行
《河北省优化营商环境条例》第 43 条	行政机关不得随意变更、撤回、撤销已生效的赋予市场主体权益的行政决定；确因法定事由或者国家利益、社会公共利益需要变更、撤回，以及非因市场主体原因撤销的，应当按照法定权限、程序进行，并对由此产生的损失依法给予市场主体补偿
《浙江省企业权益保护规定》第 15 条	行政机关不得随意撤销、变更已生效的赋予企业权益的具体行政行为；确因法定事由或者国家利益、社会公共利益需要必须撤销或者变更的，应当按照法定权限、程序进行，并对企业由此产生的损失依法予以合理补偿，法律、法规另有规定的从其规定
《南昌市优化投资环境条例》第 29 条	审批办证事项所依据的法律、法规、规章修改或者废止，或者所依据的客观情况发生重大变化，为了公共利益的需要，行政机关依法变更或者撤回已经生效的审批办证事项，由此给投资者和企业造成财产损失的，行政机关应当依法给予补偿
《天津市优化营商环境条例》第 29 条	各级人民政府应当加强政务诚信建设，保持政策的连续和稳定，不得随意改变依法作出的规划、行政决定等。因国家利益、公共利益或者其他法定事由需要改变规划、行政决定的，应当依照法定权限和程序进行，给市场主体造成损失的，应当依法予以补偿
《贵州省优化营商环境条例》第 34 条	各级人民政府应当加强政务诚信建设，建立健全政务失信责任追究制度和责任倒查机制，加大政务失信惩戒力度；保持政策的连续和稳定，不得随意改变依法作出的规划、行政决定等。各级人民政府及其有关部门应当履行向市场主体依法作出的政策承诺以及依法订立的各类合同，不得以行政区划调整、政府换届、机构或者职能调整以及相关责任人调整等为由违约毁约。因国家利益、社会公共利益需要改变政策承诺、合同约定的，应当依照法定权限和程序进行，并依法对市场主体因此受到的损失予以补偿

上述立法中信赖保护条款的基本结构有着较强的相似性，即分为以下三部分内容，即"政策或行为的稳定性要求＋以法定权限和法定程序变更或撤销＋损失予以补偿（辽宁无此部分）"，而这种三层次结构也和地方程序规范的信赖保护条款一脉相承。其相较地方程序规范的区别在于，优化营商环境立法信赖保护条款方面缺乏类似"公民、法人和其他组织因行政行为取得的正当权益受法律保护"的提纲挈领式的规定，使其无法从整体上获得信赖保护的解释力，只能通过具体规定对应信赖保护的两个规范层次，但供给限制撤销条款的并非只有信赖保护原则，还有其背后的法安定性原则。事实上，如天津和贵州以"各级人民政府应当加强政务诚信建设"作为首要指引，从而以面向"依法行政"客观秩序塑造的制度建设取代了主观面向的权益保护条款。

（三）具体许可类规范

相比第一类与第二类条款，信赖保护条款出现在各地为规制具体许可事项而制定的许可类规范中。笔者检索后发现了如表2－4所示的代表性法条。

表2－4　　　　　　　　　　部分具体许可类规范

序号	来源	规范
1	《威海市户外广告设置管理办法》第23条	因户外广告设置规划调整或者公共利益需要，城管执法部门可以依法变更或者撤回已作出的行政许可。由此给户外广告的所有者或者管理者造成财产损失的，应当依法给予补偿
2	《湖南省市政公用事业特许经营条例》第20条	特许经营者依法取得的市政公用事业特许经营权受法律保护，有关人民政府及其市政公用事业主管部门不得擅自撤回或者改变 因有关法律、法规、规章修改、废止，或者授予特许经营权所依据的客观情况发生重大变化，为了公共利益的需要，可以依法变更或者收回已经授予的特许经营权。由此给特许经营者造成财产损失的，有关人民政府应当依法给予补偿
3	《青海省市政公用事业特许经营管理条例》第20条	特许经营者依法取得的市政公用事业特许经营权受法律保护，人民政府及其市政公用事业主管部门不得擅自变更或者撤回 特许经营协议有效期内，特许经营权所依据的法律、法规、规章修改、废止，或者授予特许经营权的客观情况发生重大变化的，为了公共利益和公共安全需要，市政公用事业主管部门可以依法变更或者撤回特许经营权。由此给特许经营者造成财产损失的，应当依法给予补偿

续表

序号	来源	规范
4	《杭州市大型活动安全管理条例》第15条	作出大型活动安全许可决定所依据的客观情况发生重大变化的，为了公共安全的需要，作出安全许可决定的公安机关可以依法变更或者撤回已经生效的安全许可，并在二十四小时内书面告知主办方，由此给主办方造成财产损失的，应当依法给予补偿 主办方以欺骗、贿赂等不正当手段非法取得安全许可的，公安机关应当予以撤销
5	《西宁市户外广告设置管理办法》第25条	户外广告设置许可有效期未满，因公共利益需要拆除的，城市管理行政主管部门应当书面通知设置人，撤销户外广告设置许可。由此给设置人造成财产损失的，应当依法给予补偿
6	《贵州省市政公用事业特许经营管理条例》第21条	特许经营者依法取得的市政公用事业特许经营权受法律保护，人民政府及其市政公用事业主管部门不得擅自撤销或者改变 授予特许经营权所依据的客观情况发生重大变化时，为了公共利益的需要，授权主体可以依法变更或者撤回已经授予的特许经营权。由此给特许经营者造成损失的，应当依法给予补偿
7	原《沈阳市城市轨道交通运营特许经营管理办法》第20条	确因公共利益需要，市政府可以依法收回特许经营权、终止特许经营协议、征用实施特许经营的轨道交通设施，特许经营者应当予以配合。由此给特许经营者造成直接损失的，应当依法给予相应补偿

就具体条文而言，这类亦可分为两种，即特许经营规范和以大型活动许可与广告许可为例的其他行政许可类规范。这两种规范结构存在着相似之处，但其区别也显而易见。就相似之处而言，两类规范均认可原许可行为改变这一原因给被许可人带来损害的补偿后果，其中关键连词依然是前文所提及的"由此"，而该连词也带来了"原始许可＋改变行为→信赖利益补偿"这一解释路径的适用。这种单纯强调补偿义务从而为相对人提供补偿请求权基础的规定也是其他行政许可常见的规范结构。与此不同的是，各地的特许经营规范中并非存在补偿条款，而是如行政程序规范一般规定了"不得擅自撤销或改变＋撤销或改变需要法定事由与法定程序＋补偿义务"。而且，它同样如某些地方行政程序一样，总括式地表明"特许经营者依法取得的市政公用事业特许经营权受法律保护"，以此将权益取得与授益行为本身联系，

构成"信赖基础与信赖利益"的关系,进而将上述结构做整体性的解释,从而将信赖保护条款由单纯补偿扩充至规范行政机关行为的秩序性条款。

四 小结

综上,基于国家立法者和司法者认可的信赖保护条款——《行政许可法》第 8 条和第 69 条的规范梳理,我们整理出了我国信赖保护条款的基本要素,并借由这种要素在法律、法规、规章的体系中发现了三类信赖保护条款,即地方行政程序规范、地方优化营商环境规范以及具体许可类规范,而根据模式的不同,上述三类亦可将地方行政程序规范细分为"强调补偿的信赖保护条款"与"规范行政行为的信赖保护条款",而具体许可类规范亦可分为特许经营规范和其他行政许可规范,由此形成三类五种的信赖保护规范"族群"。在这一"族群"中"强调补偿的信赖保护条款"和其他行政许可规范基本遵循了《行政许可法》强调损失与原始行为与背弃行为双重因果关系的逻辑,从而仅关注信赖利益的补偿问题,即信赖保护规范第二层次的问题;而"规范行政行为的信赖保护条款",地方优化营商环境规范,以及特许经营规范则在相当程度上继承和发展了《行政许可法》的二元层次,通过将信赖利益取得与行政行为产生因果关系作为基本要求,并对此因果关系的结果加以保护,将信赖保护的同时涵盖行政行为实质存续力,行政行为变更要求以及信赖利益的损害补偿。因此,我们发现中国的信赖保护条款在当下实际上包含了个体权益保护和行政行为效力存续与变更的客观要求,而后者在很大程度上也是信赖保护条款现实中的重点发展路径。至此,我们已经完成了中国行政法内信赖保护条款的规范解释,但我们在此仍然需要面对一个问题:《行政许可法》只规制行政许可领域,而信赖保护原则在理论范畴内却并非只能规制行政许可,那么其在中国行政法域内是否还存在其他的规范基础呢?

第三节 面对"依法裁判":中国法信赖保护原则的规范基础

围绕着行政法上信赖保护规范基础的构建,中国法院至今共找寻到了 7

类规范基础。通过对这些观点的梳理，我们可以较为清晰地发现信赖保护是如何从内容上不确定的域外法理念发展成当下一种法院较为广泛适用的审理工具，并如何直接或间接地影响行政法治与公民权利义务。这7种规范基础分别是：（1）《行政许可法》第8条与第69条的直接解释；（2）情况判决制度；（3）民法善意取得规则的类推适用；（4）《中华人民共和国国家赔偿法》（以下简称《国家赔偿法》）"直接损失"规定；（5）《中华人民共和国立法法》（以下简称《立法法》）"法不溯及既往规则"；（6）纳入起诉期限的事项规定；（7）《中华人民共和国商标法》第41条对信赖保护的负向适用。在这7种规范基础之中，关于《行政许可法》第8条和第69条的直接解释，我们已经在前文做了一定的解释，而情况判决制度与信赖利益的生成和保护紧密相关，因此我们在下一章作出详细说明，本章将对剩余规范基础进行阐述。

一 "李代桃僵"：民法"善意取得"规则的类推适用

（一）善意取得的理论整理

将信赖保护与善意取得相联系的思维是中国行政法信赖保护中历史最为悠久的规范基础，并一直延续至今。中国民法善意取得的规范基础源自原《中华人民共和国物权法》（以下简称《物权法》）第106条及附属于其的《最高人民法院关于适用〈中华人民共和国物权法〉若干问题的解释（一）》（以下简称《物权法司法解释（一）》），《中华人民共和国民法典》（以下简称《民法典》）第311条对其制度内涵和表述逻辑进行了全盘吸收。[①] 因此，善意取得在中国民法中的内核是一以贯之的。虽然不动产物权与动产物权在公示方式上存在登记与占有的根本不同，但《民法典》第311条对不动产与动产的善意取得规则并未加以区分，以统一规则对其加以涵盖。这种分类在民法领域不无解释论上的争议，但对行政法信赖保护的研究却并无阻碍：至少在本书涉及样本中，几乎未涉及动产物权的情形，因此在理论层面，我们

[①] 全国人大常委会法工委民法室参与编写的《民法典》注释书显示，《民法典》第311条是《物权法》第196条规定，本次《民法典》编纂对本条仅做了"个别文字"修改。参见黄薇主编《中华人民共和国民法典释义》（上），法律出版社2020年版，第599页。

只需要关注不动产物权的善意取得即可。

按我国民法学的理论通说,所谓善意取得亦可称为即时取得,是指无权处分人转让标的物给善意第三人时,善意第三人一般可以取得标的物的所有权,所有权人不得请求第三人返还物。[1] 时至今日,民法学界对善意取得制度功能和价值内涵的认知依然存在一定争议。主流学者认为善意取得制度的首要考虑要素应是公共利益,具体而言便是交易安全,而对善意信赖公信的交易当事人提供保护只是公信制度的必然结果而已,比较法上的经验也说明不动产善意取得制度系建立在对交易安全和社会公共秩序保护这一公共政策之上。[2] 正是基于这一点,善意取得要件的规范设计应服务于最大限度地保护交易安全的需要。[3] 显然,这是一种客观秩序与社会本位的思维方式。当然,也有部分学者认为,针对善意第三人的信赖保护,才是善意取得制度的根本动因——"追求交易效率的需要下有条件倾斜保护善意第三人的信赖利益才是善意取得的直接原因。"[4] 而这一观点甚至也得到了某些法官的认同,如曹士兵将善意取得制度定位于"民法体系中善意第三人保护制度的重要制度组成"[5]。如前所述,行政法将信赖保护与善意取得联系起来的思路早已有之,甚至早年的"夏某案"中便能看到这种思路:在审理过程中,法院在强调交易中作为受让人的夏某的行为是基于对房管局登记行为的信赖,而这种信赖的效果便是证成其"提交被涂改的《国有土地使用权申报证明书》,是在不明知情况下的善意行为",同时对夏某支付135万元价款的行为也未在价格上予以不合理否定。而在理论层面,虽然存在公私法二元论的鸿沟,立论本身也存在一定争议,但以信赖原理作为善意取得的理论基础的主张依然为相当多的学者所接受。如叶金强便认为推动善意取得构成的基本原理是信赖原理:公信力是法律赋予表征方式的特殊效力,该效力表现为对善意第三人合理信赖的保护,而善意取得表现的正是善意第三人的合理信赖是

---

[1] 魏振瀛主编:《民法》(第4版),北京大学出版社、高等教育出版社2010年版,第261页。
[2] 参见耿林《不动产善意取得制度的法政策研究》,《清华法学》2017年第6期。
[3] 王利明:《善意取得制度的构成——以我国物权法草案第11条为分析对象》,《中国法学》2006年第4期。
[4] 郭志京:《善意取得制度的理性基础、作用机制及适用界限》,《政治与法律》2014年第3期。
[5] 曹士兵:《物权法关于物权善意取得的规定与检讨》,《法律适用》2014年第8期。

如何被保护的。可见，公信力需要通过善意取得，通过制度来实现，二者一体两面。①

回归本书范畴，中国的行政法官自"夏某案"以来便坚持了这种善意取得思维，甚至直接在论述中作出"上诉人已善意取得该土地使用权"的表示，以此逐渐塑成一种所谓"第三人信赖保护的思维转换"的信赖保护适用思维，即法官在其中并未直接适用《行政许可法》规范要求，而是在坚持"善意"要求的基础上，将信赖利益嵌入其他成文法规则，将信赖保护转化为该规则的适用问题，而其所依托的规范基础便是《最高人民法院关于审理房屋登记案件若干问题的规定》第11条第3款。该款规定："被诉房屋登记行为违法，但判决撤销将给公共利益造成重大损失或者房屋已为第三人善意取得的，判决确认被诉行为违法，不撤销登记行为。"在该款中，（已被）善意取得是被诉行政行为效力存续的依据之一，而法院在实践中也通过该款规定，联通了善意取得与信赖保护之间的关系，即信赖保护寄托于善意取得规则得以存续，但在具体沟通路径上，法院的思路却不尽相同。

（二）善意取得框架下的信赖保护填充

或许正因为"信赖"原理与善意取得制度之间的关系，信赖保护得以依托善意取得在不动产领域获得规范性基础，但行政法官并不关注如何解释《物权法》第106条和《民法典》第311条设定的"受让人善意，交易价格合理，不动产登记或者动产交付"这三种要件，而是利用善意第三人一般可取得标的物所有权的基本理念，对善意取得的基本框架进行填充，将《最高人民法院关于审理房屋登记案件若干问题的规定》第11条第3款的"善意取得"实质替换为"信赖保护"。在具体路径上，可分为如下两类。

第一，以信赖直接认定"善意"存在。如上所述，善意取得的成立需要符合三个要件：受让人善意，交易价格合理，不动产登记或者动产交付。三要件中，后两个要件具体而明确，其法律适用相对简单。唯"善意"要件，因涉及受让人的主观心理状态，②其究竟应以何种标准判断，在学界尚

---

① 参见叶金强《物权法第106条解释论之基础》，《法学研究》2010年第6期。
② 参见吴泽勇《论善意取得制度中善意要件的证明》，《中国法学》2012年第4期。

未有定论。在实体标准上，第一类学者主张应采"不知情且非因重大过失而不知情"标准；① 第二类学者主张，通常情况下，只要取得人信赖了登记就推定其是善意的，除非其事先明知登记错误或者登记簿中有异议登记的记载。② 而在"善意"的证明标准上，亦存在推定受让人为善意，有原权利人证成恶意或重大过失的"推定说"③，以及由主张善意取得的受让人负担证明责任的"第三人证明说"④。但这些争论并未对行政法官产生影响，法官直接以不动产登记的存在判定信赖的产生，并以此证成"善意"要件的成立，即"信赖的被保护"作为善意保护的要件之一。如在"王某秀与六盘水市住房和城乡建设局颁发房屋所有权证纠纷案"，法院认为："王某秀基于对国家房地产登记机关登记行为公信力的信赖而受让该房产，且在转让房屋时支付了合理价格……第三人善意、有偿取得财产的，应当维护第三人的合法权益。"⑤

第二，以信赖保护原则维系善意取得的结果。如果说第一种路径填充的是作为前提的"善意取得"，那么第二种路径便是对第11条第3款后半句的效果要件加以行政法化，将"判决确认被诉行为违法，不撤销登记行为"的理论基础界定为"信赖保护原则"，由此实现信赖保护原则与实定法规范的联系。如在"庄某诉平泉县人民政府土地登记案"中，法院认为："本案登记的土地、房产已合法转让，第三人庄甲属善意取得。原告关于被告所作土地登记四至界点不准问题，可由被告登记机关进行审核确定，以此为由诉请撤销庄乙的全部土地证照违反信赖保护原则，本院不予支持。"⑥

（三）反思："信赖简化善意"的双刃剑效力

通过以上分析，无论是"登记—信赖—善意"的递进路径，还是以信赖保护作为善意保护结果的维系，我们能够明显感受到法官们在不动产登记

---

① 参见梁慧星、陈华彬《物权法》，法律出版社2007年版，第102页。
② 江平主编：《中国物权法教程》，知识产权出版社2007年版，第269页。
③ 参见程啸《论不动产善意取得之构成要件——〈中华人民共和国物权法〉第106条释义》，《法商研究》2010年第5期。
④ 参见徐涤宇、胡东海《证明责任视野下善意取得之善意要件的制度设计——〈物权法〉第106条之批评》，《比较法研究》2009年第4期。
⑤ （2013）黔六中行（再）终字第1号判决书。
⑥ （2015）兴行初字第9号判决书。

领域试图利用善意取得的保护框架承载信赖保护的理念，而其核心理念在于以信赖保护简化善意取得认定与保护标准。相对而言，民法将"善意"认定作为善意取得的核心和疑难问题。虽然最高人民法院在一本针对《物权法司法解释（一）》的权威释义书中认为"为了促进交易，避免不诚信，消除道德风险，应强调对于不动产登记簿信赖的保护，推定信赖登记不登记内容的认为善意……因此在诉讼中只要受让人主张其对登记簿的信赖，则一般无须其再举证证明其善意……"，但"一般"的用法蕴含了无数例外的可能。最高人民法院在同一段落中的表态也说明，这种"一般"基本只是一种理论预设——"由于如何判断取得人之善意是适用善意取得制度的重中之重，本条解释（指《物权法司法解释（一）》第15条）旨在明确，以受让人受让不动产或者动产时，对于不知道转让人无处分权是否存在重大过失以上的过错，作为认定其善意与否的标准，同时明确对于善意与否的举证责任分配原则……"[①] 该解释中，最高人民法院对"非善意"多达五条的明确列举也印证了这一点。而行政法官基于信赖保护而对善意取得的援引则极为简化与直接。以本书样本论，法院在裁判中涉及信赖保护与善意取得之间的联系时似乎并不会在意善意纷繁复杂的实质标准与证明框架，而是直接选择认定登记的公示效力，进而认定信赖的存在，推定"善意要件"的构成。如果我们对这一过程做最极端的简化，那么行政诉讼中善意取得的认定将会浓缩为"登记→善意"，在民法领域可谓云泥之别。由此，信赖借助简化善意的功能实现了对规范基础的获取。就其评价而言，我们不能说这种思路是错误的，因为它本质上体现了最高人民法院对善意取得认定的一般态度——一旦登记被予以信赖，则善意不证自明——但是其借助信赖保护强调了登记作为信赖基础的价值，终究在某种程度上变更了善意取得的认定规则，从而会与我国民法学通说产生抵触，产生"双刃剑"效果。

就内在价值而言，虽然行政法以行政高权和社会公益为制度导向，但信赖保护在此的目的更强调保护第三人合法权益的权益保护面向，法官态度一致地并不关心交易和登记秩序的制度利益交易安全的价值；而善意取得虽然

[①] 朴万华主编：《最高人民法院物权法司法解释（一）理解与适用》，人民法院出版社2016年版，第354页。

身处私法自治为基石的民法中,但其主要制度目的却在于保护市场交易安全的公共利益。就具体结构而言,行政法官之所以以信赖保护简化善意取得的认定,其根本还在于对登记所产生的物权公示效力的绝对认可,从而使登记产生信赖基础效力,而基于信赖基础的信赖效力接续产生信赖利益。可以说,正是信赖保护的引入从本质上构成善意认定的简化。但民法中对登记的效力并不做如此认定,不动产登记簿的登记错误对善意取得的影响一直是学界探讨的话题。如程啸主张:"不动产登记簿上的错误应当区分为权利事项错误与非权利事项错误。基于不动产登记簿的推定效力,只有权利事项错误才可能发动不动产的善意取得……"①而在行政法官的审判逻辑中,对登记本身的探讨从未进展到如此深刻的程度。

以上民法理论与行政法审判对善意取得在价值和制度之间的不同所产生的"双刃剑"效力在某种程度上也为我们指明了善意取得作为信赖保护规范基础的命运:以信赖保护填充善意取得框架虽然通过信赖的强调极其便捷地带来了规范基础地位,但这种规范地位的获取却缺乏民法理论在本源层次的认识,更多源于行政法官自身对善意取得的理解,因此其在理论层面的发展存在天然的桎梏。也许正因如此,这种规范基础从未脱离不动产登记的范畴而有所延伸。

二 "左右互搏":信赖利益与《国家赔偿法》"直接损失"

法官在情况判决和善意取得之外,在实践中为信赖保护找寻的下一种规范依据是《国家赔偿法》第36条。该条第(八)项规定:"对财产权造成损害的,按照直接损失给予赔偿。"对于"直接损失",无论是立法还是最高人民法院司法解释均未给予明确界定。《最高人民法院关于审理民事、行政诉讼中司法赔偿案件适用法律若干问题的解释》(法释〔2016〕20号)虽然对第六项规定的停产停业期间必要的经常性费用和第七项的利息作出了解释,但其仍然是对存量作出明确,②并未对"直接损失"进行明显的拓

---

① 程啸:《不动产登记簿的权利事项错误与不动产善意取得》,《法学家》2017年第2期。
② 参见司法解释起草小组《〈关于审理民事、行政诉讼中司法赔偿案件适用法律若干问题的解释〉的理解与适用》,《人民司法(应用)》2016年第31期,第49页。

展。而最高人民法院法官所编写的一本释义书认为，直接损失是已经取得的财物的损失，间接损失是可得利益的丧失。① 故有法官将直接损失界定为已经发生的客观、实在的损失，系现有财产的损失。② 在本书样本范畴内，法院信赖利益与直接损失联系的制度基础在于争议案件中的相对人一方的核心主张并不在于信赖基础塑造的法律关系的延续，而在于请求行政机关对原法律关系的打破予以赔偿。正是在这种"赔偿"的背景下，信赖利益可以与直接损失联系。

其实，直接损失作为信赖利益规范基础的关系早已为学者所关注。如余凌云在针对"益民公司案"的分析中认为："法院在算计中考虑了《国家赔偿法》只赔偿直接损失，要进一步剔除那些可能被看作间接损失的部分，或者要进一步鉴别这部分损失是否是直接损失……法院所讲的信赖利益，实际上等于可获得国家赔偿的利益。在法官的眼里，信赖利益实际上是可保护利益的同义语。"③ 虽然余凌云后中国行政法学界似乎放弃了直接损失作为信赖利益规范基础的研究，但是这种关系却为法院所接受，并形成了两类截然不同且相反的关系与作用路径。

第一，以直接损失限缩信赖利益的保护范围。样本中，多数法院选择了和最高人民法院在"益民公司案"中一致的思维，即将受保护的信赖利益范围限定在直接损失领域，从而将信赖利益限缩在既得利益和成本两类，从而排除预期利益的存在价值。如在"徐某虹与望江县民政局行政登记确认违法案"中，法院认为"被告主张沈某华从事的活动已经超出登记证书核定的业务范围，且登记证书已过有效期，但这并不能排除原告对被告登记行为的信赖，被告不能因此而免责。《中华人民共和国国家赔偿法》第三十六条第（八）项规定，对财产权造成损害的，按照直接损失给予赔偿"④，从而对相对人基于信赖而进行的 50 万元投入予以保护（基于混合过错原则判决民政局赔偿 15 万元），但是对于利息这一未来产生的孳息则不予保护，将信

---

① 参见江必新、胡仕浩、蔡小雪《国家赔偿法条文释义与专题讲座》，中国法制出版社 2010 年版，第 81 页。
② 参见陈希过《国家赔偿法中直接损失的法律解释》，《人民司法（应用）》2016 年第 13 期。
③ 余凌云：《蕴育在法院判决之中的合法预期》，《中国法学》2011 年第 6 期。
④ (2017) 皖 0827 行初 20 号判决书。

赖利益的范畴限缩在过去和现在的时空范围。

第二,以信赖利益扩展直接损失范围。与第一种关系截然相反的是,法院通过信赖利益反作用于直接损失的规范解释,进而将直接损失的赔偿范围拓展到涵盖过去投入、既得权益和未来合理预期利益的信赖利益。如在"武汉建工第三建筑有限公司(以下简称武建三公司)与武汉市住房保障和房屋管理局、武汉市江岸区住房保障和房屋管理局房屋登记行政赔偿案"中,法院认定"被告市房管局的登记备案行为对原告武建三公司产生了值得保护的信赖利益……原告武建三公司与红日升公司之间的房屋租赁合同因被人民法院确认无效而产生的经济损失属原告武建三公司信赖被告市房管局登记备案行为所造成的经济损失,被告市房管局应当就注销该登记备案行为给原告武建三公司造成的该项损失予以赔偿"[①],而该损失的构成为"武建三公司赔偿红日升公司房屋装饰工程及其他工程损失 684063.2 元"。在信赖利益的框架下,这种损失虽然都是对武建三公司现有财产的减损,但其制度内涵与一般的财产灭失等财产权损害并不相同:其并非武建三公司的投入抑或已经取得的收益,而是作为其在以登记为信赖基础的前提下进行房屋租赁行为时对该行为未来的合法性预期灭失而带来的损失,即信赖登记行为对未来的合法性证成作用,却因为这种合法性的灭失在登记之后承担了不应当承担的损失——在登记合法的前提下该预期之外的损失本应当可以避免——由此,信赖利益的存在使得"直接损失"规范下的赔偿范围得到了扩张。虽然本案中这种扩张并不明显,但它已然突破了直接损失针对实在、客观和既有的传统范围限制,在内涵层面具有了一定的针对未来预期之外损失的保护,尽管我们不得不强调这种突破仍存在一定限制,且在很大程度上依赖我们的解读。

综上所述,如果我们承认第二种关系的合理性,那么在"直接损失"作为信赖保护的规范基础层面,就存在着两种截然不同的关系的"左右互搏":究竟是信赖利益改造了"直接损失",还是"直接损失"限缩了信赖利益?而这种"左右互搏"也影响了这种规范基础对信赖保护的意义:如果以目前主流的直接损失框架规范信赖利益,便意味着信赖利益将仅能针对

[①] (2016)鄂 0102 行初 30 号判决书。

过去的投入和既得产权,对未来预期的保护将无法实现,对投入和产权的保护也存在着极大的范围限制,也意味着这种基于直接损失的信赖保护将会如情况判决和善意取得一样存在着相当大的局限性。[1] 更为重要的是,由于在实践中法院适用信赖保护存在着一种"利益类别选择生成路径"的信赖保护适用模式,因此预期利益的缺失将会对信赖保护的整体结构产生严重影响。如果我们选择以解释空间较大的信赖利益扩张直接损失的范畴,那么不仅可以塑造第一种涵盖所有信赖利益类型的规范基础,其也能够通过信赖利益的特殊途径为"直接损失"的扩张提供可能的理论基础。因此,虽然目前司法实践的主流依然是以直接损失限缩信赖利益的第一种关系,但我们依然应当对此中隐含的未来可能性抱有期待。

三 "异军突起":知识产权审判中的信赖保护

如果说善意取得和直接损失尚未跳脱中国行政法学者的研究视域,仅仅是关注度多少的分别,但法官为信赖保护找寻的下一类规范基础则基本上完全依托了理论的框架:无论是作为源流的德国行政法还是作为继受者的中国行政法,信赖保护都不曾被纳入实定法规范。学者对其也基本未加以关注(仅有的研究也仅仅点出了其作为一种现象的存在,并未深入考察[2])。它却被法官创造性地运用并在中国法信赖保护的适用中占有稳定的地位。更值得注意的是,由于知识产权案件基本集中于"北京一中院(2014年后为北京知识产权法院)—北京高院"这样一个较为稳定而封闭的审判链条当中,所以法院对于案件显然代表着一种对于类似案件裁判思路的认可,也更易于形成对于后案法官的一种事实约束力(甚至后案法官就是前案法官)。因此,信赖保护在知识产权领域的规范基础尤其值得我们关注。具体而言,法官为信赖保护在知识产权领域引入了两个规范基础:《立法法》第93条代表的法不溯及既往和原《中华人民共和国商标法》(以下简称《商标法》)第41条(现为《商标法》第44条)对信赖保护的排斥作用。

---

[1] 参见蒋成旭《国家赔偿的制度逻辑与本土构造》,《法制与社会发展》2019年第1期。

[2] 已经有学者观察到了这一现象,但是并未作出深入分析。参见余凌云《蕴育在法院判决之中的合法预期》,《中国法学》2011年第6期。

(一) 法不溯及既往：知识产权领域的法安定性

其实，法安定性理论出现在知识产权领域是颇为令人意外的，因为作为我国理论通说中信赖保护的理论基础，在本书样本范围内，以法安定性为内涵的《立法法》第93条在除知识产权争议外的一般案件中并未被法官作为规范基础引入司法审判。

《立法法》第93条规定："法律、行政法规、地方性法规、自治条例和单行条例、规章不溯及既往，但为了更好地保护公民、法人和其他组织的权利和利益而作的特别规定除外。"法律不溯及既往，是指法律文件的规定仅适用于法律文件生效以后的事件和行为，对于法律文件生效以前的事件和行为不适用。而在审理知识产权案件的法官视域中，这一原则多被用以解决新旧法律的选择与衔接问题，塑成"违反法不溯及既往原则侵犯信赖利益"的违法性审查逻辑。如在涉及商标审查的"江西恒大高新技术股份有限公司、国家工商行政管理总局商标评审委员会与恒大地产集团有限公司商标权撤销复审行政纠纷案"（以下简称"恒大高新案"）中，法院认为："为保障行政相对人对其行为后果的可预期性，保障行政相对人的信赖利益，行政机关在作出行政行为时应当遵循'法不溯及既往'以及'实体法从旧、程序法从新'的一般原则。"[①] 而在专利领域的"默克专利有限公司与中华人民共和国国家知识产权局专利复审委员会发明专利申请驳回复审行政纠纷案"（以下简称"默克案"）中，法院也同样认定："若适用本案专利申请日时尚不存在的《审查指南》，则违背法不溯及既往这一基本法治原则，损害专利申请人对生效法律的正当信赖。"[②]

由此，无论是在商标还是专利纠纷中，这种"违反法不溯及既往原则侵犯信赖利益"的审查逻辑都为法院所认可。但值得注意的是，在"北京知识产权法院→北京高院"这一固定且闭合的审级关系中，这种逻辑存在着"结果导向到行为导向"的演进。具体而言，在2015年左右的实践中，北京知识产权法院在审判中为这一模式附加了一种结果导向的要件：违反法不溯及既往原则需要以结果层面侵犯信赖利益为判断标准，单纯违反法不溯及既

---

① （2017）京行终1389号判决书。
② （2015）京知行初字第4319号判决书。

往原则但不对信赖利益造成侵犯的，法院仅予以指正，但不作为违法性要素存在。如前文的"默克公司案"中，知识产权法院虽然在论证中表述了"损害了专利申请人对生效法律的正当信赖"这一点，但其在之后的论述中同样认为"无论是 2001 版《审查指南》，还是此后的各版《审查指南》，其对说明书充分公开的要求并无不同，因此被告未适用 2001 版《审查指南》作出被诉决定虽有不当，但对被诉决定的实体结果并无实质影响"，进而认为"被诉决定适用法律虽有不当，但不影响实体结论"。而前文关于商标的"恒大高新案"中，知识产权法院在一审中仍然坚持了这种思路，但北京高院在二审中却对此进行了纠正，即法不溯及既往原则本身有其独特价值，对法不溯及既往的违反本身便代表了对信赖利益的侵犯，并不需要以"结果是否受到实际影响"另行判断。而这种纠偏的结果便是"恒大高新案"终审判决作出的六个月后，北京知识产权法院在"安徽省徽宝贝土特产有限公司与国家工商行政管理总局商标评审委员会商标权撤销复审行政纠纷案"中基本复制了北京高院"恒大高新案"的审理逻辑，认为："为保障行政相对人对其行为后果的可预期性，保障行政相对人的信赖利益，行政机关在作出行政行为时应当遵循'法不溯及既往'以及'实体法从旧、程序法从新'的一般原则……故本案的实体问题应适用 2001 年《商标法》，程序问题应适用 2014 年《商标法》。"①

（二）《商标法》对信赖保护的负向适用

除了以法不溯及既往保护信赖利益外，法院在审理知识产权案件时为信赖保护引入的第二项规范基础是原《商标法》第 41 条第 3 款（现为《商标法》第 44 条），即以本条作为规范基础排除信赖保护的适用空间。这也是所有规范基础中唯一针对信赖保护的负向要素。

原《商标法》第 41 条第 3 款规定："除前两款规定的情形外，对已经注册的商标有争议的，可以自该商标经核准注册之日起 5 年内，向商标评审委员会申请裁定。"而本款在此的意义便是以争议期的存在，否定初始商标注册决定的形式存续力，使其在 5 年内依然具有可争讼力，从而不具有安定性，也因此不具备信赖基础效力，排除信赖保护原则的适用。如在"广东鹰

---

① （2017）京 73 行初 165 号判决书。

皇参茸制品有限公司与商标评审委员会等商标争议行政纠纷案"（以下简称"鹰皇案"）中，法院认为："《商标评审规则》第二条规定，商标评审委员会负责处理对已经注册的商标，依据《商标法》第四十一条规定请求裁定撤销的案件。本案中，商标评审委员会受理花旗参农会针对争议商标提出的撤销申请，并作出裁定，系依法行政，无关行政信赖原则。"[①] 本案中，法院以"依法行政"对抗信赖保护，而其所依之法便是原《商标法》第41条。如上所述，正是本条第3款争议期的规定使得商标注册决定无法形成稳定的信赖基础，从而排斥了信赖保护的个案适用。

（三）创新还是误用：知识产权领域信赖保护适用的反思

作为信赖保护的研究者，初始面对知识产权领域的两种规范基础，内心其实充满着欣喜：在信赖保护逐渐在中国行政法领域固化的今天，法官能够在非传统领域中对其加以规范性援引，不啻为信赖保护找寻新的理论增长点，尤其是该领域即使在德国法中亦未被明确涉及。更为值得关注的是，法院在知识产权审判中引入了一般审判中也未提及的"法不溯及既往"规则，真正在实定法层面将信赖保护与法安定性联系起来。以上种种中国范畴的创新对信赖保护而言都注入了新的活力。

但是细究之下，我们对这种信赖保护规范基础层面的创新还是应该抱以谨慎的态度，无论对其对信赖保护整体的意义，还是其自身与知识产权基本理论的契合度。信赖保护在知识产权领域的规范基础并不能自然扩张至一般审判中。虽然《立法法》第93条体现的法不溯及既往原则是法治国家的一般原则，但是至少在本书样本中，法院在一般案件的审理中并未将其与信赖利益相结合，其考虑因素可能正在于法不溯及既往作为法秩序稳定的一般要求，具有特殊的客观价值秩序意义，是对政府行为的一般性要求。这与我国理论中主要将信赖保护作为权益保护的要求并不一致（对这一区别的阐述详见后文合法预期部分）。因此，虽然我们尚无法得知知识产权法官为何在这其中引入法不溯及既往以保护信赖利益，但其很难推而广之，辐射整体的信赖保护框架。更为重要的是，信赖保护与知识产权自身理论无法完全契合。

首先，正如"鹰皇案"中原告之所以无法以信赖保护推翻商标评审委

---

① （2012）高行终字第1774号判决书。

员会的决定，正是因为原《商标法》第 41 条关于争议期间的规定。该规定通过"依法行政"的要求使得作为信赖基础的评审决定处于非常不稳定的状态，且长达五年的争议期使得该评审决定与一般行政决定的存续力截然不同，无法如一般行政决定那样产生信赖基础效力。其次，是"个案审查原则"的限制。所谓"个案审查原则"，并非我国商标法的明文规定，而是通过学说继受和法律移植成为商标行政管理部门和法院在商标行政审查与司法裁判中惯常使用的理由。该原则是判断商标显著性、知名度、近似及混淆可能等实体问题的经验总结。根据这一原则要求，商标评审机关在商标审查过程中应当排除对在先审查案例的类推适用。[1] 因此，虽然许多法院试图以"审查一致性原则"建立以先例为代表的判例的信赖基础地位，从而引入信赖保护，[2] 但正因为个案审查原则的存在，商标实质审查呈现出动态与主观化的不稳定样态。因此，前案在很大可能上无法对后案产生信赖基础价值，进而无法使后案当事人基于前案结果产生稳定期待，从而适用信赖保护。

综上所述，我们发现，虽然信赖保护在知识产权领域的适用足够令我们欣喜，但其产生本身存在着一定的偶然性，与其自身与知识产权理论也并不自洽。其中最根本的逻辑断裂便是信赖保护要求的基本稳定性与知识产权领域作为基础的评审决定的不稳定性之间的冲突，因此它注定只是一种适用范围极其有限的规范基础，无法推而广之。

四 以信赖保护注释耽误起诉期限的"其他原因"

在上述实体规则层面的规范基础外，中国法院也为信赖保护找寻了一种诉讼法上的规范基础，我们可将其称为以信赖保护注释耽误起诉期限的"其他原因"。这种规范基础的法规范依据在于《行政诉讼法》第 48 条第 1 款（公民、法人或者其他组织因不可抗力或者其他不属于其自身的原因耽误起诉期限的，被耽误的时间不计算在起诉期限内）和《最高人民法院关于执

---

[1] 参见熊文聪《"商标个案审查原则"的误读与澄清》，《法学家》2018 年第 4 期。
[2] 如"阿帕泰丽斯制药有限公司（APTALIS PHARMA LIMITED）与中华人民共和国国家工商行政管理总局商标评审委员会商标申请驳回复审行政纠纷上诉案"，参见（2012）高行终字第 1671 号判决书。

行中华人民共和国行政诉讼法若干问题的解释》（法释〔2000〕8号）（以下简称"《00解释》"）第43条（由于不属于起诉人自身的原因超过期限的，被耽误的时间不计算在起诉期限内。因人身自由受到限制而不提起诉讼的，被限制人身自由的时间不计算在起诉期限内），而切入点便在于对不确定法律概念——"其他不属于其自身的原因"的解释。

就其解释机制而言，法院的着力点在于判断政府行为是否使相对人产生了信赖利益。如果政府行为能够足以使相对人产生信赖，即政府行为足以构成信赖基础，那么为了保护相对人已经产生的信赖利益——被耽误的起诉期限不计算在内，则应当认定政府行为属于"不属于其自身原因耽误的起诉期限"。如"王某文因诉被申请人黑龙江省大庆市人民政府行政赔偿案"（以下简称"王某文案"）中，最高人民法院认为："所谓'不属于起诉人自身的原因被耽误的时间'，是指基于地震、洪水等客观因素耽误的期间，或者基于对相关国家机关的信赖，等待其就相关争议事项进行处理的期间。仅仅是当事人单方向有关部门申诉信访，因申诉信访耽误的期间，没有可保护的信赖利益，属于当事人自身放弃通过法定诉讼途径解决争议耽误起诉期限的情形，不属于第四十三条规定应予扣除的期间。"[①] 本案中，由于仅存在相对人的单方信访申请，行政机关未予以相关回应或者承诺，因此最高人民法院并不存在信赖利益。而与之相反的是，在"杨某文诉辽宁省灯塔市人民政府行政强制并赔偿一案"（以下简称"杨某文案"）中，法院认为"灯塔市政府作出信访复查答复意见，明确告知杨某文关闭煤矿有法律法规依据，建议通过法律程序解决，至此协商程序结束。在灯塔市政府与上级机关协商解决问题期间，杨某文基于对灯塔市政府解决相关问题的信赖不起诉而耽误的期间，系不属于起诉人自身原因耽误的期间，应当予以扣除"[②]。本案中，因为行政机关已经对相对人的诉请给予了回应，作出了相关处理答复，从而是相对人对行政机关产生信赖而耽误起诉期限，其对起诉期限的耽误存在信赖利益。由此，我们发现，二者的根本区别在于行政机关是否对相对人的诉请作出回应。"王某文案"中，法院表示，"仅仅是当事人单方向有关部门

---

① （2017）最高法行赔申91号裁定书。
② （2016）最高法行申4077号判决书。

申诉信访",因行政机关并未予以回应,因此不产生信赖基础,更无法产生信赖利益;而当行政机关将相对人单方的诉求通过"回应"变为双方的意志沟通,甚至对相对人予以响应保证时,信赖基础便会建立,信赖利益也由此产生。遍查本书样本,虽然法院在大多数情况下以"单方性"认定相对人超过起诉期限,但在各级法院有限的"不超期"认定中,除前文的"信访答复"外,一旦行政机关作出"处理答复"[①]"公安机关开启案件处理程序"、[②]、"明确告知救济权和期限的行政决定"[③] 以及"尚未被撤销的土地登记"[④] 等行为,法院都会认为其具备信赖基础效力,从而使相对人产生针对耽误起诉期限不计入的信赖利益。而它们的共性,正如前文多次强调的那样:对相对人权利义务给予明确的意思表示,使得相对人的单方请求变为双方意思的互动。

我们无法得知究竟是哪家法院最早开启了对这种诉讼程序中信赖利益的保护,但是以《行政诉讼法》第 48 条和《00 解释》第 43 条为规范基础的思维在 2014 年之后被法院大量适用,用以解释"因其他因素耽误起诉期限"这一不确定法律概念。最高人民法院更是这一理论坚定的执行者。可以说,在以信赖保护注释耽误起诉期限的"其他原因"这一规范基础的选择上,最高人民法院与地方各级法院之间基本达成了默契。而这种规范基础的塑成对信赖保护最大的价值可能并不是在诉讼程序中引入了一种规范基础,更在于为信赖保护与合法预期在中国法中的结合提供了一种规范框架。

众所周知,21 世纪初以来,学者一直便对信赖保护与合法预期之间的关系纠结不清,相对信赖保护在中国实定法上尚且被形式化援引,合法预期尚未被予以形式化援引,学界对其实质化内容的判断也未进行深入的研究。其中一个重要原因可能在于普通法合法预期的理论本身较为复杂,仅仅理论

---

① (2016)浙行终 181 号裁定书。

② 参见"益阳市房屋产权产籍管理处与中国农业银行股份有限公司益阳康富路支行房屋登记案",参见(2014)益法行终字第 34 号判决书。

③ 参见"王某与遂平县住房和城乡建设局房屋拆迁管理案",参见(2018)豫 17 行终 18 号裁定书。

④ 参见"潘某芳、彭某莲等与合浦县人民政府土地行政登记案",参见(2017)最高法行申 4707 号裁定书。

基础层面便杂糅了自然正义、良好政府、法安定性等多种理论；加之普通法与大陆法之间存在的理论隔阂，使得合法预期在中国法院实践中很难搜寻到确实的存在证据。但近些年，伴随着普通法理论的变革，学者们对合法预期进行了重大反思，即提出多元但非必要的部分。如杰森·瓦鲁哈斯（Jason Varuhas）主张只有在某些特殊的情况下方存在合法预期：在这种情况下，一个行政机关对一个相对人或组织作出了一种明确的承诺、保证或者许诺，即行政机关将会以或者不以某种方式行为。这种行为或者不行为对于相对人或者组织的利益产生了影响。而英国法院也在越来越多的判例法中承认了这一点。如在拉赫曼（Rahman）案中，斯坦利·伯顿（Stanley Burnton）法官（其意见也得到了其他法官的认同）甚至表达得更为强烈：“合法预期的概念在那些没有言语或者行为的意思表示的案件中通常是不必要的，这种意思表示由行政机关作出，而相对人在争议时也试图依赖于它。"[①] 由此，这种理论内核的收缩便为我们将合法预期与中国实践的比较提供了可能，而我们也能将前文法院在诉讼中表达的"对相对人权利义务给予明确的意思表示，使得相对人的单方请求变为双方意思的互动"要求与普通法以"对于相对人或者组织的利益产生了影响"的新的明确性要求之间产生联系，进而为合法预期在中国实践的发现并在中国法内与信赖保护融合提供了规范框架上的共性。

五 小结

至此，我们已经对中国法院为信赖保护找寻的除《行政许可法》和情况判决、直接适用之外的 5 种规范基础进行了专门评析。就其整体结果而论，虽然学理通常认为"依法裁判通常是指更为严格和更为准确地适用法律，也即追求执行法律的完美性、严格性和准确性"[②]，但是在涉及信赖保护的司法实践中，规范基础对司法审查而言并不重要，而且在仅有的作用中，法院也有所偏颇。

---

① See Soshd v Rahman [2011] EWCA Civ 814 [42].
② 孔祥俊：《论商品名称包装装潢法益的属性与归属》，《知识产权》2017 年第 12 期。

（一）法官对规范基础必要性的回答：并非如此

首先，虽然存在着数量众多规范基础，但是上述基础在样本中的占比并不高，在多数情况下法院是在缺乏规范基础的情况下直接适用"信赖保护原则"裁判案件，并未因为缺乏规范基础而影响裁判。

其次，也是更为重要的是，上述规范基础都是零散存在的，它们多数侧重于法律的某个角落，但彼此之间缺乏有效的联系，更缺乏统一的精神内核予以统辖，如知识产权规则与诉讼程序规则。而那些可能的普遍性规则也在很大程度上存在危机：情况判决制度虽然被较为广泛地接受，但是因其公共利益维系的本质，因此，最高人民法院也试图通过指导性案例等方式淡化其"信赖保护"意义，必定会逐渐淡出规范基础；直接损失貌似可以兼顾所有的信赖利益补救，但就法院的主流选择而言，以其作为规范基础反而会限缩信赖利益的存在。而上述现象的结果便是规范框架各自为政，很难从中发现作用于所有领域的普遍性规则，反过来也削弱信赖保护处于"行政法基本原则"地位的可能性。

最后，实定法基础包含《行政许可法》第8条和第69条，各种地方行政程序规范、地方涉企关系规范和具体许可类规范是最为规范的实定法基础，但是法院对除《行政许可法》外的其他诸规范基本未加以适用。而对前者，虽然在行政许可类案件中适用相对较多，但并不能完全辐射到其他法域。另外，即使法院适用《行政许可法》第8条和第69条，也并不一定强调其内涵在于信赖保护原则。更为重要的是，许多法院在审判中仅援引其形式，并未对其内涵加以解释，从而影响了其规范效力的发挥。

正是以上三点的存在，决定了中国信赖保护薄弱的规范基础，它们既不能为法院裁判提供充分依据，更不能塑成具有统一内涵的普遍性规则，反作用于信赖保护理论，其不为法院所重视也就不令人意外了。

（二）淡化客观性因素而强调个体权益保护

虽然法院在实践中并不重视规范基础，但是从法院对既有规范基础的选择中，我们依然能够发现其对信赖保护的某些态度，即强调个体权益保护而淡化客观秩序要素。

除《行政许可法》规则外，在善意取得层面，法院摒弃了民法学界"保护交易安全"的公共利益通说，直接将功能定位于保护善意第三人；之所以"非因相对人自身原因耽误起诉期限"能够成为信赖保护新的规范基础，并成为合法预期中国化的切入点，其深层原因也在于行政机关意思表示对相对人权利义务的影响性，而非客观面向的法安定性。由此，便可能会产生另一个矛盾链条：理论层面学者将信赖保护设定为个体权益，规范层面却强调建立法安定性为基础的客观秩序，而司法实践则是否又回归了个体权益，即偏向理论而背弃了规范框架呢？而欲回答这一问题，我们可能进入更为直接的信赖保护本身适用部分，即下一章的司法适用环节。

第四节 小结：中国信赖保护原则的适用区域与边界

至此，我们已经对中国行政法中几乎所有的实定法化信赖保护要素进行了规范性的注释。综合这些分析，我们可以发现，在中国行政法的实定框架中，信赖保护条款实际上面临着一个前提性的难题：信赖保护在中国行政法内的边界究竟应当扩展到何种程度？从前文的叙述来看，无论是《行政许可法》的起草者、地方立法的制定者，还是适用信赖保护条款的法官，他们对这一问题的回答都是较为一致的：中国的信赖保护条款需要同时涵盖作为行政行为实质存续力内容的撤销限制、撤销或者撤回的法定情形，以及这些情形下的补偿义务。

另外，通过上述立法者与法官的回答，我们可以发现，中国的信赖保护条款实际上带有浓厚的"依法行政"色彩，即法官的和立法者的选择还是希望将信赖保护作为一种规范行政机关依法行政的秩序要素，而非仅仅是相对人权益的保障要素。其实，这一点恰恰回应了第一章信赖保护的功能争议。我们在前文该部分内容中提及学者们对信赖保护引入中国行政法的制度功能实际上存在着主客观之间的摇摆不定，尤其是在《行政许可法》出台后，这种争议一度非常激烈：信赖保护究竟是用来规范行政机关依法行政的，还是用来保护相对人合法权益的？虽然这种争议很快被学者们"自觉"统一到"权益保护"的目的上，但就本章内容来看，这种争议远未结束。可以说，立法者与学者形成了不同的态度，而就法官对《行政许可法》的态度来看，法官强调规范行政机关依法行政的意涵也较为强烈。但我们需要注意的是，法规范层面的这种合法性强调也并非无松动空间：地方行政程序规范中多使用"正当权益"而非"合法权益"其实已经有了权益保护的端倪。如果需要对以上争议进行更为细致的探讨,我们还需要进入中国信赖保护原则最为典型的适用区域——司法判决中,通过更大样本的分析对其具体适用进行观察。

第三章　信赖保护原则的司法言说

　　至此，我们已经在理论与立法方面确认了以下两方面的事实：第一，当下的中国信赖保护原则的理论研究已经进入明显的停滞状态，无论是要件化的适用体系，还是"从存续保护到财产保护"的递进式保护方式，随时间变化的似乎只是期刊发表的时间，而非期刊所涉及理论的实质内容。近三年与信赖保护原则相关的文献仍难以跳出 2000 年以来中国信赖保护研究的窠臼——"以德为师"——相关著作多次采用"这与德国行政法学保障民众信赖利益的精神完全一致""不过就本案案情而言，德国的相关规定可能更贴切案情需要"，[①] 以及信赖保护的构成要件通常包括三个方面，即信赖基础（vertrauens grundlage）、信赖表现（vertrauens bestätigung）及信赖利益的保护（schutzwürdigkeit des Vertrauens）。[②] 虽然作为信赖保护的研究者，能够观察到司法裁判的意义本身就是一种令人钦佩的态度，但如果前文学术史框架是可信的，那么我们在今天依然使用至少十年之前便已固化的理论检讨实践中新生的案例与实践，是否有"刻舟求剑"的嫌疑？第二，如果我们认同《行政许可法》第 8 条与第 69 条是"中国信赖保护原则成文法化"标杆的预设，那么该原则至少在地方行政程序立法、地方优化营商环境规范和特许经营类规范中具有一席之地。但诚如前文所言，这些规范的问题在于：我们可以依据法教义学对其射程内涵作注释，却由于信息公开水平等，还难以

[①] 陈新民：《信赖利益的保护与界限——郑州市豫星调味品厂诉郑州市人民政府行政处理决定案判决之评析》，《法治研究》2018 年第 5 期。

[②] 程凌：《社会保障待遇追回中的信赖保护——以授益行政行为撤销与废止为中心》，《北京理工大学学报》（社会科学版）2021 年第 4 期。

通过实例对其加以验证，从而极易陷入"主观主义"的自我作业；另外，当我们试图以这些成文法为中心，利用公开情况较好的法院判决进行研究时，却发现地方行政程序法和特许经营类相关规范极少被援引，而《行政许可法》的两条规定也并不与信赖保护原则构成必然的衔接关系。这两方面事实的存在其实都说明一个问题，即理论和立法的探讨实际上都存在不同程度与实践脱节的"纸上谈兵"现象。为克服这种弊端，我们有必要转化视角，寻找更能够展现中国信赖保护现实发展的领域。由此，法院裁判自然而然地进入了我们的视野。

如果我们略微检索中国信赖保护的司法判决史，便会发现中国法官对信赖保护原则并不缺少敏感度。也正因为他们的敏感，信赖保护原则从一开始就不仅仅是学者们书斋中的自娱自乐。据笔者考证，中国法院最早涉及信赖保护因素的案例为"夏某诉徐州市房产管理局撤销房屋所有权证案"，虽然年代久远，本案中法官在具体形式表述本身上也并未直接引用"信赖保护原则"之名称，[①] 但是我们依然能从法官的逻辑当中寻觅该原则的蛛丝马迹。

本案事实之时间轴线为：被告之前对于多次类似权利瑕疵均予以认可并登记[②]→原告之夫对价与第三人进行交易[③]→原告就涉案房屋办理登记[④]→被告对此次行为依然予以认可[⑤]。法院认为："夏某基于对徐州市房管局在此之前数次办理权属登记的信赖，基于对徐州市房管局核准本次交易的信赖，在办理转移登记时，提交被涂改的《国有土地使用权申报证明书》，是在不明知情况下的善意行为，不属于……违法行为。徐州市房管局《撤销决定》

---

① 法院在此使用了"信赖"的表示，但是根据笔者对案例的检索，实践中无论使用"信赖""信赖利益"抑或"信赖保护"，其审理逻辑基本类似。尤其是在"夏某案"从属的房屋登记案件中，可视为相同关键词。关于这一点，因涉及本书样本来源检索，笔者会做专门论述。

② "彭某华的《国有土地使用权申报证明书》存在涂改之情形是显而易见的。徐州市房管局明知存在此情形，仍然多次办理了相关房屋所有权转移登记手续、办理房屋抵押登记手续，并先后为相关权利人发放了房屋所有权、他项权证。"

③ "彭某华因无力偿还贷款及其他债务，与夏某在1998年8月25日签订了售房合同，将房屋以135万元价格卖与夏某。"

④ "1998年10月26日，彭某华与夏某在徐州市房产管理局办理了房屋交易及转移登记手续。1998年11月6日，夏某领取了98304220号《房屋所有证》。"

⑤ "在为夏某办理房屋所有权转移登记时，对《国有土地使用权申报证明书》存在涂改情形也是明知的，但并未对此提出任何异议。"

显属适用法律不当。"① 在此事实下，形成如下基本结论。

第一，信赖基础与相对人善意是生成被保护权益的基本路径。本案中，"信赖"与行政许可性质的政府行为相关联，进而形成信赖利益：（1）行政机关违法登记→（2）相对人产生信赖→（3）相对人进行合理投入→（4）以此采取类似申请行为→（5）行政机关再度予以认可，并予以登记→（6）相对人获得本案系争利益：房屋所有权证。需要强调的是，因为本案存在双阶层政府登记行为［（1）和（5）］，故而在此径路中，相对人之信赖与被保护利益之间存在落差，即相对人信赖针对（1），并基于（1）而投入，但是按照利益生成进路，作为权益之（6）产生于作为政府行为之（5），与（1）并不产生直接关联，其付出之投入既非保护之利益，也无法直接产生保护利益。② 其仅由此次登记行为决定，因其具有"行政行为公信力"，而投入本身更适宜作为善意的证明，而以"无理由怀疑"与"不明知"为代表的"善意"本身亦为权益保护之必备要件。

第二，轻微权利瑕疵不影响合法权益的构成。虽然承认保护权益本身存在违法性要素③，但是法院以"并非法定必备要件，权利存在瑕疵不必然影响产权取得"④ 为由，将该违法要素限定于"瑕疵"，从而将违法程度予以大幅降低，对合法性不产生根本影响，将被保护利益限定为合法权益，仍以"损害房屋交易双方当事人的合法权益"为由对相对人既得之产权加以保护。

而当我们以"夏某案"对应第一章所发现的理论框架，便会发现法院在此虽未明确提及"信赖保护原则"，但其中展现的某些与理论的关联性特质却应当引起我们的关注。

---

① 参见（2002）苏再行终字第002号行政判决。
② 事实上，在相对人投入时，由于其申请要件本身存在的违法性，其并不能确知其购买之房产是否获得登记，故其投入并不能产生利益，仍然需要行政机关予以认可登记。
③ 即该处房产的《国有土地使用权申报证明书》的主要内容均被涂改，系涂改后伪造的《国有土地使用权申报证明书》。
④ 国有土地使用权证并不是办理房屋所有权登记的必收要件。在转移登记时要求权利人提供国有土地使用权证件的目的，仅在于再次确认转让方的房屋所有权和国有土地使用权是一致的，可以进行转让，而并不意味着没有合法土地使用权证件，房屋交易就必然无效；也不能认为如果国有土地使用权证存在一定的权利瑕疵就将必然要撤销已颁发的房屋所有权证。

第一，就保护利益而言，虽然法院仍以"合法权益"作为保护理由，但是保护利益本身却因附带违法性要素而成为"违法利益"。[1] 而信赖保护原则，无论是在其德国缘起判例，还是作为中国理论脉络渊源的台湾理论界，[2] 以法的安定性原则为理论渊源保护违法利益均为其核心制度功能。

第二，就生成路径而言，司法实践所坚持的以"行政公信力"与"善意"为要件均与彼时之理论产生共鸣。

如果我们不拘泥于文字表述，而是实质逻辑，"夏某案"的司法实践与学理通说之间能够形成一定的勾连：两者均意在保护善意相对人基于对行政之信赖而产生之利益，如条件达成，此利益应被保护，即使存在某种程度的违法性要素。当然，不可否认的是，本案实践与理论之间终究存在着一定的鸿沟，其中具有代表性的分歧便在于：具体利益生成路径中，"信赖表现"是否作为必备要件的差异也自此显现。但至少，在承认"夏某案"具有某些信赖利益保护原则特质的前提下，其依然可作为信赖利益保护原则在我国的实践原点。而以本案为起点，中国法院开启了对信赖保护原则的艰辛探索，并通过十余年的努力，在质量和数量两方面均为我们提供了难以想象的分析样本。借助这些数量庞大的案例，我们可以较为清晰地发现中国信赖保护原则的现状，并从中加以反思，对中国信赖保护原则的未来作出一些谨慎的预测。

第一节 司法适用信赖保护的整体考察

一 关键词确定与样本筛选

（一）检索关键词的确定：信赖

本章首先面临的问题是应当以何种语词作为关键词检索样本裁判文书。结合第一章的学理框架，我们可以从中提取出三个可能的备选项："信赖""信赖利益"与"信赖保护"。就"信赖利益"与"信赖保护"而言，二者

---

[1] 相关判例及德国法理论参见赵宏《法治国下的目的性创设：德国行政行为理论与制度实践研究》，法律出版社2012年版，第267页。

[2] 参见吴坤城《公法上信赖保护原则初探》，载城仲模主编《行政法之一般法律原则》（二），中国台湾三民书局1997年版，第211页。

本质上体现的是"信赖利益保护原则"抑或是"信赖保护原则"的概念选择。诚如第一章所言，前者要求必须表现为一定的客观行为，形成具体的客观可保护利益，而后者只需要具备一种主观状态。虽然我们不能完全通过法官的语词断定在他们心中信赖利益是否应被客观化，但语词的不同至少在一定程度上反映了法官们对该原则是否在保护"一种利益"的态度，选择任何一个词汇作为单一关键词都可能代表了主观化或客观化的理论预设，从而导致在样本筛选方面的遗漏。事实亦是如此：笔者以"信赖利益"在裁判文书网检索行政案件中的"法院理由"部分，共得到案件835件，而以"信赖保护"在裁判文书网中检索则有245件，均会遗漏大量案件，因此二者均不适宜作为初始检索关键词。

另外，无论是"信赖利益（保护）"还是"信赖保护"，"信赖"是它们共同的特性。而在第一章中，我们已经通过对学理框架的分析发现，无论使用何种语词，学理预设的信赖保护抑或信赖利益保护的基本逻辑前提均在于"相对人对作为信赖基础的国家行为（包括法律规范、抽象的行政立法行为以及具体的行政决定）产生信赖，进而从事某些行为或者直接享有权利"，以此为生成基础，也才有"信赖"抑或"信赖利益"被保护的可能性。因此，"信赖"作为其逻辑前提的核心能够同时涵盖"信赖保护"与"信赖利益"。更为重要的是，在实践的许多案例中，无论法院在论证中使用"信赖"还是"信赖利益"，其基本审判逻辑都具有高度的一致性。如在"冯某瑞诉儋州市人民政府注销集体土地使用证批复案"中，海南省第二中级人民法院引入"信赖利益保护原则"，即"行政机关对其作出的行政行为应守信用，行政行为一经作出即具有确定力，没有法定事由和未经法定程序不得随意撤销、废止或改变。即使在撤销或改变行政行为具有正当事由的情况下，也应当按照行政程序公开、公正的原则，及时告知行政相对人及利害关系人并给予其陈述和申辩的机会"[①]。本案中，法院认定存在值得保护的信赖利益的逻辑要件是"冯某瑞信赖其获得的土地使用权证而获得土地使用权"，即土地使用权证（信赖基础）→土地使用权（信赖利益）。而在"南召县国土资源局与靳某生为土地行政管理纠纷案"中，河南省南阳市中级人

---

① （2016）琼97行初6号判决书。

民法院虽然使用的是"信赖保护原则",但是其核心主张依然是:"靳某生属于拆迁安置户,在该补办用地手续用户范围内。在二审庭审程序中你局也认可南召县农村居民宅基地用地许可证均是由你局颁发的……你局又于2012年再次作出行政行为以超越职权为由注销土管宅字(1996)第202号农村居民宅基地用地许可证,属认定事实不清,适用法律错误。"[①] 认定存在可保护的信赖利益的逻辑要件同样是靳某生基于南召县国土资源局发放农村居民宅基地许可的信赖而获得土地使用权,同样构成"发证行为(信赖基础)→宅基地使用权(信赖利益)"的保护链条,而实践中这样不同概念相同逻辑链条的案例更是不胜枚举。其实,在之前提及的"夏某案"中,江苏高院虽然仅仅使用了"信赖"的语词,但是通过前文分析,我们能够发现,本案中法官坚持的依然是"登记(信赖基础)→房屋产权(信赖利益)"的逻辑链。因此,虽然我们之前因为形式问题而对其作出了保守论述,但是在实质上,因为其基于"信赖"而建立的论证逻辑与之后法院的实践并无根本不同,笔者其实更愿意认同信赖保护原则在"夏某案"中已经得到了法院的关注与适用。

综上所述,我们可以认定,无论是采用信赖还是信赖利益,其审判逻辑在大体上都是一致的,法院并不会因为信赖抑或信赖利益的语词不同而展现不同的审判逻辑,而采用"信赖"作为检索关键词却可以同时包容前文所述"信赖利益"与"信赖保护"的案例,从而确保样本的完整性与结论的可靠性。需要说明的是,由于"信赖"一词具有一定的日常用语特性,确有可能造成样本因掺杂不相关因素从而造成样本过大的问题,但这种问题可以通过人工复检予以逐个排除,故笔者将"信赖"确定为检索关键词。

(二) 样本筛选

在案例库的选择上,笔者以"中国裁判文书网"为主要检索平台,辅之以使用较为便利的"理脉""聚法"两个案例库作为检索补充,从而确保案例检索的全面性。具体筛选流程如下:第一,确定初步范围,笔者在两个案例库中检索在"法院认为"(或理由)部分中形式上出现"信赖"语词的法律文书,截至2021年1月1日,共得到相关案件5651件。第二,剔除诉

---

① (2015) 南行申字第00040号驳回申诉通知书。

讼客体相同而被合并审理但分别作出判决的案件。如 2011 年，云南昆明滇池国家旅游度假区决定对景区内一些社区实施重建改造，度假区管委会在"度假区海埂街道管理处周家片区'城中村'重建改造项目征地拆迁补偿实施方案"中，确定实施征地主体为海埂街道管理处。2012 年 8 月 17 日，海埂街道管理处、改造涉及相关家庭和兆吉公司签订《度假区海埂街道管理处周家片区"城中村"重建改造项目新堆上、下村拆迁补偿协议》。涉及家庭办理了搬迁手续，但是在回迁过程中，因一些公民与海埂街道管理处及兆吉公司就承台问题协商补偿无统一意见，他们未按期选房由此产生了 23 件针对同一行政客体的行政协议纠纷案件，即"滇池系列案"。[1] 而类似的案件还包括 45 件针对同一行政客体的"内蒙古东胜工业园区系列案"[2]、91 件针对同一客体的"广西河池规划处罚系列案"等[3]。第三，剔除同案未生效文书。根据《行政诉讼法》的规定，只要一审判决被提出上诉，那么其便不发生效力。例如"衢州市衢江区前程客运有限公司诉衢州市衢江区人民政府、衢州市奔达校车服务有限公司、衢江分公司衢州市衢江区教育区、衢州市公安局交通警察支队、衢州市道路运输管理局交通行政许可案"，便是典型案例。该案从衢州市中级人民法院 2016 年作出一审判决，直到 2017 年最高人民法院作出驳回再审申请的行政裁定，共形成裁判文书 24 件，为此只选择二审和再审文书，通过剔除同案诉讼程序中的未生效一审文书和针对统一行政客体的案件，获得形式上不重复的案件法律文书（包括判决书、裁定书和申诉驳回通知书等）。第四，对样本进行人工复检，主要剔除涉及以下情形的裁判文书：（1）"信赖"仅仅作为案件事实的日常情形表述，完全不涉及法律相关内容（这一情形在知识产权案件中较多）。如"某食品贸易有限公司诉某工商分局行政处罚决定违法案"中，"信赖"出现的情形为："原告在其网站主页上使用具有延长公司历史、夸大公司规模的宣传用语，能够使浏览者产生误解，提高对作为商品销售者的原告的信赖度，从而增加对原告所销售商品品质的确信度。"[4]（2）"信赖"虽具有法律意义，但是仅

---

[1] 参见（2016）云 01 行终 48 号判决书。
[2] 参见（2017）内 0602 行初 66 号判决书。
[3] 参见（2015）河市行终字第 68 号判决书。
[4] 参见（2013）金行初字第 2 号判决书。

仅在"法院认为"部分作为基本事实被提及,对本案审理逻辑与审理结果无实际影响力。如"骆某生不服被告三亚市人民政府、三亚市国土环境资源局、第三人三亚市土地储备开发中心、骆某荣房屋拆迁行政管理纠纷案"中,"信赖"出现的语境为:"根据原告骆某生与第三人骆某荣 2009 年 6 月 18 日同时以原告的身份起诉三亚市政府作出的《关于同意将部分国有建设用地划拨给三亚市园林环卫管理局使用的批复》一案可知,原告骆某生与第三人骆某荣在该案中诉称,'……基于对市政府的支持与信赖,两原告最终同意拆迁房屋,并签订了拆迁补偿协议,市政府在对两原告房屋进行补偿的同时也给了一定的奖励……'"[①]。(3)法院论证缺乏必要的事实基础,即法院虽然使用了"信赖"语词,但是相应内容在事实认定部分无法得到体现。如"唐某某诉重庆市涪陵区人民政府与第三人重庆某某麦芽有限公司房地产行政登记案"中,虽然法院在理由分析中认为"一审法院认定唐某某具有本案原告诉讼主体资格正确,但关于'唐某某和川通公司、业鑫公司之间发生的借款及担保法律关系,是基于对涪陵区政府向业鑫公司颁发房地产权证的信赖'的论断不当,本院予以指出……"[②]。本案中虽然法院提及了一审关于"信赖"的论断不当,但是在判决书中出现的事实认定部分,却没有出现用以分析"信赖"相关逻辑演进与信赖利益生成,因此予以排除。

通过以上四步"数据检索+人工复检"的筛选流程,我们共得到具有分析价值的裁判文书 3208 件。笔者将以此作为本书的分析对象,探求中国法院究竟如何"言说"信赖保护。

二 样本裁判文书的基本信息

(一)案件年份

样本裁判文书的时间分布中,2005 年可发现 4 件裁判文书,占样本总数的 0.12%;2006 年经筛选后不存在相关裁判文书;2007 年存在 2 件裁判文书,占样本总数的 0.06%;2008 年和 2009 年经筛选后不存在相关裁判文书;2010 年存在 8 件裁判文书,占样本总数的 0.25%;2011 年存在 10 件裁

---

① 参见(2011)三亚行初字第 48 号判决书。
② 参见(2012)渝三中法行终字第 00022 号判决书。

判文书,占样本总数的 0.31%;2012 年存在 8 件裁判文书,占样本总数的 0.25%;2013 年存在 38 件裁判文书,占样本总数的 1.18%;2014 年存在 118 件裁判文书,占样本总数的 3.68%;2015 年存在 168 件裁判文书,占样本总数的 5.24%;2016 年存在 182 件裁判文书,占样本总数的 5.67%;2017 年存在 208 件裁判文书,占样本总数的 6.48%;2018 年存在 604 件裁判文书,占样本总数的 18.83%;2019 年存在 797 件,占样本总数的 24.84%;2020 年存在 1061 件,占样本总数的 33.09%。这里需要说明的是,由于笔者选择了"中国裁判文书网""理脉案例库"和"聚法案例库"作为样本筛选基础,而二者对于 2004 年以前的案例均未能予以充分包含,因此如前文提及的"夏某案"并未纳入本章数据统计与微观逻辑的整理分析中。虽然在样本库层面未能包含 2004 年以前的案例,但我们依然能够发现一些有趣的事实。第一,自 2005 年后,尤其是 2014 年后,法院对信赖保护原则的适用已经常态化,每年适用该原则的案件也逐步增多。该原则已经被法院视为一种常见的审判工具,而非一种单纯的理论概念。2018 年后激增的案件数量也足以说明,信赖保护在中国绝非只是学者们书斋中的概念游戏,我们也更加难相信法官们会用已经固化的理论处理如此庞大的案件数量。第二,如果我们忽略裁判文书公开的因素,仅仅关注这些案件出现的时间分布就会发现,每类案例的数量出现明显增长的关键节点均有着明显的国家上位导向。2005 年信赖保护案例从无到有,在此之前,最高人民法院以《最高人民法院公报》的形式公布了有"信赖保护第一案"之称的"益民公司诉周口市政府等行政违法案"。更为重要的是,迄今为止,唯一在成文法层面认可信赖保护的《行政许可法》于 2004 年 7 月施行。2013 年,信赖保护的样本数量由个位数直接攀升至 38 件,而在此前,最高人民法院行政审判庭先后编著了四卷本《中国行政审判案例》,其中"慈溪市华侨搪瓷厂诉浙江省慈溪市国土资源局不履行土地调查法定职责案""郑州市中原区豫星调味品厂诉郑州市人民政府行政处理决定案""洋浦大源实业有限公司与海南省林业局行政侵权并请求行政赔偿上诉案""谷西村委会诉洛阳市人民政府土地行政许可案""郭某明诉广东省深圳市社会保险基金管理局不予行政奖励案""吴某琴等诉山西省吕梁市工伤保险管理服务中心履行法定职责案""范某运等诉邹平县魏桥镇人民政府等规划许可暨行政赔偿纠纷案""邓州市云龙出租车有限公司诉邓州市人民政府出租车行政管理案"等均为信赖保护适用的典型案例。在样本数量急速攀升至 118 件的 2014 年,最高人民法院同样以"环境保护行政案件十大案例"的形式公布了"苏某华诉广东省博罗县人民政府划定禁养区范围通告案"。而在样本数量再次提升至 200 件并逐步稳定的 2017 年,最高人民法院同样以"行政审判十大典型案例"的形式公布了"郑州市中原区豫星调味品厂诉郑州市人民政府行政处理决定案",其罕见地将信赖保护的价值表述为"加强对各类非公有制经济市场主体的产权保护,是当前人民法院的一项迫切任务"。对此,我们亦可以将其引申至中共中央、国务院在 2016 年发布的《中共中央国务院关于完善产权保护制度依法保护产权的意见》。而在相关案例激增的 2018 年到 2020 年,先有习近平总书记在民营企业座谈会上讲话时提出要抓好 6 个方面政策举措,为民营经济营造更好的发展环境,后有《优化营商环境条例》的出台。由此,我们似乎可以认为,法院系统对于信赖保护具有相当程度的敏感度。这种敏感度不仅包括法院对于作为《行政许可法》和国家产权保护政策的敏感,还包括最高人民法院与地方法院对于彼此实践结果的敏感。相对于学界理论的固化,法院系统内部对于信赖保护的探索与推动一直未曾停歇。第三,这些案例进一步反证了本章研究价值,即司法裁判文书和行政执法文书的公开,在实地调研和官方统计之外,提供了过去难以想象的数据,信赖保护研究的途径必将因此刷新,引经据典的论证不再一统天下,"拿数据说话"将成为常态,[①] 对数据的获取和分析将成为推动信赖保护研究的一个新的高地。

(二)案件地域

1. 最高人民法院审理案件

通过数据分析,我们可以发现,在 3208 份裁判文书中,最高人民法院裁判案件为 624 件,占样本文书总量的 19.5%,以绝对案件数量论已经占有相当比重。相较于由最高人民法院自身审理的"益民公司案"和"洋浦大源公司案",最高人民法院第一和第二巡回法庭适用信赖保护原则裁判了大量案件。对此,我们似乎可以化用"政策创新扩展理论"作出一种简单的

[①] 何海波:《迈向数据法学专题絮语》,《清华法学》2018 年第 4 期。

解读：所谓政策创新扩展，意指政策创新经过一段时间，经由特定的渠道，在政府间传播并被采纳的过程。[①] 政策创新被定义为一个政府首次采纳的政策或项目，无论这个政策或项目已出现多久，也无论其他政府是否已经采纳它，而不同层级和区域政府相继采纳某项政策或项目的过程就是政策扩散。以此而论，2016年以前，最高人民法院通过自身审判与典型案例的形式公布信赖保护案件，更多地带有一种强调信赖保护作为"正在中国化"的域外理论对中国行政法和中国行政审判的典型意义，意在借助《行政许可法》的"春风"引导各级地方法院积极适用这一域外理论，其本身带有一种"审判政策"的意涵。那么，当其下属的巡回法庭已经将其作为一种常态化的审理工具时，我们便可以认为这种"审判政策"的创新已经完成了其扩展历程，实现了由"典型性"向"大众化"的转化。简言之，信赖保护案件已经从一种"西法东渐、师法域外"类型的"典型案例"转化为中国法院常见的审判工具，其已经在中国司法中落地生根，在某种程度上已经不是一种需要强调新颖性的理论概念。

2. 地方人民法院审理案件

通过数据分析，我们可以发现，除最高人民法院外，河南省案件最多，约占样本总数的9.98%；湖南省位居次席，约占样本总数的8.48%；样本数量第三的省份为北京市（排除最高人民法院审判案例），约占样本总数的8.23%，这里需要说明的是，北京市样本数量中的很大一部分为以商标评审委员会为被告的商标争议案件和专利复审委员会为被告的专利争议案件，将此两类案件排除，其案件数量将会有一定幅度的降低；样本数量位居第四的是浙江省，约占样本总数的6.98%；样本数量位居第五的为江苏省，约占样本总数的6.73%。另外，如果我们从倒叙进行观察，西藏自治区的样本最少，仅约占样本总数的0.25%；吉林省约占样本总数的0.5%；内蒙古自治区虽然样本数量较多，但排除"东胜系列案"等类案裁判文书后，仅约占样本总数的0.75%；而在其他案件地域中，裁判文书样本数量为个位数的还有甘肃、河北和云南三省，均约占样本总数的1%。而当我们以各省级行政区的经济发展程度为其对应时，会发现：样本案件数量位居前五位的河

[①] 杨代福：《西方政策创新扩散研究的最新进展》，《国家行政学院学报》2016年第1期。

南、湖南、北京、浙江、江苏五省份的经济发展水平均位于我国前列，这些省份 2019 年的 GDP 总量在 31 个省（自治区、直辖市）中分列第 5 位、第 9 位、第 12 位、第 4 位和第 2 位；而其他一些信赖保护适用较多的省份，如有 191 件裁判文书的广东、183 件裁判文书的湖北和 127 件裁判文书的山东，其 GDP 排名也分列全国第 1、第 7 和第 3 名。① 当我们将目光投入 GDP 排名末端的各省份时，会发现位居 GDP 排名后五位的西藏、青海、宁夏、海南、甘肃五省份，其案件样本数量均不超过 15 件，同样位居样本数量的末端。除案件数量与 2019 年 GDP 总量的对比外，我们也可以结合前文信赖保护案件的增长频率统计进行观察：在我们的样本库中，2012 年以前的样本相对较少，总数仅有 16 件，而这些案件均来自浙江、上海、北京、重庆四地，其中浙江、北京、上海三地 2012 年 GDP 总量分别位居全国 31 省份的第 4 位、第 11 位和第 13 位，而重庆当年的 GDP 总量虽仅位居全国第 23 名，但其却以 13.6% 的 GDP 增幅与贵州并列全国第二。② 基于上述分析，我们可以发现，虽然上述样本有赖于各地法院对裁判文书公布制度的执行程度，但就大样本数据而言，适用信赖保护的法院地域与当地经济发展程度至少存在着形式上的对应关系：经济发展程度较高地区的法院，对援引信赖保护原则审理行政案件有着更高的热情。

（三）案由

何谓案由？《中国司法大辞典》将其定义为："案件性质、内容的简要概括。"据此，案由是指对案件所涉及的法律关系的性质进行概括后形成的案件名称，其内容涵盖了案件的性质、内容等要素。③ 最高人民法院 2004 年公布的《最高人民法院关于规范行政案件案由的通知》（以下简称"《案由通知》"）以行政管理范围为"类"、具体行政行为种类为"别"，从而对行

---

① 参见《31 省份 2019 年 GDP 出炉 各省份 GDP 之和低于全国总量》，2021 年 5 月 22 日，中国新闻网（https：//baijiahao.baidu.com/s？id=1656536043925676956&wfr=spider&for=pc）。之所以选择 2019 年是因为各地 2020 年受新冠肺炎疫情影响，GDP 总量与常态化有所偏差，如湖北省。

② 参见《2012 年全国各地 GDP 排行榜》，2018 年 8 月 22 日，人民网（http：//finance.people.com.cn/GB/8215/356561/359047/）。

③ 陈雪峰、汤宇斌、薛妍珺：《卫生行政处罚案件案由异常使用的伦理分析》，《中国卫生法制》2014 年第 3 期。

政诉讼案由进行构造。行政管理范围是指行政主体代表国家管理行政事务的领域。以行政管理范围作为行政案件案由的第一个要素，将行政案件初步分为"公安""工商""税务"等行政纠纷。而以行政行为的种类或性质，如"行政处罚""行政许可""行政确认"等，作为案由的第二个构成要素。综合上述两个要素，行政作为类案件案由的结构为：管理范围＋行政行为种类。而通过管理范围与行政行为种类的结合，我们可以在领域上明晰信赖保护在中国的发生领域。而在行政行为范畴，我们也可以明晰信赖保护究竟能够规范行政主体形成何种法效的意思表示。

1. 行政行为类型

在分析之前需要首先说明的是，虽然最高人民法院在2004年的《案由通知》中列举了26种类型化的行政行为，但随着《行政诉讼法》的发展，尤其是立案登记制改革后，越来越多的行政行为被纳入行政诉讼受案范围，随之而来的是越来越多的行为难以被纳入此前确定的行政案由。即使在本书所选的样本裁判文书中，许多法院也并未这样操作，可能也难以按照最高人民法院的要求将案件类型化，表现之一便是许多法院在裁判文书类型标注时选择了"其他行政行为"。即使其在裁判文书中进行了归类，笔者阅读后，发现其实质内容也并不一定符合形式行为类型。因此，为分析的便利，笔者在对裁判文书样本进行人工复检后，以法院裁判文书的形式分类标准为基础，将信赖保护适用的行政行为按照既有案由标准进行类型化校对，并进行相应统计分析，得出如图3－1所示的统计数据。

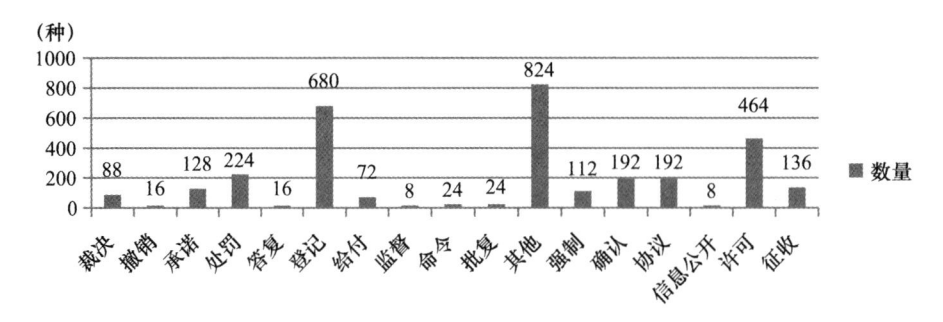

图3－1 案涉信赖保护行政行为类型

如图3-1所示,在行政行为类型中数量最多的是"其他行政行为",共有824件,约占样本总数的25.69%。在《案由通知》中,"其他行政行为"应为26种类型化行政行为的补充。就常理论,其似乎并不应该具有如此之多的样本数量,但分析数据后我们发现,这类行为中的绝大多数并非"无法归类",而是不可归入其他"既存"的行政行为类型。如果我们具体观察,这种类型亦可做如下细分。

第一类,在824件此类样本数据中有96件可称为"针对法律本身的信赖",其在知识产权案件中适用较多,一般与"法不溯及既往"相结合。如在"精工爱普生株式会社与被申请人中华人民共和国国家知识产权局专利复审委员会、郑某俐、佛山凯德利办公用品有限公司、深圳市易彩实业发展有限公司发明专利权无效行政纠纷案"中,最高人民法院认为:"我国《立法法》第八十四条……确定了法不溯及既往这一基本法治原则……为保障专利申请人对申请提出时施行的法律的正当信赖,判断针对该专利申请文件的修改是否合法,无论在专利授权还是以后的确权程序中,原则上应适用专利申请日(有优先权的,应为优先权日)时施行的专利法及其实施细则。"①

第二类,针对具体行为,但并非针对某一特定类型化的行为,而是抽象地意指行政行为的该类案件共有60件。如在"黄某莲与南宁市城乡建设委员会拆迁行政裁决纠纷案"中,法院认为:"行政行为的公定力属行政法学的基础理论,行政行为一经作出,即被推定为合法有效,相关国家机关、社会组织与个人必须予以尊重和信赖。"② 但就本质而言,其和"对法律本身的信赖"因其均以抽象秩序为基础可归类为"抽象的信赖类型"——信赖基础本是属于抽象的法秩序而不要求私人具有信赖的表现。③

第三类,笔者将其称为"信访申请的起诉期限效力"。这类案件的裁判文书共有480件,作为"其他"类型中的一个子类型,就绝对数量论,高于位居第三的行政许可类案件。需要说明的是,这类案件中的信赖保护,并非作用于其引发争议的行政行为,而在于为救济该行为造成的人身权/财产权

---

① (2010)知行字第53—1号行政判决书。
② (2014)南市行二终字第9号行政判决书。
③ 参见周佑勇《裁量基准的变更适用是否"溯及既往"》,《政法论坛》2018年第5期。

侵害。而因申诉或信访引发的起诉期限中，形象地说，即"一只披着羊皮的狼"，信赖保护在此作用于狼的实体，而非羊的外皮。例如"段某冰与安仁县永乐江镇人民政府行政强制案"中，虽然法院将其认定为"行政强制"案件，却将信赖保护作用于"起诉时限"阶段，即"关于段某冰上诉提出其一直在信访维权的问题，《中华人民共和国行政诉讼法》第四十八条关于'因不可抗力或者其他不属于自身的原因耽误起诉期限的'是指基于地震、洪水等客观因素耽误的期间，或者基于对相关国家机关的信赖，等待其就相关争议事项进行处理的期间。仅仅是当事人单方向有关部门申诉信访，因申诉信访耽误的期间，没有可保护的信赖利益，属于当事人自身放弃通过法定诉讼途径解决争议耽误起诉期限的情形，不属于上述规定应予扣除的期间。"① 就此而论，第一类和第二类情况虽然属于本书信赖保护的研究范畴，但它们其实并不符合《案由通知》中以行政行为为基础对案由的分类，而第三类的"信访申请的起诉期限效力"，本身并不具有抽象性而与前两类有所不同，虽然依然被类型化为一种独立的情形，具有可归类性，但其和前两类情形相似，并不完全符合《案由通知》中对案由行政行为分类。除此之外的第四类和第五类案件，可能才是真正属于《案由通知》列举的26种类型化行政行为的"其他行政行为"。

第四类案件为商标评审决定，仅限于以商标评审委员会为被告的案件，共有120件裁判文书，约占3208件样本总量的3.74%。

剩余案件为第五类案件，相较于商标评审决定的可类型化和固定性，这类案件无法进行规范的类型化，更符合"其他"的补充和"兜底"性质。此类案件在笔者的统计范围内仅52件。如"长沙大千建材有限公司诉长沙市望城区人民政府、长沙市望城区政务服务中心等12家行政机关联合招商项目协调会议决议及行政赔偿案"中，法院认定的信赖保护所针对的是对"望城区政府5月18日协调会针对大千公司作出的决议"②。这种针对特定对象与具体事项的"决议"属于行政行为，但其既无法归入26项类型化的

---

① （2017）湘10行终139号行政判决书。

② 本案中，法院认为："基于对会议决议的信赖，大千公司在会议决议出台后追加投入造成的直接损失，与参会行政机关违法作出会议决议有一定的因果关系，相关行政机关应酌情予以赔偿。"参见（2016）湘行申1033号行政裁定书。

行政行为，也无法如"信访申请的起诉期限效力"和"抽象的信赖类型"一般予以明确界定。

除"其他"外，行政登记与行政许可分别位居样本总数的第二名和第三名，分别占样本总数的 21.20% 和 14.46%。如果加上样本总数 192 件的行政确认，以上的三类具体行政行为均包含在《行政许可法》第 12 条认定的"行政许可"范畴。如果就此论，在样本范围中，涉及《行政许可法》规制框架内行为的案件约占样本总数的 41.6%。而行政处罚类案件虽然共有 224 件，约占样本总数的 7%，但其中的 168 件案例源自相对人关于许可的争议，即相对人认为其已经取得了行政机关的相关许可，根据信赖保护的要求能够从事相应行为，但行政机关认为其并未取得许可，因此予以处罚。如在"河南星华时代文化传播有限公司与焦作市城市管理局行政处罚争议案"中，河南高院认为："在该广告设施建成后，你局以未办理户外广告许可证为由作出责令限期拆除的处罚决定，行政意志的表达前后不一致，明显不当。你局所称'未办理土地、规划等手续'的问题……不影响广告设施所有者的信赖利益……"① 因此，在整体样本中，与行政许可直接相关的样本数量约占比 46.8%，接近 50%，而不涉及行政许可，单纯属于处罚中信赖保护适用的仅有 56 件。如"李某与新疆大学教育行政管理行政处罚纠纷案"，本案中信赖保护的适用以前次处罚对后续处罚限制为场域，属于纯粹的"多次处罚"问题，不涉及许可。②

除此之外，样本较多的是行政协议、行政承诺和行政征收案件。其中行政协议案件约占样本总量的 5.99%，行政承诺案件约占样本总量的 4.49%，而行政征收案件约占样本总量的 4.24%。除上述三类案件外，其余信赖保护所针对的类型化行政行为均较少，尤其是行政撤销、行政答复、行政命令、行政批复和信息公开，占样本总量可以忽略不计。由此可见，从整体而言，信赖保护在中国法院视野中直接涉及的行政行为类型呈现出异常明显的

---

① 参见（2016）豫行申 679 号驳回申诉通知书。
② 本案中，法院认为："原告李某有理由相信取消申请学位的处分就是被告新疆大学处理行为后，被告新疆大学又以原告李某同样的替考作弊事实，作出对原告李某开除学籍的处理决定，系被告新疆大学在未有新的证据证实有替考作弊加重情节下作出的新的、更重的处罚，原告李某作为行政相对人所享有对被告新疆大学的信赖保护利益受到侵害。"参见（2014）天行初字第 3 号判决书。

集聚效应，即主要集中于"信访申请的起诉期限效力"、《行政许可法》涵盖的行政许可行为范畴，并以行政协议、行政承诺和行政征收案件为次要方向。

2. 行政管理类型（见图 3-2）

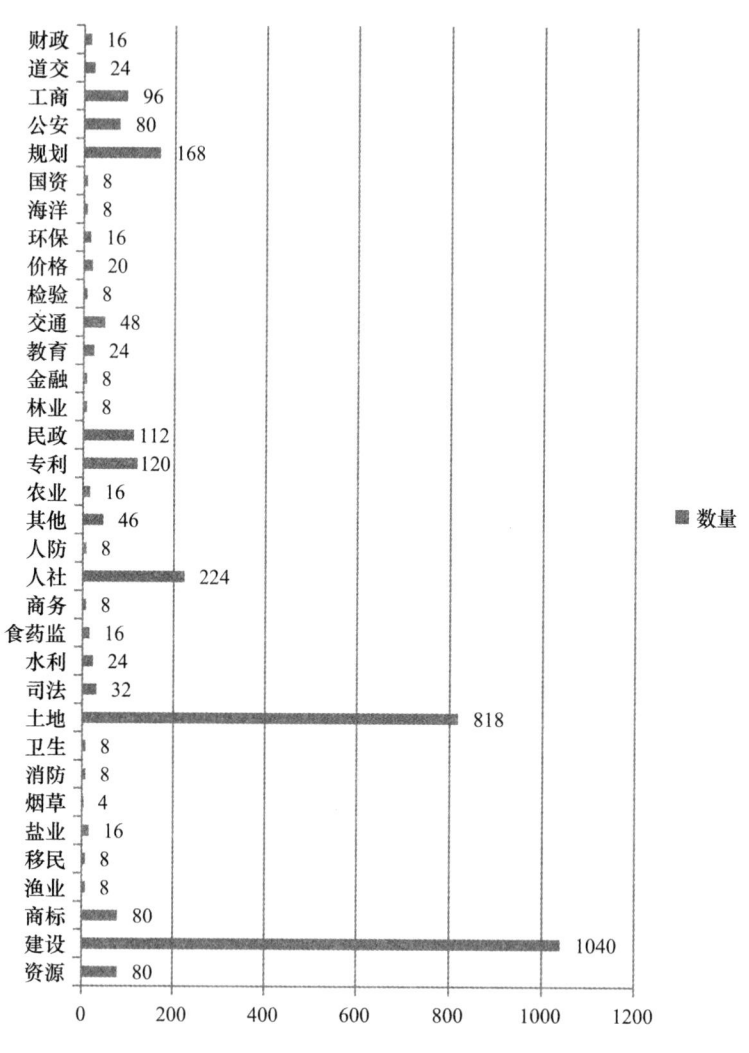

类型	数量
财政	16
道交	24
工商	96
公安	80
规划	168
国资	8
海洋	8
环保	16
价格	20
检验	8
交通	48
教育	24
金融	8
林业	8
民政	112
专利	120
农业	16
其他	46
人防	8
人社	224
商务	8
食药监	16
水利	24
司法	32
土地	818
卫生	8
消防	8
烟草	4
盐业	16
移民	8
渔业	8
商标	80
建设	1040
资源	80

图 3-2 案涉信赖保护行政管理类型

通过前文的分析，我们发现，适用信赖保护的行政行为类型呈现出非常明显的集聚化倾向，而这种集聚化在行政管理类型中亦体现得非常明显：住建类案件约占样本总数的32.4%，如果按照《案由规定》划入规划案件，则住建类案件约占样本总数的37.7%；土地类案件则约占样本总数的26.4%；如果将包含土地、资源、林业等资源类案件归并为《案由规定》的"资源行政管理"，那么该类案件总数将约占样本总数的29.2%。由此，我们发现，住建类行政管理案件和资源行政管理案件约占样本总数的66.8%。在剩余的裁判文书中，占比较多的为人社行政管理类案件、民政行政管理类案件、专利行政管理类案件、商标行政管理类案件、公安行政管理类案件和工商行政管理类案件，分别约占样本总量的6.9%、3.5%、3.7%、2.5%、2.5%和3%。除以上类型的其他行政管理类型案件裁判文书占样本总数均不超过1%。基于此，我们将信赖保护在中国的主要行政管理类型集聚于土地、资源、人社、民政、知产、公安与工商7个领域，并据此推断信赖保护在中国行政法，至少在司法的场域中，不仅仅在行政行为类型中存在集聚，而且在行政管理类型中亦集中于某些特定领域。如果进一步将行政行为类型与行政管理类型结合，我们更能够发现，土地、资源等领域中最常见的信赖保护行为类型也是涉土地和资源等类型的行政许可与行政协议行为。

（四）援引主体与胜诉率

在802份裁判文书中，相对人在1400件案件中胜诉，而在其余1808件案件则败诉。在败诉案件中，相对人在384件案件中援引了信赖保护作为自身的请求权基础，并在304件案件中单独援引了信赖保护原则，而在800件案件中与行政机关同时援引了信赖保护原则；行政机关则在128件案件中援引了信赖保护原则，其中48件案件中单独援引信赖保护原则。除上述案件外，无论是相对人还是行政机关，在剩余败诉案件中，均未援引信赖保护，其败诉结果均源于法院对信赖保护的援引适用。

在1400件胜诉案件中，相对人仅仅在88件案件中援引了信赖保护原则，仅占胜诉样本总量的6.3%，而其单独援引信赖保护的案件仅为56件；行政机关并无单独援引信赖保护而获得胜诉的案件，其仅在32件裁判文书中作为回应相对人主张而援引。因此，在相对人胜诉的案件中，其胜诉结果很大程度上源于法院对信赖保护的主动援引。

综上所述，我们可以发现，包括相对人、行政机关与第三人至少两类主体同时援引的情形在内，相对人也仅在 472 件裁判文书中援引了信赖保护，仅占样本总数的 14.7%；行政机关也仅在 160 件裁判文书中援引了信赖保护，仅约占样本总量的 5%。可见，无论是相对人还是行政机关，它们对信赖保护的援引热情并不积极，他们的援引数量与作为结果的胜诉、败诉裁判文书数量都不成正比。虽然这种结果可能与我们的样本筛选标准有关——在"法院认为"部分以"信赖"为关键词进行检索筛选——这本身可能就排除了一部分相对人与行政机关援引信赖保护但法院未予回应的案件，但如此悬殊的援引与结果比例，也在一定程度上说明，至少在行政诉讼中，无论是相对人还是行政机关，似乎并没有太大的热情与兴趣援引信赖保护，而他们是否援引信赖保护，与他们的权益最终能否得到保护之间并没有直接的关系——相对人一共只在 472 件裁判文书中援引了信赖保护，却最终获得了 1400 件案件的胜利，而行政机关仅在 160 件案件中援引了信赖保护，却最终获得了 1808 件案件的胜利。由此，我们可以进一步验证前文的一个结论：中国法院才是中国行政法信赖保护原则发展的主力军和该原则发展的主导者。而在此基础上还可以推导出另外一个更深一层的推论：信赖保护在行政诉讼中更多的价值是作为法院自身审理案件的工具，法院使用信赖保护的价值是建构一种专属于其的客观的审理秩序，而非相对人用以作为维护主观权利的充分的请求权基础。简言之，法院可用之保护个体权益，但个体不可据此主动提出信赖利益保护的行管诉请。

（五）基础合法性

此前，我们已就"信赖保护究竟意在保护合法权益还是保护正当权益"的问题做过专题探讨，即除合法权益自然应受保护外，在域外行政法范畴即使是违法权益亦应得到信赖保护原则的庇护，而在中国行政法学理框架下，对于违法权益的保护在主流话语体系下属于"默示承认"，但仅有极少学者敢于主张"违法权益"亦应受到信赖保护原则的保护，而各级法院亦存在对"违法权益"的排斥态度。在本节，我们将在更大的视角下对信赖基础的合法性与信赖保护之间的关系进行探讨。我们的考察主要分为以下三部分，即法院在审查中是否关注信赖基础的合法性问题，即信赖基础合法性对法院而言是否作为一个问题；在相对人败诉案件中信赖基础合法性的意义；

在相对人胜诉案件中信赖基础合法性的价值。

1. 信赖基础合法性是否作为一个重要问题

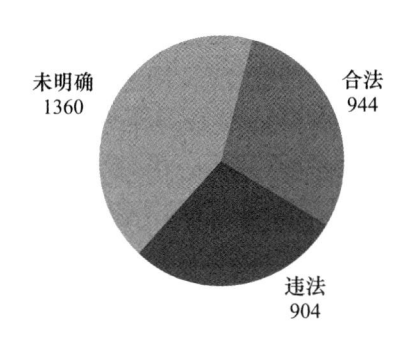

图 3-3 案涉信赖保护样本合法性基础情况

首先，如图 3-3 所示，在 3208 件裁判文书中，有 944 件涉及信赖保护的案件的基础行为具有合法性，约占样本总数的 29.4%。而这些样本涉及的信赖基础的合法性特征也分为以下三类：第一，纯粹的合法性。如在"黄某利与被上诉人厦门市规划局确认行政许可效力案"中，法院认为："黄某利所持有的、由厦门市规划局核准并送达的厦规建（2009）54 号批复即《关于同意市政娱乐中心项目增设室外消防疏散楼梯的批复》及附图，系其依法取得的行政许可，对此事实，厦门市规划局并无异议。"[①] 第二，虽然存在违法性要素，但是整体被视为合法。如在"张某龙与浙江省嘉善县工商行政管理局行政处罚案"中，在涉及作为信赖基础的营业执照的认定中，法院认为："另依行政信赖原则，虽原告提出的 2004 年 4 月 22 日后至 2004 年 7 月 7 日，魏塘镇永安里 32 幢南 4 号或施家北路 12 号，同一个地方核发了 2 份营业执照，有违相关法律、法规的规定，但仍应认定原告申领的营业执照是合法有效的。"[②] 第三，推定合法。如在"商丘市商都企业策划有限公司诉商丘市睢阳区人民政府、商丘市睢阳区城市管理局、商丘市城乡规划局睢阳分局行政赔偿案"中，虽然行政机关对超过期限的许可依然收

---

① （2014）厦行终字第 80 号判决书。
② （2005）善行初字第 1 号判决书。

取了相关费用，但是法院依然根据行政惯例"原则上应认定可以通过缴纳使用费以续延其合法权益"①。

其次，信赖基础行为构成违法的案件则有 904 件，约占样本总数的 28.2%。其可分为两类：第一，直接违法，即裁判文书中直接明确信赖基础的违法性。如"代某娟与重庆市綦江区民政局行政允诺案"中，法院认为："被上诉人允诺一次性补偿 5 万元的行政行为，实质上是以金钱给付代替了'责令改正''行政处罚'等法定行为，不具有合法性……"第二，程序瑕疵。2015 年《行政诉讼法》修改后，行政诉讼实践中一般存在三种类型的"程序瑕疵"，即规范意义上的"违反法定程序"与"程序轻微违法"的二及分法，结合司法实践中大量存在的第三种类型——不被撤销或确认违法而是由法院予以指正并判决驳回诉讼请求的"狭义程序瑕疵"。② 而样本中，法官更侧重在"违反法定程序"意义上适用与信赖保护相关的"程序瑕疵"，从而与"情况判决"制度形成衔接。如在"田某新山新能燃气有限责任公司与田阳县人民政府撤销具体行政行为纠纷案"中，法院认为："田阳县人民政府在授予平果华商公司管道燃气特许经营权时未进行招投标，程序上存在瑕疵。"③

最后，无法判断信赖基础合法性的案件则有 1360 件，约占样本总数的 42.4%。从这类案件的文字表述中，法院仅仅发现了信赖基础行为，但是并未对行为的合法性作出论证，而这种合法性论证的缺失也并未影响法院对信赖保护的适用。如"王某恒诉被告兴化市安丰镇人民政府、第三人兴化市安丰镇九丰村民委员会城建其他行政行为案"中，法院虽然认定村委会的相关收款行为构成对相对人的承诺——"第三人兴化市安丰镇九丰村民委员会根据被告兴化市安丰镇人民政府下属村建所负责人的要求代收原告缴纳的 10500 元建房基款（老人住宅），应当认定为是对原告的老人宅基地安排问题作出的承诺"，但并未就此对该成果的合法性加以论证，而是直接论证："被告作出的答复意见书，其实质是对原告作出的老人宅基承诺的否定，

---

① （2017）豫行赔终 321 号判决书。
② 梁君瑜：《行政程序瑕疵的三分法与司法审查》，《法学家》2017 年第 3 期。
③ （2014）百中行初字第 1 号判决书。

该答复内容没有任何事实和法律依据。"①

由此，虽然信赖基础的合法性直接决定着基于其生成的信赖利益的合法性，但这种合法性对绝对多数中国法院而言并不构成信赖保护适用的天然阻却事项。事实上，在相当比例的案件中，法院对信赖保护的适用，无论其是否判决相对人胜诉，都不会考虑信赖基础行为的合法性，因此，信赖保护究竟应当保护合法权益还是将违法权益纳入保护范畴，这种理论层面的争议对在司法实践层面似乎并无太大实益，至少多数法院不会将其视为一个影响审查的前提问题。

2. 相对人败诉案件中信赖基础合法性的意义

通过前文论述，我们了解到信赖基础的合法与否在绝大多数案件中对法官而言并不是一个前提性的重要问题。无论信赖基础是否合法，都不会影响法院适用信赖保护裁判相关案件，法院在近四成案件中也不会特意强调信赖基础的合法性。接下来，我们将统计视角从审查层面转向结果层面，从相对人败诉和胜诉案件中信赖基础合法性对结果的意义处罚，进一步对上述结论作出验证。

在样本裁判文书中，共有1808件相对人败诉案件，而在这些败诉案件中，如图3-4所示，当信赖基础合法时，相对人仅在328件案件中败诉，仅约占败诉案件总量的18%；而当信赖基础具有明显的违法性时，相对人败诉案件数量提升至404件，约占败诉案件总量的22%；而当信赖基础的违法性不明确时，相对人则在1076件案件中败诉，约占败诉案件总量的60%，且超过违法性明确时的败诉案件总和。通过这些数据，我们在宏观方面可以得到如下假设，以便在胜诉案件中进行进一步的验证。

第一，适用信赖保护以保护合法权益的理念得到法官较为充分的认可，即使放之于3208件的整体样本中也仅有约10%的败诉率。

第二，信赖基础违法带来的违法权益受到信赖保护的程度高于合法权益，但就整体样本来看，违法权益带来的败诉率为13.7%，仅比合法权益带来的败诉率高3个百分点。从败诉率出发，信赖基础违法性对信赖保护适用的负向影响并不明显，较之信赖基础合法性。

---

① （2016）苏1202行初141号判决书。

第三，当法院不对信赖基础的合法性作出判断而直接适用信赖保护时，相对人存在较高程度的败诉风险——在3208件样本总数中约占比33.5%。

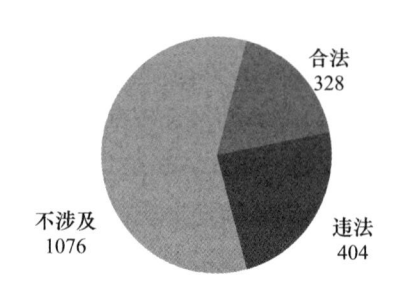

图3-4 败诉案件样本合法性基础情况

3. 相对人胜诉案件中信赖基础合法性的意义

根据第四部分的分析，在3208份裁判文书中，相对人胜诉案件共有1400件。在此之中，如图3-5所示，当信赖基础合法时，相对人可以在616件案件中胜诉，占胜诉案件总量的44%；而当信赖基础违法时，相对人同样可以在496件案件中获胜，约占胜诉案件总量的35.4%；而在信赖基础的合法性未明确的情况下，相对人则在288件案件中胜诉，约占胜诉案件总量的20.6%。我们可以发现，在相对人胜诉案件中，信赖基础的合法性所占比重实现了对违法信赖基础的超越，而信赖基础未明确时的胜诉率也明显降低，仅占胜诉案件总量的五分之一，在更大样本的情况下（3208份裁判文书）占比不到10%。在此，我们可以将上述关于胜诉案件的统计作为基础，对前文关于败诉案件得出的相关结论进行检验，两相结合之下，得出如下结论。

第一，当信赖基础具备合法性进而生成合法权益时，法院更愿意对其予以尊重，进而适用信赖保护原则对其加以保护。因此，具有合法信赖利益的相对人在胜诉案件中占比较高，在败诉案件中也属于少数群体。

第二，当信赖基础违法进而使得相对人所获得的信赖利益属于违法利益时，对信赖保护适用的影响明显弱于合法权益，且具有明显的随机性，取决于法官自身的裁量判断。体现在统计中便是当信赖基础违法时，相对人在404件案件中败诉，却在496件案件中胜诉，在胜败诉率上的差距也不过 3%。

第三，当法院未明确信赖基础的合法性时，带有较为明显的倾向性：相对人败诉案件中法院多不会对信赖基础的合法性予以过多关注，而在相对人胜诉案件中法院多会明确信赖基础行为的合法性。

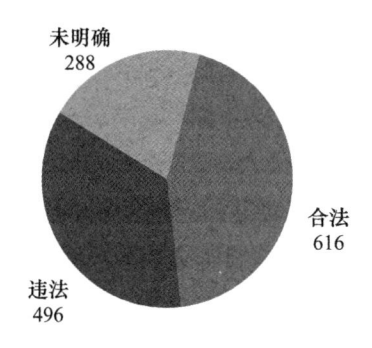

未明确 288
合法 616
违法 496

图 3 – 5　胜诉案件样本合法性基础情况

三　小结

至此，我们以"案件年份""案件地域""案由""援引主体与胜诉率"和"基础合法性"5 项要素为基础，对中国法院实践中适用信赖保护审理的 3208 件案例进行了整体性的考察。虽然这种考察的结论有赖各级地方法院对最高人民法院"裁判文书公开"要求的贯彻，客观上必然存在一定的遗漏，我们也承认裁判文书中体现的形式化文字未必代表了法官真实的想法，① 但它毕竟为法院外的普通研究者提供了一个管窥法院实践的渠道，可以在一定程度上弥合长期以来理论研究和司法适用实践之间的鸿沟。前文的整体分析所得到的结论，均在不同程度上回应了我们在理论叙述与规范描摹中提出的某些判断。

首先是"集聚化"。它体现在两个方面，即适用领域的集聚化和适用对

---

① 正如苏力对所谓的"法律人思维"进行的批判：法官面对案件时并非严格遵循"强调严格缜密地遵守司法过程中的逻辑和程序要求予以推理、论证和解释"的法律人逻辑，他们考虑更多，乃至优先考虑的是实现现实目的，而如先例等规则只是其借以实现目的的工具。参见苏力《法律人思维?》，载本书编委会编《北大法律评论》第 14 卷第 2 辑，北京大学出版社 2013 年版，第 432—439 页，因此在这种逻辑下，我们有理由怀疑法官撰写的裁判文书与其真实逻辑之间在客观上存在一定差距。

象的集聚化，而这两种集聚化共同作用，直接挑战着信赖保护作为行政法基本原则的地位。一是适用领域的集聚化。无论是行政行为类型还是行政管理类型，我们都可以发现，信赖保护原则在中国司法中的适用都"集聚"在非常狭窄的领域中。如果我们采取较为极端的表示，甚至可以说，中国法院之所以适用信赖保护，就是意图解决土地和住建领域涉及的行政许可类案件，至于其他方面的案件，法院并不奢求信赖保护予以解决。二是适用对象的集聚化。通过统计，我们可以明显发现，无论是提起诉讼的公民、企业，还是回应诉讼的行政机关，即使在诉讼中都不曾适用信赖保护证成自己的主张，真正在事实上适用信赖保护的只有法院。在这个意义上，我们可以说信赖保护至少在行政诉讼中是法院审理案件的工具。正是在这两个意义上，信赖保护是法院在审理特定某些类型案件时使用的工具（甚至我们从后文发现，它也不是审理这类案件的唯一工具），那么既然不能作用于所有领域，也不能为所有主体所接受，信赖保护还是一种行政法的基本原则吗？

其次是"去合法化"。信赖利益是否合法，信赖保护到底保护什么利益，这一问题其实根本不应当成为一个问题，因为信赖保护原则在德国行政法的缘起便在于突破合法行政原则这一行政法领域帝王条款的约束，只是如前所述，在信赖保护中国化的过程中，可能出于对"依法行政"的执念，将其变成一个问题，甚至很少有学者敢直接承认违法权益受信赖保护的保护性。而整体考察反映出，信赖利益的合法性在司法实践中并不是什么根本性的问题，就审查过程论来看，法院在司法审查中有相当比例是不处理信赖基础的合法性问题，而是直接对生成的信赖利益是否予以保护进行审查；而就审查结果论，合法权益的认可程度虽然比违法利益更受到认可，但就整体而言，主张的是合法权益抑或违法利益的区别并不能为相对人带来胜诉率上的实际益处，信赖保护在实践中呈现出明显的"去合法性"现象。

最后，信赖保护的未来可能蕴含在与经济发展的互动中。从样本裁判文书的地域分布中，我们能够明显发现信赖保护的适用与不同地域经济发展之间的联系：浙江、江苏、广东等经济发达地区信赖保护的案件数量较多，西藏、云南等经济欠发达地区关于信赖保护的案例较少，联系中国当下自分税制改革后，分税制集中财权使地方政府逐渐走向以土地征用、开发和出让为主的发展模式，从而形成了土地财政，中国地方政府需要通过"经营土地"

的策略促进经济增长，而土地的流转必然带来土地上建筑物产权的变化，带来法秩序稳定的现实争议，经济发达地区相对高涨的权利保护请求更能增加以信赖保护的主张保护个体权益的可能性。因此，信赖保护与经济发展通过土地与住建类案件联系在一起，反映在样本中便是涉及土地、住建类案件数量占据了六成以上。通过后文的分析，这种信赖保护与经济发展之间蕴含的关联性，在某种程度上影响了微观领域的司法审查，同时也潜藏了信赖保护原则未来的发展方向。

以上我们通过量化的统计方式展现了信赖保护在中国司法中的整体样态，但正如论者所言：实证性量化研究具有数量化、客观化、普适化等特点，但它也有一个致命的缺点，就是无法确定变量之间的因果关系。反之，诠释性质化研究可以为社会科学研究提供一个良好的因果解释。[①] 我们对3208份样本进行定量研究的意义绝非将以统计学路径研究法律现象，而是为后续研究提供背景性的整体视野。我们观察司法的最终目的也还是产出一种关于中国信赖保护原则的知识[②]，即司法对信赖保护原则态度：如何发现信赖利益、如何认定上述利益的可保护性，以及最终如何保护信赖利益。

第二节　信赖利益：生成路径与类型化

信赖保护的核心结构其实并不复杂，主要包含两个核心问题，即是否存在着可供保护的信赖利益，以及如何保护已经存在的信赖利益。相较而言，前者是后者的前提，也是决定信赖保护是否可以被适用的根本性问题。因此，这一内容存在的根本目的是为信赖利益的认定提供路径，以便适用顺利生成信赖利益，进而适用相关规则。为了证成这种认识，本节的内容将分为以下三部分：第一，阐释中国法院自主生成的两种信赖基本保护适用路径；第二，这两种路径作为基本逻辑，其具有的抽象性不可避免地排除了一些个案适用要素，诸如信赖正当性，也超然于具体案件类型，而只有将这些要素

[①] 孙秀林、周飞舟：《土地财政与分税制：一个实证解释》，《中国社会科学》2013年第4期。
[②] 正如学者所言，社会科学领域案例分析的目标不是讲故事，而是产出知识。参见张静《案例分析的目标：从故事到知识》，《中国社会科学》2018年第8期。

填充进上述基本逻辑内,信赖保护的适用逻辑与信赖利益的认定过程才是完整的,这种与个案结合的完整逻辑的构建也是本节第二部分的内容;第三,通过上述路径生成的信赖利益,在实践中被以时间为维度类型化为投入、既得权益和预期三种,而基于第三人信赖利益与情况判决,信赖保护在实践中也发生着某些变异,正是这种类型化与变异的过程进一步界定了信赖保护在中国行政法中的现实地位。

一 信赖保护适用的基本路径:"信任"抑或"依赖"

适用路径解决的是信赖利益的生成路径问题,即通过何种方式生成信赖利益。信赖利益只有通过相应的信赖路径才能在法院的论证逻辑中合理存在,即使何种利益应当受到保护已经事先存在于法官的脑海中。对于适用路径,我们在第一章已经进行过梳理,学术理论演化似乎在告诉我们:要件化的适用路径之"通说"地位随信赖利益保护原则引入而确立,且一直是学者们为实践开出的"核心药方"。因此,理论方面的"要件化"态度自是无须再多,但法院在适用中对理论通说却进行了一定形式的改造。最高人民法院自"益民公司案"引入"信赖保护"理论,截至2021年1月1日,以《最高人民法院公报》《中国行政审判案例》为载体,共在10个案件中适用了这一原则,并在这一过程中形成了司法自身的两种基本模式,分别是"信任"的模式——"信赖基础与相对人客观行为共同生成信赖利益"以及"依赖"的模式——"作为信赖基础的政府行为生成信赖利益"。这两种模式不仅为最高人民法院所认可,本章各级法院适用信赖保护的3208个案例中的适用路径也基本可做此二分。

(一)信任模式:信赖基础与相对人客观行为共同生成信赖利益

该模式的基本模型是:"信赖基础+信赖表现→保护利益。"其也与学界所主张的"三要件"体系最为类似。在这种模式下,相对人基于信赖基础进行的信赖行为是信赖利益得以保护的必要条件,无相对人客观的信赖行为便无可保护的信赖利益。之所以我们将其定义为信任模式,是因为相对人一旦基于信赖基础作为某种客观处分行为,便足以说明其对信赖基础产生了"信任",这也就是前文学者们主张的"信赖利益应当客观化"的要义所在。而在实践中,根据行为对信赖利益生成作用力的强弱,其亦可归入两个维度:"客观行为必要且影响力强""客观行为必要但影响力弱"。

1. 客观行为必要且影响力强

这一维度中,相对人基于信赖而进行的客观表现行为对最终适用信赖利益保护原则是必要的,且行为本身对于可保护之信赖利益的产生具有较强的影响力。早在"益民公司案"中,最高人民法院针对案涉"招标方案"表示"按照正当程序,市计委亦应在依法先行修正、废止或者撤销该文件,并对益民公司基于信赖该批准行为的合法投入给予合理弥补之后,方可作出'招标方案'。因此,市计委置当时仍然生效的周地建城〔2000〕10号文于不顾,迳行发布'招标方案'属于违反法定程序,亦损害了益民公司的信赖利益。"① 其内在逻辑如下。

(1)"按照"一词的约束效力导入正当程序对于市计委的行为具有束缚力;(2)市计委应依法先行修正、废止或者撤销该文件;(3)市计委应当对益民公司基于信赖该批准行为的合法投入给予合理弥补之后方作出结果行为;(4)结果:撤销"招标方案"。其中,(1)中"按照"的行为约束力具体体现为要件(2)(3)对于行政机关行为的要求,而(4)中"方可"表示前述要件是撤销结果的必要条件。故只有达到(1)即正当程序的要求,才能撤销"招标方案"。而"按照"(1)产生(2)(3),所以先行废止既有文件(周地建城〔2000〕10号文)、合理补偿合法投入才构成撤销行为的合法要件,而市计委在事实中并未按照(2)(3)的要求进行,故构成违法,"违反法定程序"即为市计委"未依法先行修正、废止或者撤销该文件"。而"并对益民公司基于信赖该批准行为的合法投入给予合理弥补"与"亦损害了益民公司的信赖利益",也说明本案信赖利益保护的前提是相对人存在"合法投入",且该投入与"该批准行为"之间具有"信赖"之因果关系,简言之,其亦需相对人基于信赖作出客观行为。

而在2010年前后,"必要且强影响度"的思维也在"郭某明案"中被最高人民法院再次提及。本案基本逻辑为:(1)政府公布行政承诺,设定奖励等式——"客观举报行为+属实=奖励";(2)相对人因为信赖承诺而作出举报;(3)举报行为产生利益——奖励;(4)"依照奖励办法处

---

① 参见《最高人民法院公报》2005年第8期。

理"——对举报予以奖励，即保护。在此，法院所保护的利益是基于相对人行为而产生的利益，而该点也为作为信赖基础的（1）建立的奖励等式予以了确认。在此，同"益民公司案"类似，相对人行为对可保护信赖利益的产生具有直接影响，行为直接生成利益。①

2. 客观行为必要但影响力弱

该维度中，相对人基于信赖而进行的客观表现行为对可保护信赖利益的生成同样是必要的，但其影响力大大降低，即相对人信赖利益可被保护主要取决于其他要素，如作为信赖基础的政府行为。这一思维集中体现在"范某运案"中。

虽然本案中最高人民法院认为"行政机关违法实施行政许可，造成当事人实际损失的，诉讼中应当充分保护相对人的信赖利益"②，由此，"实际投入"代表的权利人处分行为可与政府行为构成"信赖基础+信赖表现→保护利益"的保护条件，但其含义却有本质变化：只要政府许可行为对权利人形成了信赖的客观状态，那么无论权利人处分行为是否违法，均可以该原则实施保护。显然，就重要性而言，相对人客观行为的影响力已不如作为信赖基础的政府行为。

（二）依赖模式：作为信赖基础的政府行为生成信赖利益

该模式的基本模型是"信赖基础→信赖利益"。在该模式下，作为信赖基础的先行行为是产生信赖利益的直接原因，只要行政机关作出行政行为，相对人便具有了信赖利益。简言之，信赖基础是相对人信赖利益得以产生的权利基础，信赖利益"依赖"于信赖基础的存在，而相对人的行为则与信赖利益的产生无直接因果关系；也不论相对人是否在信赖基础存在后实行某种客观处分行为，只要信赖基础对相对人提供信赖利益的权利基础，那么相对人自然可获得信赖利益。

这一思路最早可追溯到"洋浦大源公司案"。最高人民法院借由"《目录》对于林木加工许可的未规定即未设定许可"进而直接认可相对人"无

---

① 本案内容节选自最高人民法院行政审判庭编《中国行政审判案例》（第2卷）第78号案例，中国法制出版社2011年版，第231—237页。

② 参见最高人民法院行政审判庭编《中国行政审判案例》（第1卷）第29号案例，中国法制出版社2010年版，第151—155页。

须办理木材加工许可证"的信赖利益,从而认定:"(一审判决认为)大源公司未取得林业部门颁发的木材加工许可证即开始从事木片加工经营活动违反有关规定,缺乏法律依据且不符合信赖利益保护原则。"① 显然,本案中,信赖利益保护原则体现为对既有法律规范明示内容的信赖,这种信赖本身无须公权力机关任何的作为行为,仅基于法律规范本身便使相对人具有信赖基础,而法律规范自制定后效力的发挥则与其自身作为无关。而在2010—2012年的《中国行政审判案例》中,最高人民法院也通过"华侨搪瓷厂案"等三案坚持了这一思路。

"华侨搪瓷厂案"中,最高人民法院认为:"从监督、控制行政权,保护行政相对人合法权益的需要及信赖利益保护的原则要求考量,应当认可行政承诺的法律效力。"② 具体而言,本案相对人信赖利益即相对人基于信赖政府承诺所进行的行为本身,而这一所谓的"信赖行为"可能产生利益——土地所有权变更却不被提及。在"云龙出租汽车公司案"中,最高人民法院设定了如下时间轴线:(1)邓州市政府授予许可—(2)相对人运营—(3)相对人与车主之间发生争议,且争议未能解决,车主上访—(4)邓州市政府对相对人行政许可予以注销—(5)当事人不服,进行诉讼。综合结论——"市政府划转出租公司的车辆经营权,一方面无合法理由注销云龙公司车辆经营权,并未保护其信赖利益"③——可发现本案中相对人的信赖利益"被注销之云龙公司的车辆经营权"在时间轴线中的位置位于(1)之后,其直接来源于(1),而与相对人其余行为无关。因为在此时间轴线内,虽然有相对人之行为,但无论是相对人的合法经营,还是相对人与第三人发生争议,均为信赖利益之结果,绝非信赖利益产生之原因。而"谷西村案"则更加明显地体现了最高人民法院的态度。④ 本案中最高人民

---

① 参见最高人民法院〔2003〕行终字第02号行政判决书。
② 案情选自最高人民法院行政审判庭编《中国行政审判案例》(第2卷),中国法制出版社2011年版,第90—97页。
③ 案情选自最高人民法院行政审判庭编《中国行政审判案例》(第4卷)第141号案例,中国法制出版社2012年版,第109—114页。
④ 案情选自最高人民法院行政审判庭编《中国行政审判案例》(第4卷)第142号案例,中国法制出版社2012年版,第109—114页。

法院肯定"相对人优先受让权"应作为信赖保护的利益,[①] 但相对人从因政府协议而享有优先受让权后并无任何客观行为,因此该协议是生成信赖利益的直接原因,其产生后无须相对人予以任何行为便可享有。

(三) 摇摆的路径及其意义

通过对 10 个案件的解析,我们可以发现,最高人民法院实际上已经为中国信赖保护原则的适用确立了基本模型。虽然在"信任"模式中实践与学理存在着部分重合,但就整体而言,司法模型与学理"要件化"模型之间的"落差"在多数情况下仍是清晰可见的。鉴于学理脉络的高度一致性,我们可以认为上述司法模型更多来源于最高人民法院的自主创新。而最高人民法院对信赖保护原则的适用态度从其进入司法视野便摇摆不定,从"益民公司案"与"洋浦大源公司案"的矛盾,再到"郭某明案""范某运案"与"华侨搪瓷厂案""谷西村案"的差异,都反映出最高人民法院在如何适用该原则上的踟蹰,直到目前为止,其仍未选定将何种模式作为指导司法实践的首要路径。尽管如此,这两种路径的提炼对中国的信赖保护而言仍有其重要意义。

首先,通过研究发现,在 3208 份样本文书中,如果法官意图否定信赖保护的适用,那么它并不会完整论述整个流程,[②] 只需就其中一个环节击破之。最典型的例证便是在前文所述的"信赖保护注释耽误起诉期限"相关案例中,法院便以"信赖基础未成立"为由否定信赖保护原则的适用,进而未加以详细论述。而在法院对信赖保护做肯定性适用时,这两种模式则囊括了绝大多数情形,无论法院试图适用信赖保护原则保护的利益究竟具有何种属性,法院都在适用"信任"与"依赖"这两种路径认定最终被保护的信赖利益。

---

① 此处,最高人民法院行政审判庭实际上提出了一个问题,即"土地出让程序中应否对优先受让权予以信赖保护问题"? 对这一疑问,虽然在本案评析部分最高人民法院行政审判庭进行了一定的肯定性暗示,但是并未给予形式化的明确回答。而最高人民法院关于这一问题的明确回答出现在 2014 年 4 月召开的行政指导性案例中美研讨会上。在本次会议上,作为本书编辑的阎巍法官对此予以了肯定回答。所以,本案作为信赖利益保护原则的参考性案例的地位基于此可以确定。

② 需要说明的是,法院适用信赖保护原则并不一定意味着保护相对人信赖利益,也可能以信赖保护的适用逻辑回应信赖保护主张,或者论述信赖利益在此不被保护的理由,因此与前文信赖保护适用的胜诉率数据之间并非一一对应,需要读者特别注意。

其次，在两种路径中，客观处分行为并非"依赖模式"的必备要素，但作为信赖基础的行政行为对信赖保护的适用却起着至关重要的作用。可以说，信赖基础是信赖保护适用的前提。因此，许多案件其实是在争议信赖基础的存在与否，而法院也通过信赖基础的适用，排除了相当数量案件适用信赖保护的可能性。就信赖基础的具体认定标准而言，法院在多数情况下并未加以专门论述，仅阐述结论性意见，即"××行为使相对人产生信赖"或"相对人基于对政府××行为的信赖"，而在法院有限的论证中，较为具有普遍性的标准当数法院在"信赖保护注释耽误起诉期限"相关案例中提出的"政府行为能够使相对人足以使相对人产生信赖"标准。除此之外，法院也提出了"信赖基础需要由法定职责部门作出"[①]与"信赖基础必须是正式与最终的部门决定或规范性文件"[②]两项标准，而这两种标准其实也是行政行为成立的必要条件，因此其本身更多在于强调，而非创新。

最后，需要强调的是，无论是"信任"还是"依赖"，法院在这两种模式的阐述中均未特意强调"信赖正当性"的普遍性地位，而该要件无论在三要件还是四要件的理论设定中都是必不可少的。同样，由于其抽象性和普遍意义，这两种模式在此处也并未观照到具体的案件类型。而这两点对于模式的具体适用却是必不可少的，也是我们接下来的一部文字需要描绘的，即信赖保护适用的完整结构。

二 信赖利益认定的完整结构：信赖正当性与案件类型要素的摄入

由信赖基础和相对人客观处分行为构成的两种基本框架只是对中国法院适用信赖保护的基本原理的抽象化，我们将其加以整合提炼的功能在于为信赖保护的适用搭建基本框架。但是其本身是不完整的，仍然需要我们以"搭积木"的方式为其填充个案适用要素，以构成完整的适用路径。而在诸多要素中，我们尤其需要关注的是信赖正当性以及行政行为类型与行政管理类型对既有框架的填充作用。

[①] （2017）京0108行初604号判决书。
[②] （2014）东行初字第80号判决书。

(一) 信赖正当性的功能与内涵

如本书第一章所言,在中国法的理论框架下,相对人对作为行政机关行为的信赖正当性都作为信赖保护原则的必备要件之一,通过反向排除的方式排除相对人对行政机关的"信赖"要素,将信赖利益的产生与损失链接到其他原因之上,从而排除信赖保护原则适用。但从法院的裁判文书来看,法院并非在所有案件中均适用信赖正当性这一要件,如此便与理论产生了相当程度的鸿沟,值得我们予以关注。

1. 理论意义上信赖正当性的指向

就理论而言,学者们一般主张:"如果信赖是基于相对人的恶意欺诈、胁迫或其他不正当方法而获得;或相对人明知或因重大过失而不知信赖基础违法等情形,则属于不正当信赖。"[1] 而《行政许可法》颁布后,学者们一般也承认:"(《行政许可法》第69条第1款)同时否认了在撤销被许可人以欺骗、贿赂等不正当手段取得的行政许可时合法利益的保护,即被许可人的'欺骗、贿赂等不正当手段'成为排除信赖的情形。"[2] 从学者的上述论断中,我们似乎可以发现这种作为排除情形的非正当性似乎更多指向信赖基础本身,即获得信赖基础这一过程的正当性,但基于第69条第1款,这种非正当性也可以指向作为结果的信赖利益本身。因此,我们可以发现,虽然学者们一直强调信赖正当性,但对这种信赖正当性在信赖保护适用中的具体指向却一直未予以明确。法院对此虽然也未予以特别注意,但是其判断过程的论述却为我们"拆解"信赖正当性提供了支撑。

2. 司法判决中信赖正当性的指向

相较于学者对信赖正当性的态度,法官对这一要件其实并未将其视为适用之必需。在3208份裁判文书中,法院基本上以"善意"指代信赖正当性,而出现这类关键词的样本数量仅约占样本总数的8.9%。也就是说,法院在进行信赖保护原则适用以判定是否有值得保护的信赖利益存在时,信赖正当性或者说善意并非其论述的要点。而在绝对数量较少的裁判文书中,法院对善意的指向却遍布信赖保护的全部适用流程,具体分为如下六种情境。

---

[1] 孙丽岩:《信赖保护与相对人授益权的实现》,《政法论坛》2017年第3期。
[2] 陈思融:《混合过错情形下行政许可信赖利益的保护可能性》,《行政论坛》2014年第1期。

第一，信赖正当性指向信赖基础，即作为信赖基础的行政行为本身违法。虽然这种违法状态并非由相对人自身造成的，但相对人依然无法被认定为善意。如"袁某等12人诉启东市住房和城乡建设局建设行政许可及行政赔偿案"中，法院便认为："因申请人所购买的涉案房屋系农民联建房，不能办理商品房产权登记手续……其取得的商品房产权登记卡却明确载明房屋为'安置房'，商品房买卖（预售）合同的最后落款部分亦只盖有长龙公司印章，其他部分均为空白。"① 本案中，作为信赖基础的房屋产权登记卡本身存在登记错误，但是这种登记错误产生的原因与相对人无关。

第二，和第一种类似，信赖正当性同样指向信赖基础本身，但与第一种不同的是，这种情况下的信赖正当性强调的是相对人在取得信赖基础过程中的善意，至于信赖基础究竟是否客观合法，暂且不论。如"欧某宇诉宁乡县国土资源局房屋登记管理行政裁决案"中，法院认为："上诉人向县国土局申请进行房屋登记时未采取隐瞒真实情况、提交虚假材料等非法手段……行政机关……即使以纠错的方式自行纠正，也应遵循行政法的信赖利益保护原则。"这种论述背景下的信赖正当性更倾向于"善意"的表述，即相对人对信赖基础获取过程的主观影响。

第三，指向相对人的处分行为，要求相对人基于信赖基础而进行的处分行为本身应为善意，而善意处分本身亦受到保护。如"息县华联超市有限责任公司诉其息县人民政府、息县住房和城乡建设局、息县房地产管理所不履行法定职责案"中，法院认为："（华联公司）在开发企业获得预售商品房许可后，作为善意第三人实际取得所购房屋的使用权，其合法权益应受法律保护。"② 正如第二章规范基础所言，法院在此引入了"善意取得"的理念，在以信赖保护维系善意取得结果的同时，也为处分行为附加了"善意"的要求，从而将信赖正当性的指向延展至处分行为。

第四，指向信赖基础与信赖表现行为的中间阶段，即在作出客观处分行为之前，对于违法的不明知，从而作出后续处分行为。如"曹某诉息县人民政府、息县住房和城乡建设局、息县房地产管理所不履行法定职责案"中，

---

① 陈思融：《混合过错情形下行政许可信赖利益的保护可能性》，《行政论坛》2014年第1期。
② （2015）信中法行终字第68号判决书。

法院认为："原告作为该楼盘商品房的购买方，其在第三人的协助下，携带相关证明文件依法向被告提出办理房产证的请求，合法有据，应予支持……现原告已实际取得所购房屋的使用权，而被告拒绝给善意购房的原告办理房屋所有权证，不仅损害了原告的信赖保护利益，也有违被告依法行政过程中应当遵守的公平正义原则。"① 与针对处分行为的第三种指向相比，法院将信赖正当性的指向由作为客观结果的处分行为提升至作出处分行为之前的动机环节，即其在对作为信赖基础违法性不明知的情况下作出处分行为，从而以主观"信赖"联通同为客观行为的信赖基础与信赖表现。

第五，正当性指向生成的信赖利益本身，即法院认为作为结果的相对人获取的信赖利益本身具有正当性，也因此具有可保护性。如在"冯某凤诉重庆市万州区房地产管理局房屋抵押登记案"中，法院认为："基于信赖利益保护原则，行政相对人对行政机关合法行政行为正当合理的信赖应予以保护，即使公证书被撤销，亦即本案房屋抵押登记客观上存在错误，也不宜撤销行政机关的房屋抵押登记。"② 这种情况实际上是以结果为切入点，将信赖是否正当置于信赖利益的生成过程进行整体判断。相较上述四种指向，它的适用具有严格的限制。首先，它必须在"信任路径"下适用，因为只有在这种情况下，不动产抵押登记才是既得的信赖利益，而非产生抵押权的信赖基础；其次，这种信赖利益必须是被客观化了的信赖利益，不能仅存在于主观"信赖"。

第六，指向整个利益生成过程。在这种指向下，法院虽然采用了与其他指向类似的文字，但是其针对的却不单单是信赖基础或信赖利益，而是相对人对利益生成的整个生成过程的善意（无过错等）。如"吴某诉沈阳市规划和国土资源局于洪分局履行法定职责案"中，法院认为："在原告没有过错或重大过失的情况下，为保护原告对行政行为公信力的信赖利益，被告应当将未予记载的土地使用权人变更情况在档案中记载完整，故本院对原告的诉讼请求予以支持。"③

---

① （2015）罗行初字第4号判决书。
② （2014）渝二中法行终字第00085号判决书。
③ （2014）沈高开行初字第67号判决书。

3. 善意的判断

除了在信赖保护链条中的多元化位置外，善意的认定标准也呈现出多元化的趋势。在理论与规范层面，以善意为代表的信赖正当性认定标准也主要侧重"不明知""欺诈"等主观层面。而在实践层面，法院在很多情况下对"善意"并未加以详细论证，也未加以特别明示，即如果不提出"非善意"那么就是"善意"的。只是直接提出"善意"的，而在对"善意"加以阐述的裁判文书中，其审查思路也同样呈现多元化的趋势。一个重要的趋势便是引入客观标准和客观状态，与主观要件相结合。

第一种思路是借助"善意取得"制度规则证成"善意"的存在。关于这一制度，之前已有论述，在此不再多言。

第二种思路仍是主观性的。虽然这种主观性认知在实践中被法院分别表述为"不明知"[①] 和"不知晓"，[②] 但最新的学理研究表明："明知"就是"知道"。就认识的对象而言，"明知"不仅可以是对过去已发生的或正在发生的事情的认识，也可以是对未来的尚未发生的事情的认识……[③]

第三种思路为"证据+重大违法"标准，即信赖正当性的否定需要以结果层面的"重大违法"为基础，并且这种违法的严重性也需要以证据为基础。如"王某杰与昆山市环境保护局行政许可案"中，法院认为："除非有证据证明第三人存在提供虚假资料骗取许可等重大违法行为的情况，第三人对于已经生效的行政许可享有持续的可信赖利益，该行政许可在事实上的瑕疵不能对抗该信赖利益。"[④]

第四种思路则在强调双方主观的无过错性之外，还附加了信赖基础本身的违法性排除要求。如"李某军等与雷州市不动产登记中心履行房屋过户登记法定职责案"中，法院便认为："买卖双方不存在过错，而且该住宅楼也未被认定为违法建筑……当事人基于政府行为所取得的信赖利益，应当得到保护。"[⑤] 在本案中，法院认定该信赖保护的正当性时，除了无主观过错外，

[①] （2017）苏07行初1号判决书。

[②] （2016）鄂0102行初30号判决书。

[③] 参见邹兵建《"明知"未必是"故犯"》，《中外法学》2015年第5期。

[④] （2014）昆行初字第0019号判决书。

[⑤] （2017）粤0891行初272号判决书。

同样也需要强调被信赖的信赖基础在事实上的合法性。换言之，如果信赖基础所依托的住宅本身是违法建筑，显然并不能生成正当的信赖。

4. 信赖正当性的价值：基于特定目的的隐性论证要件

至此，我们可以对信赖正当性与适用结构的价值做一总结，即其在适用上是一种基于特定目的的隐性论证要件。首先，信赖的正当性并非信赖保护适用、信赖利益认定的必备要件，至少在司法实践中，它只是司法审查过程中的一个功能性"按钮"，法官根据需要决定是否按动这一按钮，法官不在论证中阐述该要件并不影响整体的论证结构。其次，如果法院援引信赖正当性这一要件，其主要价值可分为两个方面，即在正向推理中以"无非正当事由"为信赖保护的适用增加一个要件，从而为该原则适用提供更强的说明力，以及负向推理中以"不具备信赖正当性"的理由否定信赖保护的适用。再次，法院在前文所述信赖保护适用的两种路径的全过程都可以设定信赖正当性标准，无论是信赖基础、信赖表现还是整体的推理结构，具体的正当性标准也更多地源于法院根据个案的自我判断。最后，信赖正当性不作为司法论证之必需并不意味着它对信赖保护的无价值。如果我们就司法论证技术而反推出"无须善意等正当信赖要素便可适用该原则"，那么便会与实定法产生冲突，也会背离信赖保护的产生目的，从而将该原则变为单纯依赖行政行为公信力。因此，合理的理解应该是将其作为一种隐性要件，即承认其对信赖利益认定的构成性意义，但在具体适用过程中，一般无须援引该要件，或对其加以专门论证。只有存在否定适用等特定目的时，方可将其作为显性论证要素。

(二) 行政行为类型与路径选择

虽然法院仅在极少的情况下使用信赖正当性这一要件，但其终究是一种针对普遍意义的适用要件。而在样本中，法院对适用路径的选择还受到行政行为类型与行政管理类型的影响，即法官根据行政行为类型和行政管理类型而在上述的适用路径中加以选择。这里我们首先阐明行政行为类型与路径选择之间的关系。在样本文书中，法院直接正向适用信任与依赖两种路径的裁判文书共有2148件，约占样本总数的67%，可见法院在援引信赖保护时对以上两种路径基本上还是采取认可的态度。就整体而言，法院采取信任路径的案例为1320件，采取依赖路径的案例为828件，具体而言，两种路径在行政行为类型的匹配上也各有侧重，具体如图3-6所示。

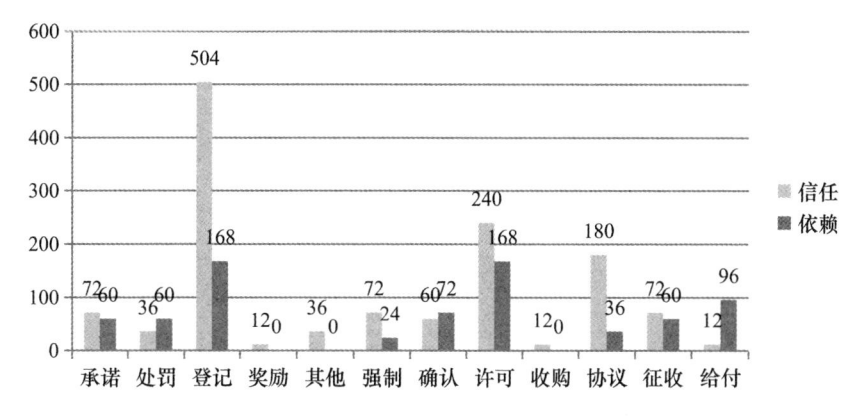

图 3-6　行政行为类型适配信赖保护适用路径情况

1. 信任路径作为主流路径与利益衡量的认定价值

由图 3-6 可以发现，几乎在每一种行政行为类型中，信赖路径的适用均高于依赖路径。这种现象的产生体现了以下三方面内容。

首先，源于理论的"信赖基础+客观行为"模式相较中国法院自行发现的"信赖基础生成信赖利益"模式具有更为广泛的适用性，法院在适用信赖保护进行案件审理时诉诸信任模式可能获得更多理论上的正当性加持。

其次，法院在适用信赖保护时更加强调利益的客观性，即相对人在更多的情况下需要采取一定的客观处分行为，从而证明自己对信赖基础的信任，由此其利益方才有被保护的可能。这种强调客观行为的做法，一方面是对相对人课予了更重的证明义务，但另一方面，对法院而言，也是一种强化说理逻辑的效力，能够为法院适用信赖保护提供更强的事实支撑。

最后，这种数量的悬殊可能也源于信任模式具有更多的变种，即在其基础上增加要件所产生的"三要件"模式。所谓三要件，即在信任模式的两要件基础上增加信赖正当性"或者"利益衡量要件。我们在前文中对信赖正当性已经有所论述，而就后者所言，即在通过信任模式已经推导出存在信赖利益的前提下，以利益衡量进一步明示该利益"可保护性"。如"王某娟与南通市人力资源和社会保障局行政撤销、行政批准案"中，法院认为："衡量提前退休核准决定应否撤销，需要考虑两个因素，一是原告王某娟是否存在信赖利益，需要在撤销行政行为旨在保护的利益与相对人的信赖利益之间进行衡量。"①

在此需要说明的是，虽然在理论层面利益衡量的定位一直在信赖利益的认定要件和已认定的信赖利益如何保护要件之间摇摆不定，但在实践中，利益衡量的作用却被同时分解在上述两个环节当中。如"王某娟案"中，利益衡量首先需要实现的制度价值是认定该利益是否需要被保护。显然，这里蕴含着信赖保护适用框架的另一个结构性要素——由信任路径与依赖路径生成的信赖利益是需要被保护的。当然，在绝大多数案件中，法院实际上并不对此加以特别说明，而是直接默认这种利益应当被保护。但是在如"王某娟案"，以及"张某军与如皋市丁堰镇人民政府、如皋市丁堰镇皋南社区居民委员会不履行法定职责案"中，法院便对"信赖利益的可保护性"作出了特别认定："如果为了满足少部分人的利益而动用大笔财政资金、明显超出行政机关的财政负担能力导致履行不能，此时的履行行为直接损害的是辖区内绝大部分老百姓的利益，已构成对公共利益的变相损害……行政机关应对相对人因承诺行为而取得的信赖利益进行必要的弥补，使相对人实际获得的利益不低于或者适当高于政策规定的标准。"② 本案中，法院已经认定了相对人信赖利益的存在，但是这种论述在接下来并非走向"如何保护"的问题，而是转向"要不要保护的问题"，即仍停留在是否存在可保护的信赖利益的问题。因此，在此处利益衡量被法院作为认定"可保护的信赖利益"的要件之一，至于其在具体保护方式中的价值，我们将在第三节予以讨论。

2. 许可与登记案件中两种路径的典型表达

和前文整体数据相同，行政许可类和行政登记同样是两种路径最常见的案件类型，虽然就数量论这两类案件中对信任路径的适用远高于对依赖路径的适用。正如前文所言，这两种行政行为虽然被法院分别认定，但是其同属《行政许可法》规制范畴，因此其在表达结构上具有较强的相似性。

在行政登记案件中，信任路径的典型结构是因信赖行政机关的先期登记行为而进行财产处分，进而产生利益损失。如"刘某英诉被申请人广安市房产管理局房屋登记行政确认及行政赔偿案"中，法院认为："因市房管局未

---

① （2017）苏06行初179号判决书。
② （2017）苏06行终663号判决书。

尽法定职责，客观上为吴某万骗取钱财提供了一定条件，导致刘某英基于对房屋登记机关登记行为的信赖，购买吴某万根本不存在的房屋，遭受财产损失……"① 而依赖路径的典型结构则是行政机关已经作出登记或与登记相关意思表示，相对人在获得登记或者获取该意思表示后，无需任何其他行为，便可"依赖"该行为作为后续权益主张的依据，进而获得后续信赖利益。如"孙某梅诉被告武穴市国土资源局不履行土地变更登记法定职责及行政赔偿案"中，法院认为："原告孙某梅出于对被告国土局作为政府机关的信赖，在被告国土局认为其提供了变更登记的材料齐全合法的情况下，完全有理由相信待阻却土地变更登记事由消除后，被告国土局会为其办理登记。原告孙某梅对被告国土局的这种信赖应该受到法律保护……"② 本案中，正是由于国土局作出了"认为材料齐全合法"的意思表示，孙某梅在"依法行政"的语境下产生了国土局后续会为其办理登记的信赖，国土局的表示是其信赖的基础，也是其主张权益的依据。

3. "信任"与"依赖"的典型情境分析：强制、协议与给付

在绝大多数的行政行为类型中，信任路径与依赖路径都被予以适用，甚至在绝对数量上也相差不多。但在三类行为类型中，两种路径分别具有特有的适用地位，即行政强制、行政协议之于信任路径，以及行政给付之于依赖路径。

首先，行政强制与信任路径产生联系的前提是其案件本身是一种基于行政强制而产生的行政赔偿案件，因为行政强制行为（多为强制拆除），相对人的信赖利益受损从而申请赔偿，而法院对这种信赖利益生成的认定，一般需要伴随相对人进行一定的客观建设行为，因此适用信任路径。如"陈某红与招远市国土资源局行政赔偿案"中，法院认为："有关行政机关收取其排污费、税费等，原告有理由相信自己建设和经营育苗场的行为合法，故原告建设和经营育苗场存在信赖利益应予保护。"③

其次，涉及信赖保护的行政协议案件一般涉及行政协议的履行争议，即相对人与行政机关签署行政协议后，按照协议约定履行了自身义务（如搬迁

---

① （2015）川行监字第182号裁定书。
② （2017）鄂1182行赔初5号判决书。
③ （2013）莱州行初字第6号判决书。

腾退等），但行政机关于履行层面发生延宕或违背，相对人诉请法院予以保护。在这种结构性的条件下，由于相对人相较行政机关具有先履行义务，因此其主张信赖利益必然需要以客观履行行为为基础，适用信任路径当无问题。如"陈某锦诉东阳市人民政府履行土地登记法定职责案"中，法院认为："基于该协议产生的信赖利益，应当予以保护……在原告已经按照规定缴纳拆迁补办费且已经按照拆迁协议约定拆除了大部分房屋的情况下，被告应……及时办理相应土地审批手续。"[1]

最后，就行政给付与依赖路径的关系而言，虽然行政给付在当前已经不能简单定位于行政救助或者行政物质帮助，而是有发展为以实现公民生存权为目的的保障性给付和以实现公民发展权为目的的发展性给付,[2] 但就样本文书的展现来看，其基本结构为行政机关一旦认可相对人的缴费行为，或者承认相对人获得给付的资格，那么相对人在后续无须作出任何处分行为，便可以获得行政给付，而这种给付也因此获得信赖保护的加持。

（三）行政管理类型与路径选择

在行政行为类型外，我们还需要关注的是行政管理事项类型，虽然相较行政行为类型，该内容较为简单，因为几乎在所有领域中信任路径和依赖路径的适用比例都较为均等。可见行政管理类别类型并非路径适用的决定性因素。因此，对多数行为而言，其所具备的行政行为类型才是法院选用路径的参考要素，而非行政管理事项类型。但有四类行为管理类型需要我们关注，它们分别是人力与社会资源保障（简称"人社"）、知识产权、教育和规划。在处理这四类事项时，法院的路径选择其实具有非常明显的倾向性（见图3-7）。

首先是人社类案件。在这类案件中，依赖路径的适用远远高于信任路径的适用，其中重要原因在于人社部门的重要职责之一便是负责社会保障金、社会保险等行政给付事项的确认与发放，因此依赖路径在人社领域中大行其道并不令人意外。

其次是规划类案件。这类案件多涉及规划许可，因此信任路径较依赖路径具有更为广泛的适用并不意外。但除此之外，案件本身的逻辑也是重要的

---

[1] （2014）东行初字第11号判决书。
[2] 崔卓兰、周隆基：《社会管理创新与行政给付新发展》，《当代法学》2013年第1期。

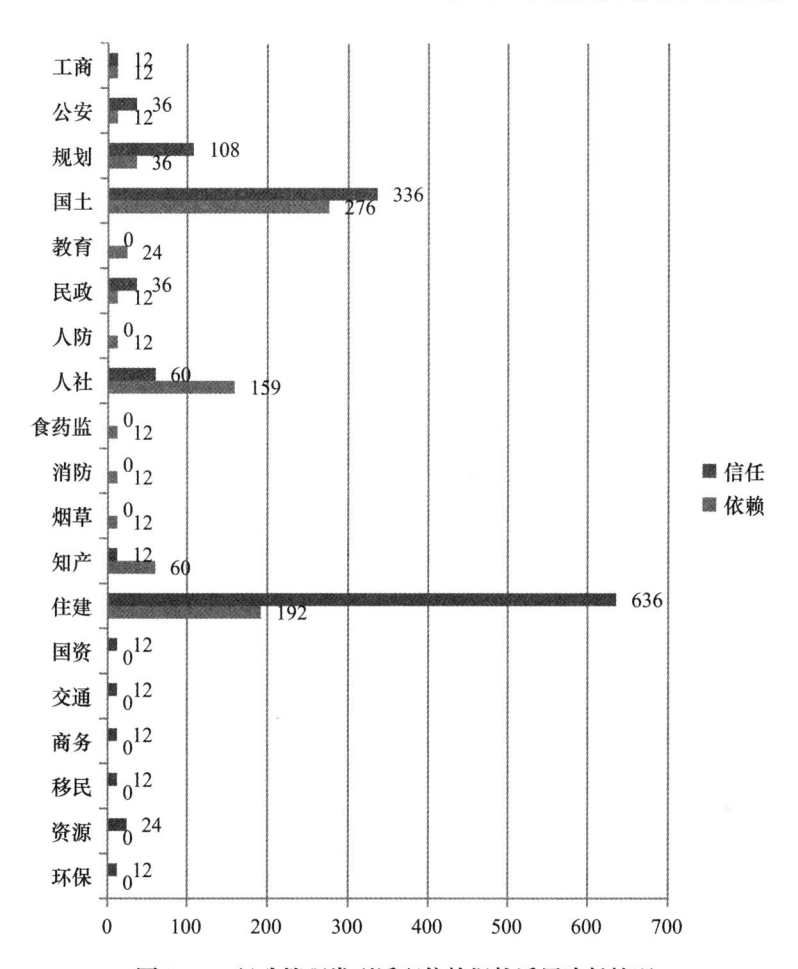

图 3-7　行政管理类型适配信赖保护适用路径情况

差别原因：规划类案件中，依赖路径的适用主要针对的是第三人信赖利益保护，甚至在具体的审查论证中，这种第三人利益并未指明利益归属对象。如"周某柱不服中山市港口镇人民政府、中山市人民政府城乡规划管理纠纷案"中，法院便认为："但鉴于《控规》已实施多年，如撤销将会破坏基于《控规》所衍生的社会秩序，损害不特定社会主体的信赖利益。"[1] 而针对相对人规划许可中蕴含的信赖利益如果需要被保护，它通常需要相对人履行某

---

[1] 参见（2015）中中法行初字第 17 号判决书。

种客观处分行为。考虑到第三人基于规划所取得的信赖利益通常作为法院作出确认违法判决的说明理由，这种情况其实远少于相对人作为规划许可的主体提出的信赖保护争议，因此这种路径选择行为差异也就不足为奇了。

再次是知产类案件，依赖路径较之信任路径有 5∶1 的数量优势，其原因在规范基础部分便有所涉及，即商标和专利审查中法院常常会采取"审查一致性"原则。这种审查原则无须后案申请人进行任何实质的处分行为，就可以产生类似先例的效力，因此并无信任路径的适用空间。而在仅有的适用信任路径的案件中，法官其实都会引入"法不溯及既往"的原则，从而产生基于对既有法规范的信赖而提出修改申请，并预期申请会被通过的事实基础。如"诺瓦提斯公司与国家知识产权局专利复审委员会发明专利申请驳回复审行政纠纷案"便是典型代表。[①] 此外，需要说明的是，正是基于这种事实基础，这种信任路径的适用仅在专利类案件中出现，而在商标类案件中并未发现适用情况。

最后是教育类案件。虽然在此类案件中法院单纯适用了依赖路径而根本未考虑信任路径，但其中的原因在于教育类案例均为行政处罚类案件，而在这种案件中信赖保护的典型结构便是相对人之前已经被处罚过，但之后又被以相同事实加重处罚一次，法院认为这种加重处罚有违信赖保护要求。如前文提及的"李某案"中，法院认为："新疆大学又以原告李某同样的替考作弊事实，作出对原告李某开除学籍的处理决定，系新疆大学在未有新的证据证实有替考作弊加重情节下作出的新的、更重的处罚，李某作为行政相对人所享有的被告新疆大学的信赖保护利益受到侵害。"然而，考虑到实践中的行政处罚类案件多数为因无许可而产生的处罚，法院实质上是在行政许可的语境下适用信赖保护，而单纯涉及"李某案"这种形式的处罚案件屈指可数。因此，依赖模式在教育领域的适用能否推而广之仍需要实践检验，毕竟"以相同证据处理相同事项"适用"一事不二罚"可能比"信赖保护"更加贴切。

三 信赖利益的类型化与基于情况判决的变异

（一）信赖利益合法性的强化说明

正如第一章所言，关于信赖利益的属性，存在着两个面向：第一，为合

---

① 参见（2013）高行终字第 1244 号判决书。

法权益与违法利益之间的合法性冲突；第二，为既得权益与预期利益之间的时空指向。这里我们先就前者做一点说明。在本章第一节已经通过整体的数据分析提出了"去合法化"的概念，即信赖利益的合法性在司法实践中并不是什么根本性的问题，法院在司法审查中有四成情形是不处理信赖基础的合法性问题的，而是直接对生成的信赖利益是否予以保护进行审查。而就审查结果而论，合法权益的认可程度虽然比违法利益更受到认可，但就整体而言，主张的是合法权益抑或违法利益的区别并不能为相对人带来胜诉率上的实际益处。在具体适用方面，尽管《行政许可法》使用了"合法权益"的立法语言，但法官在实践中却愈加认可"违法利益"的价值。尤其在地方法院，多数判决在提及"信赖利益"时均同时回避了"合法权益"的出现，甚至刻意将"合法权益"与"信赖利益"加以区分。[①] 更为激进的法院选择直接认可信赖利益对于违法利益的存续作用。[②] 这种态度也明显影响了最高人民法院：在"范某运案"中，权利人明知投入违法仍坚持处分，从而使被保护之信赖利益附带违法性，但法院依然对其加以保护。当然，不可否认的是，也有法官依然试图坚守"合法权益"的保守基准，即使其试图将"违法利益"纳入保护范围，依然需要借助与"夏某案"类似之"违法程度显著轻微"等程序性标准排除违法性。[③] 而"益民公司案"中的"合法投入"与"云龙公司案"中"行政许可合法生效"的前置性要求，似乎也意在表明，最高人民法院面对"合法权益"规范要求时的谨慎态度。

综上所述，就整体趋势而言，被保护利益的合法性并不影响中国法院对

---

① 典型代表为"杜某亚与杜某伟土地登记纠纷复议上诉案"。本案中，法院表示"不考虑撤销该证对杜某伟已依法取得的合法权益造成的不利影响和对其信赖利益造成的损害，不符合上述行政管理原则的要求"。由此，如果信赖利益本身属于合法权益，法官似无必要对其予以二分。参见（2008）豫法行终字第00133号判决书。

② 如在"河南省新乡农机产品经销中心清算组诉新乡县人民政府土地登记案"中，法院虽认为"新乡县国用（2000）字第107号国有土地使用证被确认违法"，但基于"新乡县人民政府的颁证行为对原检测站已产生信赖利益"，仍认定涉诉许可处分得以延续。参见（2010）豫法行再字第00005号行政判决书。

③ 如在"王某成诉蒲城县人民政府等土地纠纷等级上诉案"中，法院虽表示"善意第三人的利益依法应受保护"，但依然需要借由"变更登记调查表没有王某成本人签字……属于形式上的瑕疵"，从而得出"王某林基于对政府土地登记行为的信赖，善意购买薛某侠的房产，申请变更时手续齐全，被告经审查予以变更登记，颁发土地证，符合法律规定"的结论。参见（2005）陕行终字第3号行政判决书。

信赖保护原则的适用，同样也不会影响两条适用路径的选择，那么接下来的问题就是信赖利益在时空中的类型化分类。在这种视角下，法院所认可的信赖利益类型可分为针对过去的"投入"、针对当下已获取的"既得权益"以及未来行为和权益的"预期"。

（二）以信赖基础产生为标准的信赖利益类型化：投入、既得权益和预期利益

在前述的理论部分，我们就中国行政法理论中的保护利益类型做了专门的梳理。就其结果而言，为理论所承认的信赖利益基本上集中在既得利益层面，对预期利益有所涉及；而对于所谓的"投入"并未言明，只源于我们对学者用语的分析。更为重要的是，学界并未对信赖利益的类型化提出有效的区分方式。通过研读案例，我们发现实践中法院已经以信赖基础的产生为标准，实现了对信赖利益的类型化，而这种标准便是以信赖基础生成的时空为前提的。

通过前文对"信任"与"依赖"两种路径的分析，我们已经可以发现，信赖基础是这两种路径共同的核心，而这种信赖基础与最终被保护的信赖利益之间亦存在时空上的联系：以信赖基础为基准，根据被保护的信赖利益是出于对信赖基础的信任而进行财产性投入、信赖利益产生于信赖基础产生后的直接现实存在，以及信赖利益存在于对信赖基础生成后行政机关未来行为的预期，将被保护的信赖利益分为"投入""既得权益"和"预期利益"。

1. 投入

所谓"投入"，其核心在于被保护的信赖利益是相对人基于对信赖基础的信任而进行的财产投入本身，而非基于投入获得的其他权益，简言之，即"基于信赖之付出"。正是基于这种性质，作为信赖利益而被保护的"投入"仅存在于"信任路径"中在"依赖路径"中，相对人仅依据信赖基础即可获得信赖利益的保护。在这种情况下，即使为获取其他利益而进行投入，其他利益未获得法院以信赖利益为名的保护，其投入本身作为获益手段，亦可获得信赖利益保护。

"投入"在"益民公司案"与"范某运、范某动诉山东省邹平县建设局规划许可证暨行政赔偿案"中两次被最高人民法院所认可："益民公司案"中，最高人民法院"……对益民公司基于信赖该批准行为的合法投入给予合

理弥补之后，方可作出'招标方案'"① 之表述将可信赖保护之利益限于"投入"；而在"范案"中，最高人民法院也借助"实际损失"的表述与《国家赔偿法》排除预期利益赔偿的规范，将"信赖利益"限缩为针对过去的"部分投入"。② 从2005年至今，以"信赖利益"保护"投入"的思维为最高人民法院所延续，该思路在地方法院实践中亦被采用。③

2. 既得权益

最受理论认可的信赖利益莫过于既得权益，而其也同样得到了实践的认可，但法院通过信任与依赖的两种路径，将既得权益的认定方式明确化，即其属于信赖基础所直接指向的结果。在信任路径下，虽然亦存在作为客观处分行为的所谓"投入"，但法院在这里保护的是投入的目的——因投入而依然由信赖基础获得的既得权益。而在依赖路径下，由于并不存在所谓的客观处分，因此信赖利益即为信赖基础直接赋予的权益。

实践中，尤其是行政登记类案件中更为法官认可的是"既得权益"，其可被视为基于许可处分直接产生之权益，无须客观表现。许可处分一旦作出，即为相对人所得。"云龙汽车公司案"中，最高人民法院基于对信赖利益保护原则之阐释，对保护利益作出如下限定："行政许可已作出并生效。"④ 将保护利益限定于由许可处分直接生成之权益，使其具有了"既得权益"属性。

3. 预期利益

这种预期利益与普通法合法预期中被保护的利益其实并无二致，即相对

---

① 《最高人民法院公报》2005年第8期。

② 事实上，法院并未明确指明作为信赖利益"损失"的具体含义，根据判决原文，损失可能为部分投入或者部分预期利益（如签订的待履行合同利益等）。但《中华人民共和国国家赔偿法》并不赔偿预期利益，而"实际"在此的作用也在于强调该点，故其本身排除了预期利益。参见最高人民法院行政审判庭编《中国行政审判案例》（第1卷）第29号案例，中国法制出版社2012年版，第109—114页。

③ 典型例证如"温州星泰公司案"中，法院认为："原告对……变更登记内审批行为存在合理信赖，并基于这种信赖交纳了转让费且对该建设项目做了大量的前期准备工作，投入了不少人力、财力……相对人的信赖利益更值得保护。"本案中法院保护的利益无疑是原告基于信赖的投入。参见（2008）武法行初字第1号。

④ 以上案情部分选自最高人民法院行政审判庭编《中国行政审判案例》（第4卷）第141号案例，中国法制出版社2012年版，第109—114页。

人基于信赖基础而对行政机关未来进行某些行为的预期。虽然都是基于对信赖基础的信赖而生成，与两种利益生成路径的关系也较为类似，但其与既得权益的不同在于，后者承载的信赖利益是在信赖基础成立后可为相对人现实即时获得的，而预期利益的实现则针对行政机关在未来行为中的决定。

这方面的典型例证如，在"柳某东等诉襄阳市国土资源局、国有土地使用权抵押登记案"中，法院认为："原告柳某东、李某月在购买鑫方圆公司开发的方圆名城小区的涉案商品房时，涉案的商品房开发证件齐全，具备预售许可证，原告由此产生了信赖利益，所购买的商品房应当获得不动产登记证，其合法权益应当受到《中华人民共和国物权法》（以下简称《物权法》）的保护，应按照法律的规定取得对应的土地使用权。"[①] 本案中，由于行政机关已经颁发了作为信赖基础的预售许可证，因此当相对人进行了处分财产的客观行为后，其自然生成的属性为预期的信赖利益——行政机关在未来将为其办理不动产登记，而这种思维在行政登记与行政协议类案件中亦屡见不鲜。

（三）信赖利益的公共化之殇：第三人信赖利益泛化与纠偏

除了合法性与利益的类型化外，我们在理论层面提及的关于保护利益的第三个层面是"保护谁的利益"的问题，即第三人信赖利益的保护问题。在当时的讨论中，我们发现这个问题实际上是为研究者所忽视的，而部分学者如王贵松等虽然也注意到了这个问题，但是尚未予以深入分析。恰恰是第三人信赖利益的保护问题，在实践中与情况判决制度相结合，使得信赖利益在实践中产生了相当程度的变异，从保护相对人权益的工具转变为维护政府决策和经济发展措施的工具。简言之，信赖利益与情况判决制度结合，在中国法领域内生出了一个"怪胎"。我们的分析也基于此展开。

1. 情况判决的基本理念

中国情况判决制度源自日本。在日本行政法中，情况判决意指在撤销诉讼中，处分或者裁决虽然违法，但将其撤销会给公共利益造成明显损害的，法院可以在对原告蒙受损害的程度、赔偿或者放置该损害的程度与方法以及

[①] （2017）鄂0606行初50号判决书。

其他一切情况进行考虑，在认为撤销处分或者裁决不符合公共福祉的情况下，驳回请求。[①] 其在日本法中的规范基础为《日本行政案件诉讼法》第31条第1款的规定："关于撤销诉讼，虽然处分或裁决是违法的，但撤销它对公共利益又会产生明显障碍时，法院对原告受损程度、损害赔偿或防止程度，以及其他一切事情作出考虑的基础上，认为作出撤销处分或裁决反而不符合公共福利时，可以驳回请求。"于此情形，法院必须在该判决主文中，宣告处分或裁决是违法的。情况判决的意义实际上是在诉讼法层面，以效率为导向，对既成事实的行政违法行为加以容忍，因此该制度赋予法院以裁量权，在特定情况下使公共利益优先于私人利益的保护。虽然在该制度创设之时即有批评者担心其如果在特定领域被定型化，可能导致这一领域"法治主义的空洞"与"权利救济制度的自杀"[②]（这种担心在后文关于中国信赖保护的相关案例中，尤其是在涉及土地和资源特许经营的情况下体现得极其明显），但因其能够在一定程度上平衡传统的行政诉讼制度和现代计划行政之间的落差（传统撤销诉讼事宜行政处分为对象的主观诉讼，不允许就行政计划本身起诉，也不允许原告在诉讼中主张与自己法律上的利益无关的违法；而现代计划行政需要行政机关对多数人的权利利益进行有计划的整理和调整，一个行政机关甚至其所伴随的行政处分，往往牵涉众多人的利益甚至重大公共利益），因此得以在日本行政诉讼制度中占有一席之地。

在中国，最高人民法院于2000年发布的《最高人民法院关于执行〈中华人民共和国行政诉讼法〉若干问题的解释》（以下简称《若干解释》）第58条规定："被诉具体行政行为违法，但撤销该具体行政行为将会给国家利益或者公共利益造成重大损失的，人民法院应当作出确认被诉具体行政行为违法的判决，并责令被诉行政机关采取相应的补救措施；造成损害的，依法判决承担赔偿责任。"虽然有学者认为日本的情况判决属于驳回判决的类型，而依据《若干解释》第58条预设的路径，我国"基于公益考量"的确认违法判决的内容包含了对原告要求确认被诉行政行为违法的诉讼请求的支

[①] 参见王天华《行政诉讼的构造：日本行政诉讼法研究》，法律出版社2010年版，第180页。
[②] ［日］盐野宏：《行政救济法》，杨建顺译，北京大学出版社2008年版，第135页。

持……法院作出"基于公益考量"的确认违法判决,至少意味着对原告诉讼请求的部分支持……①但在笔者看来,无论是日本法"驳回判决+主文宣告行为违法"模式还是中国法中的"确认违法+补救措施"模式,本质上都未曾背离容忍既成事实、保障特定情形下公共利益优先的制度创设目的,且结果都是维持既有行为效力,至于是在主文还是判决结果中指出违法,只是对违法性的判断位置不同,对结果而言似乎不产生太大影响。更为重要的是,这种"驳回 vs 认可"之间的区别似乎并不影响多数学者对于第58条情况判决性质的认可,而这种区别出现的原因,可能也如某些论者所言:"我国法院作出确认违法判决的情况判决更能满足国民情感。"②而在此基础上,2014年新《行政诉讼法》对《若干解释》第58条内容进行了吸纳升级,在第74条第1款中规定:"行政行为有下列情形之一的,人民法院判决确认违法,但不撤销行政行为:(一)行政行为依法应当撤销,但撤销会给国家利益、社会公共利益造成重大损害的";第76条规定,"人民法院判决确认违法或者无效的,可以同时判决责令被告采取补救措施;给原告造成损失的,依法判决被告承担赔偿责任"。对于信赖保护的研究者而言,可能他们都没有想到,正是情况判决规则成为信赖保护在中国行政法中适用度最广、最具有解释空间,也是产生最奇妙结果的规范依据。

2. 情况判决的异化:私益对"公益"要件的侵入

(1) 信赖利益与信赖保护的"联姻":益民公司案与信赖利益间接公共化路径

虽然缺乏足够的公开史料来探究其中的原因,但中国法院将信赖保护与情况判决制度"联姻"的思维早在有"中国信赖保护原则第一案"之称的"益民公司案"中便有所体现。本案中,最高人民法院认为:"如果亿星公司不能中标,则其基于对被诉行政行为的信赖而进行的合法投入将转化为损失……在此情况下,周口市民及企业不仅无法及时使用天然气……从而对周口市的经济发展和社会生活造成不利影响。根据《若干解释》第58条关于……之规定,应当判决确认被诉具体行政行为违法,同时责令被上诉人市

---

① 参见郑春燕《论"基于公益考量"的确认违法判决》,《法商研究》2010年第4期。
② 王贵松:《论我国行政诉讼确认判决的定位》,《政治与法律》2018年第9期。

政府和市计委采取相应的补救措施。"由此,中国法院一反学理中第三人信赖保护逐渐弱化的态度,开启了日后在实践中大行其道的"第三人信赖保护"。结合裁判思路,我们可将最高人民法院在"益民公司案"中确定的"第三人信赖保护"概括为"信赖利益间接公共化"。其要点在于虽然第三人的信赖利益本身并不直接等同于公共利益,但是第三人信赖利益的受损最终会转换为公共利益损失,第三人信赖利益与社会公共利益不能被直接予以衔接。如在"益民公司案"中,最高人民法院首先认同作为第三人的亿星公司"对被诉行政行为的信赖而进行的合法投入"的被保护性,但在适用《若干解释》第58条前,最高人民法院以亿星公司信赖利益受损的后果为中介,认定该信赖利益损失会基于"损失补偿(以公共财政弥补违约之信赖利益损失)"与"社会效果(合同作废导致重新招标,影响市民企业用气与'西气东输'工程)"等两方面内容转化为公共利益,从而与情况判决中的"既定事实+公共利益"要求实现无缝对接。

如果我们从后世观察者的角度评价最高人民法院的这一适用逻辑,可以说最高人民法院为信赖保护"联姻"情况判决的做法在一定程度上跳出了彼时关于该原则的主流学术窠臼,但其"信赖利益间接公共化"的路径依然可以见容于《若干解释》第58条的解释学框架。但令人遗憾的是,最高人民法院在"益民公司案"的这种逻辑在之后的司法实践中出现了相当程度的异化,许多法院在审理案件时背弃了"益民公司案"的思路。

(2)"益民公司案"思路的偏离:信赖利益直接公共化

如上所言,"益民公司案"以"信赖利益间接公共化"的路径沟通了信赖利益与公共利益的联系,但在"益民公司案"后,最高人民法院的这种适用逻辑却并未产生一以贯之的效果。为数众多的地方法院系统用"信赖利益直接公共化"替代"信赖利益间接公共化",从而异化了最高人民法院在"益民公司案"确定的情况判决适用逻辑。这种异化的核心在于适用最高人民法院将"信赖利益"向"公共利益"转换的基本逻辑,却将其中至关重要的"私益向公益"转换装置撤除,直接将信赖利益认定为公共利益。这种思路在2006年至2010年甚嚣尘上。如"帅某传与广州市鸿荣房地产开发有限公司行政复议决定纠纷上诉案"中,法院认为:"广州市国土资源和房屋管理局在核发该《建设用地批准书》时没有严格按法律法规审查……原告取得土地使用权办理了相关的报建手续后,该楼房在已完成建设并取得权属证明书、大部分商品房业主已领取房地产权证的情况下,对现《建设用地批准书》覆盖下的土地再处理,将构成对大部分商品房业主利益的重大影响,不利于持商品房权证的众多业主对行政信赖利益的保护,对公共利益造成重大损失,根据最高人民法院《关于执行〈中华人民共和国行政诉讼法〉若干问题的解释》第五十八条规定……宜通过采取补救措施的方式予以解决,而不应对该《建设用地批准书》作出撤销更为合适。"[1] 显然,在本案中,法院并未在"持商品房权证的众多业主的信赖利益"和"公共利益"之间设立任何转换装置,就其文字表示而言,两者也接踵而至,显然法院意图直接将"许多人的信赖利益"升格为"公共利益",这种思维本质上是将"公益"与"众益"混同。如论者所言:社会公共利益一定涉及众多人的利益,但并非只要涉及众多人的利益就一定是社会公共利益。[2] 而信赖利益从根本上来说是一种个体利益,单纯的"个体利益的集合"并不能构成"公共利益",很大程度上至多只能被称为"特定群体的私益"。情况判决制度出现的根本动因还在于既定公共利益的维系,这也是为什么最高人民法院在"益民公司案"中苦心孤诣地设置所谓"转换工具"的意义所在。脱离了这一点,适用《若干解释》第58条抑或之后的《行政诉讼法》第74条便存在法教义学上的鸿沟:以公共利益为导向的制度作用于私益保护,从而造成私益对公益的侵入。

虽然这种"信赖利益直接公共化"的思维只是涉信赖保护情况判决的一个面向,实践中坚持"益民公司案"设定的"信赖利益间接公共化"逻辑的法院也并不鲜见,但这种"直接公共化"的思维终究导致了情况判决制度发生相当程度的异化,从而影响其制度功能的发挥。有论者通过实证考察,认为我国情况判决存在着"公共利益、重大损失的认定泛化"、"补救措施"不明确、执行期限自由空间大等问题。[3] 造成这些问题的原因众多,但至少在信赖保护领域,与法院的这种概念偷换行为不无关系。如果我们将

---

[1] 参见(2006)海法行初字第4号判决书。
[2] 张卫平:《民事公益诉讼原则的制度化及实施研究》,《清华法学》2013年第4期。
[3] 金成波:《行政诉讼之情况判决检视》,《国家检察官学院学报》2015年第6期。

视角对准信赖保护司法审查的整个历史,便会发现这种异化一直延续到了2015年左右,甚至出现了较为日本式的情况判决,即在判决主文中宣告行政机关违法,出于公共利益考虑作出驳回判决,但这种公共利益依然源自个体利益的转化。如"游某安诉蒙自市人民政府颁发土地使用证纠纷案"中,法院认为:"蒙自市人民政府……其收回土地及颁证的行政行为存在瑕疵。但鉴于原审第三人红河福广公司已经取得了该土地使用证,且在涉案土地上进行了工程改造,该改造项目已完工,并已开始预售房屋,根据利益衡量原则及信赖保护原则,本案中第三人红河福广公司持有的……《中华人民共和国国有土地使用证》不宜予以撤销。"[1]

3. 法院对情况判决的纠偏:信赖利益与公共利益的分离

如上所言,某些法院以"信赖利益直接公共化"路径替代最高人民法院塑造的"信赖利益间接公共化"路径的直接后果,便是混淆了"私益"和"公益"之间的界限,使得原本就难以界定的"公共利益"更加扑朔迷离,而概念的混同也增加了法院审理案件时的技术难度。因此,近十年以来,无论是最高人民法院还是地方法院,对于这种公益、私益混同的思维一直在进行着不懈的矫正和纠偏。究其意图是使公益和私益得到较为清晰的分离,可能源于在其之前《国有土地上房屋征收与补偿条例》等规定已经对公共利益作出了一定的限制。[2] 随着新《行政诉讼法》的出台,第74条和第76条将"情况判决"正式法定化,这种纠偏活动更加明显和频繁。值得注意的是,无论是地方法院,还是最高人民法院,都采取了一种与之前的"信赖利益直接公共化"和"信赖利益间接公共化"均完全不同的思维,我们可以将其称为"信赖利益附带性保护",即在公共利益的判断中剔除信赖利益的直接影响,不将信赖利益作为一种应保护要素,而是一种事实上的考

---

[1] (2014)红中行终字第1号判决书。
[2] 《国有土地上房屋征收与补偿条例》第8条将"公共利益"先定位如下情形:(1)国防和外交的需要;(2)由政府组织实施的能源、交通、水利等基础设施建设的需要;(3)由政府组织实施的科技、教育、文化、卫生、体育、环境和资源保护、防灾减灾、文物保护、社会福利、市政公用等公共事业的需要;(4)由政府组织实施的保障性安居工程建设的需要;(5)由政府依照城乡规划法有关规定组织实施的对危房集中、基础设施落后等地段进行旧城区改建的需要;(6)法律、行政法规规定的其他公共利益的需要。

虑要素，而在结果意义上，信赖利益作为公共利益被保护的附带效果。

在地方法院层面，如"赖某荣、王某发与会昌县城乡规划建设局城乡规划行政许可案"中，法院认为："原审第三人对行政机关作出的涉案行政许可没有过错，其是基于对行政机关的信赖而在行政机关许可的范围内实施的建设活动。鉴于本案建筑主体已经封顶完工，涉案行政许可的内容已经实施完毕，是否作出撤销判决，应考虑撤销许可所带来的影响。会昌县人民政府为建设统一、规范的沿江路商业街，建设临街商业住宅，有利于社会公共利益。撤销涉案行政许可，会导致新建房屋因违法而被拆除，这个结果会造成更大的经济损失，给整条商业街的建设造成重大影响，给社会公共利益造成重大损害。"[①] 通过这段论述，我们可以发现，法院用"是否作出撤销判决，应考虑撤销许可所带来的影响"清晰地隔开了信赖利益与公共利益的通道，"信赖行政机关许可而进行的建设"的价值仅仅在于"对涉案许可没有过错"的无责性，法院并未如"益民公司案"中那般认可"已建成的建筑主体"应作为信赖利益而具有可保护性，而在阐明"是否作出撤销判决，应考虑撤销许可带来的影响"之后，这里的"信赖基础"——许可行为是否予以撤销，其所考虑的因素中也无信赖利益的地位，"更大的经济损失"也与"益民公司案"中"与亿星公司赔偿款相当的公共财政损失"的"等价性"不同。因此，我们可以发现，这里虽然也存在"益民公司案"中的"因信赖而投入（建设）"，但是其价值只在于形成一种事实，并不能成为情况判决的发动原因。

最高人民法院的态度则更为直接，甚至其在"广西梧州市中威管道燃气发展有限责任公司与苍梧县人民政府、苍梧县住房和城乡建设局、广西中金能源有限公司特许经营合同纠纷案"中的态度与论证思路，直接背弃了其在"益民公司案"中塑造的"信赖利益间接公共化"路径，即放弃了信赖利益对公共利益的影响效力，在某种程度上可作为指导性案例第88号"张某文、陶某等诉四川省简阳市人民政府侵犯客运人力三轮车经营权案"的先声。

同样是燃气管道特许经营权案，法院首先同"益民公司案"一样，认定苍梧县政府的违约行为侵犯了中威公司的信赖利益——"苍梧县政府中止

[①] （2017）赣07行终180号判决书。

中威公司的特许经营权,将该经营权授予中金公司,系属擅自改变已生效的行政许可的行政行为,违反法定程序,亦损害了中威公司的信赖利益。"[1] 然而,在这些似曾相识的文字后,法院却并未如亿星公司一般提及本案第三人中金公司的信赖利益问题。其一,其虽然认可了中金公司的大量投入,但并未将其赋予"信赖利益"或"基于信赖而投入"。其二,上述投入被否定的结果并非"投入损失转换为公共财政补偿",而是"居民生活受到严重影响""中金公司管道基本建成,重复建设而导致的成本增加"等,因此,并不存在可供转化和考量的信赖利益,也不需要信赖利益作为转化基础,而是既定事实与公共利益的重大损失导致情况判决的适用。由此,最高人民法院用自我否定的方式实现了对信赖保护领域的确认:既然引入情况判决反而为地方提供了以公共利益为由保护私益的制度空间,那么索性将二者重新割裂,而这种思维在某种程度上预示了指导性案例第 88 号的产生。虽然"益民公司案"与"中威公司案"所针对的都是"第三人信赖保护",但从"信赖利益间接公共化"到"信赖利益公共性的否定"都在于强调情况判决中公共利益的价值。而"张某文案"中,最高人民法院认为:"简阳市政府作出《公告》和《补充公告》在行政程序上存在瑕疵,属于明显不当。但是,虑及本案被诉行政行为作出之后,简阳市城区交通秩序得到好转,城市道路运行能力得到提高,城区市容市貌持续改善,以及通过两次'惠民'行动,绝大多数原 401 辆三轮车已经分批次完成置换,如果判决撤销被诉行政行为,将会给行政管理秩序和社会公共利益带来明显不利影响。最高人民法院根据《最高人民法院关于执行〈中华人民共和国行政诉讼法〉若干问题的解释》第五十八条有关情况判决的规定确认被诉行政行为违法。"上述情况判决的具体论证实际上就是将情况判决的适用前提限定于"既定行政管理秩序"与"公共利益",从而排除其他要素的摄入,维系情况判决制度的"纯洁"。在这个意义上,"中威公司案"中法院提及信赖却否定其与公共利益关系的态度,不啻一种思路上的预示:"公共事实"证成公共利益。

综上所述,我们发现中国法院目前正在努力剥离情况判决作为信赖保护规范基础的价值,更多地将信赖利益作为公共利益被保护的附带结果,而

---

[1] (2015)行监字第 2035 号判决书。

"信赖"则至多被视为作为第三方主体的善意与无责性。可以说，情况判决与信赖保护经历了"联姻"到"和离"的过程，而从法官的论证中我们也能对其原因管窥一二：法官只需要以作为信赖基础的行政行为被撤销对公共利益产生的重大影响为由，适用情况判决即可，第三人的信赖利益是否被保护，其实并不重要。回观"益民公司案"，即使不存在"亿星公司自身的信赖投入被否定的公共财政转换"，只论述亿星公司特许经营权被撤销后的实际影响，法官也能适用情况判决规则。因此，横加信赖利益要件的作用似乎只有为地方主体提供请求权基础一种目的了，但这与情况判决的制度初衷并不相关。因此，虽然事实上情况判决过去与现在可被视为信赖保护的规范基础，但是在未来，其规范基础意义必然会大打折扣，乃至消亡。

第三节 法官使用"信赖保护原则"的作用

以上我们阐述了法院用以认定"可保护的信赖利益"的两种基本路径以及建立在这两种路径之上的完整的信赖利益生成之司法逻辑，即法院通过上述路径认定了案涉信赖利益的可保护性。但这种认定并非法院司法审查的终点，因为只有最终对被认定的信赖利益匹配相应的保护方式，进而将其利益的获取事实化，才有可能达到"案结事了"的理想结果。这将会是我们在本章所欲探讨的话题，即法院如何保护信赖利益？由此衍生出的问题便是：法院究竟以什么样的态度对待信赖保护原则，以及法院究竟在司法审判中将信赖保护视为一种什么价值的工具？最终，通过对法院如何保护信赖利益以及法院对信赖保护原则的态度，我们将试图回答一个具体的体系化意涵的问题：信赖保护原则在法院看来是否被作为一种"行政法基本原则"？

一 递进式保护方式的"消解"：多元化与虚置化并存

（一）应然模式的规范争议：从"擅自"到"法定事由"

在理论框架中，我们在总结近20年来学界关于信赖利益保护方式的基础上，提出了如下观点，即对于相对人的信赖利益具体是提供存续保护还是财产保护，涉及公共利益与信赖利益的衡量问题。为维护相对人的既得利益现状，存续保护应成为首选方式；在打破既存法律状态所欲维护的公共利益明显大于相对人的信赖利益时，则应采取财产保护方式，即以利益权衡为核心，以存续保护为优先适用，而以财产保护为因重大公共利益而必须撤销时之适用方式。由此形成了一种从存续保护到财产保护的正向序列。

在规范层面，《行政许可法》及其相关的具体许可类规范基本上还是吸纳了理论中对保护方式的应然界定，即以"擅自"作为存续保护与损失转换的例外情形。虽然"擅自"或"任意"就文义本身仅代表着撤销或撤回本身应附有某些要求，这种"附条件撤销"并不意味着对何种保护方式在结果上的优先选择，但其以限制撤销的"存续"为第一款，而以特定特殊情形下的第二款的法条结构也能在一定程度上体现理论层面的"递进式"。但我们在第二章的规范分析中以《行政许可法》为基础在地方行政程序规定等规范中寻找信赖保护条款时，却发现地方立法已经悄然改变着这种次序性。如《宁夏回族自治区行政程序规定》第6条规定："公民、法人和其他组织因行政行为取得的正当权益受法律保护。非因法定事由并经法定程序，行政机关不得撤销、变更已经生效的行政决定；因公共利益或者其他法定事由必须撤销或者变更的，应当依照法定权限和程序进行，并对公民、法人和其他组织因此遭受的财产损失依法予以补偿。"这类规定较之《行政许可法》，将"擅自"或"随意"的例外性规定变更为以"法定事由与法定程序"为界限，行政机关对信赖利益采取的两种并列式保护方式，在相当程序上消除了理论与《行政许可法》共同坚持的递进式保护方式。但其终究是将限制行政机关撤销的存续性保护置于第一位，因此就保护方式的应然要求而言，仍应当坚持从存续保护到财产补偿的递进式结构。但这种递进式保护在司法实践中却受到了相当程度的挑战，具体而言，便是保护方式的多元化和转换论证的虚置化。

（二）着眼于个案实效的多元化保护方式

如果遵循理论的设定，法院认可信赖利益已经产生，那么对这种信赖利益，原则上应采取存续保护的方式，只有在例外的情形下方可采取财产补偿的方式。这里所谓的"例外"意味比例不应过高，否则便可能冲击到"存续保护"的原则地位。但在本书已经筛选出的认可相对人信赖利益的判决中，法院最终采用维系行政行为效力的方式保护信赖利益的占比已约

51.4%，相较于其他保护方式，其优先地位未能得到丝毫体现；而法院明确适用财产补偿方式的案例占比约 23.4%；适用其他保护方式，诸如补救措施等占比约 25.1%。由此，从绝对数量上来看，法院在认定信赖利益应当被保护的情况下，在具体如何保护这一相对人最为关心的问题上，仍有极大的可能并不认可对作为信赖基础的行政行为效力予以维系。更为重要的是，从数据统计中我们也可以发现，法院采取的保护措施并不局限于基础行为存续与金钱补偿两类，而是根据个案情况向多元化方向发展。其中至少有如下典型措施值得我们予以关注。

第一，补救措施。其实，法院在否定基础行为存续后以补救措施代之并非一种新做法，因为在"益民公司案"中，最高人民法院便要求周口市政府等被告单位对益民公司采取补救措施。但是由于其在之前的论述中已经将信赖利益限制在"合法投入"，因此这里的"补救措施"带有明显的金钱补偿意味，与财产补偿具有极强的同质性。而样本中，补救措施则在很大程度上摆脱了金钱的限制，意在于金钱之外强调行政机关对损失的综合补偿，并非单纯的"以钱买权"。如"应城市和和投资有限公司诉应城市人民政府行政决定案"中，法院便表示："应城市政府……未对包括市机电总公司、市和和公司等在内的当事人的实际投入和预期损失进行核算，也未采取任何补救措施，明显违反信赖保护原则。"[1]

第二，满足要求。在某些种类的案件中，无论是存续保护还是财产保护均非最佳的保护方式。例如在某些登记或许可案件中，相对人要求行政机关对错误许可或登记作出更正，或者提出一定请求，这种请求本身并不涉及金钱补偿，也并不需要通过维系基础行为的效力予以保护，只需要满足相对人相关要求即可。如"连丰公司诉大埔县水务局不予许可延续河道采砂期限决定案"中，法院认为："被告对同时段的其他中标人均给予许可核发延期采砂一年的《河道采砂许可证》，从保护原告信赖利益方面考虑，被告许可原告延期开采一年更显公平、公正和合理。"[2] 这里的信赖基础是行政机关在类似事项中针对其他相对人的许可决定，背后是执法一致性要求，而非只针

---

[1] （2016）鄂行终 751 号判决书。
[2] （2017）粤 1481 行初 24 号判决书。

对相对人自身的许可决定，因此，本案保护方式以"满足要求"为宜。

第三，考虑先例因素。这种保护方式在样本中主要被法院适用于知识产权案件审理。如"谢某胜诉商评委、第三人烟台威龙葡萄酒股份有限公司商标争议行政纠纷案"中，法院认为："基于商标行政确权的稳定性和对信赖利益的保护，被告在本案的评审程序中应当对商标局的相关裁定及其之后当事人对争议商标的使用情况予以适当考虑。"正如前文所言，"审查一致性"原则对法院审理知识产权有一定的影响力，因此这种保护方式的本质是基于审查一致性原则，从而将先例裁决作为本案处理的裁决要素，进而保护本案相对人对平等执法的期待。

综上所述，法院这种因地制宜的信赖利益保护方式选择非常明显地体现出其重视给予当事人实效性保护，而非遵循理论化或者实定规范上的形式化要求。另外，法院在半数以上的案件中采用了财产补偿、补救措施等保护方式，也在相当程度上说明法院对基础行政行为的存续与否并不过多在意。只要相对人信赖利益获得了实质保护，行政机关层面的实质存续力与法安定性要求其实并不为法院所关注。但此中的问题在于，无论是理论还是规范，在存续保护与其他保护方式之间终究设置了明确的区别与转换要件，即法定事项与法定程序，而在形式上满足这种条件的情况下，法院还必须通过实质上的利益衡量才能实现这种转化，但法院在实践中却在很大程度上将上述要求虚置化。

（三）保护手段转换论证虚置化：公共利益与其他

1. 公共利益：基于集成事实和严重影响的利益衡量

中国理论中，在信赖存续保护和财产补偿之间起转换器作用的便是"利益衡量"。由此，这里的利益衡量与第二节决定生成的信赖利益是否构成"可保护的信赖利益"的利益衡量在两个方面对信赖保护的适用发生作用。而衔接理论和规范最典型的利益衡量，便是在公共利益与私人信赖利益之间作出权衡。一直以来，学者亦对此提出了各式各样的方法和见解。这类讨论的参与者也不乏司法实务界人士。通过他们的努力，法院确实已经开始在一定程度上进行着利益衡量。以"广西梧州市中威管道燃气发展有限责任公司与被申请人苍梧县人民政府、苍梧县住房和城乡建设局、广西中金能源有限公司及二审上诉人梧州市市政和园林管理局特许经营合同纠纷案"为例，在本案中，最高人民法院基于公共利益提出三点衡量要素。

第一，看现状。如"中金公司在签订《特许经营合同》后已经基本完成市政管道铺设"，即预定为公共利益载体的第三方因素是否已经实现了信赖利益所欲达到的目的。[①]

第二，察影响。如"若撤销该合同，将导致已使用燃气的用户暂停用气，延后尚未使用燃气的居民的用气时间，影响居民的生活"，即考察废弃现有公共利益载体对社会公众产生的影响。

第三，比实力。如"从燃气工程建设的速度和进度来看，中金公司明显优于中威公司，更符合政府行政管理目的，更有利于实现行政管理职能，维护公共利益"，通过对比相对人与第三方实现行政任务的能力进行判断。

由此可见，法院以"泰山压顶"之势为信赖利益的持有者施加了完全无法与之相抗衡的压力，实际上将公共利益解释为"既成重大公共利益"，从而实现保护方式的转化。但如果严格来说，这种公共利益层面的利益衡量仍非"衡量"，因为其至多以压倒式的公共利益要素为基础，展现了这种公共利益要素被毁弃时的严重后果，但并未与信赖利益之受损作出数理化的对比，甚至并未分析信赖利益受损程度。显然，这种"衡量"是不完全的。[②]而在公共利益之外，法院在"其他法定事由"的论证上则更显草率。

2. 其他事由：徒见结果

虽然在规范层面要求只有基于"法定事由"，经过"法定程序"才能采取补救措施，法定事由看似与法定程序并列，但二者地位却截然不同：法定事由是保护方式转换的基础，法定程序只是操作流程问题。

在并不具有优势地位的数据统计之外，更为令人担忧的是法院在放弃存续保护而适用财产保护等补救措施时缺乏必要论证的态度。虽然前文的诸项规范要求已经淡化了"存续保护"的原则地位，但是其依然存在法定事项和法定事由等转换保护方式的前提性要求。然而，我们在排除了直接指向财产保护的行政赔偿类案件后，样本中依然有许多法院的论证缺乏说服力。如

[①] （2015）行监字第 2035 号裁定书。

[②] 绝大多数学者承认，利益衡量需要采用严密的逻辑和方法。代表性论述参见梁上上《制度利益衡量的逻辑》，《中国法学》2012 年第 4 期。

"毛某兵诉舒城县人民政府不履行颁发国有出让土地使用证法定职责案"中，法院认为："被告及其相关职能部门和第三人应当正视原告的诉求，积极采取补救措施，妥善处理历史遗留问题，回应辖区内居民的信任。"[1] 本案中的"历史遗留问题"往往指向数十年前的产权问题，相对人基于当时产权政策的漏洞而取得权益，且均持有一定的产权凭证（无论这些凭证的实质合法性如何）。这种产权证当然不可能对抗诸如旧城改造等政府决策而获得存续，但却是样本中许多法院将存续保护转化为补救措施的前提条件，和本案类似，法院均未对此加以详细说明。法院这样处理的结果，正如后文即将提到的，确实为相对人提供了后续主张权利的请求权基础，但却进一步强化了保护手段转换论证上的虚置化现象。

以上，我们论述了信赖利益保护方面的方式转化问题。从法院的态度中，我们能够发现法院适用信赖保护时并不将维护基础行为塑造的信赖秩序作为唯一要务，甚至在越来越多的情况下，法院对于此种信赖秩序的变革并不采取阻却的态度，而是更加注重变革之下相对人信赖利益的实质保护。这一点恰好引出了我们接下来的话题：法院在审判中究竟用信赖保护做什么，即信赖保护在司法审判中的价值。

二 司法审判中信赖保护的三种价值

正如皮尔斯（Richard Pierce）对美国司法审查中司法与行政的六种相关理论作出考察后表示的那样：即使已经存在谢弗林尊重这样的著名规则，法院在真正审理案件时也不会真的被其限制，而会根据案件具体情况择六种审判理论之一而适用。相应地，这六种被判例固定的审查理论的价值也随法官之具体适用而变化。[2] 因此，任何在法院文书中被援引的理论都必然具有一定的实际价值，信赖保护也不例外。法院适用这样一种缺乏成文法基础的理论本身是需要勇气的，而一旦法院适用信赖保护，其必然意在依托该原则实现某些特定的司法目的。这便是司法审判中信赖保护的价值。

---

[1]（2015）皖行终字第00364号判决书。

[2] See Richard J. Pierce, "What Do the Studies of Judicial Review of Agency Actions Mean?", Admin. L. Rev., Vol. 63, 2011, pp. 77–98.

需要说明的是，信赖保护在司法审判中的价值并不等同于信赖保护在司法审判中的功能。前者侧重信赖保护在司法审判中所体现出的实际效用，对此我们可以通过研读裁判文书的形式文字以及背后的法官逻辑推导而出，属本书方法论下的"有据可查"；但后者则强调法官对信赖保护的主观确信，即在法官心中究竟赋予了信赖保护何种功能性期待，对此我们无法完全通过字里行间的逻辑推演得知，因为我们并不能完全确定法官的文字是否完全代表了其适用信赖保护的真实意图，实证访谈可能是更为有效的方法，但这种方法并不在本书方法论范畴。

在以上基础理念指导下，我们对 3208 份判决书进行研读后发现，信赖保护在司法审判中具有三种主要价值：第一，作为行政行为违法性判断要素；第二，作为司法机关反控行政过程，实现司法社会治理的抓手；第三，作为相对人主张具体权益落实的请求权基础。以下，我们将对这三种价值逐一进行阐释。

（一）行政行为违法性判断要素

行政行为的违法性是行政诉讼的标的，而行政违法的构成要件涉及行政行为的主体、事实、依据和程序四方面的内容。只要在处于递进式合法性链条的一环出了问题，那么所涉及的行政行为便构成违法。[①] 而行政诉讼的目的之一，也是监督行政机关依法行使职权。因此，信赖保护在司法审查中的第一个价值便是作为行政行为违法性的判断标准，以此判定案涉行政行为违法。在这个意义上，信赖保护和"主要证据不足""法条适用错误"并无二致。具体而言，这种违法性判断要素也分为以下三种情形。

第一，信赖保护独立作为违法判断要素，行政机关违反信赖保护原则即构成违法。如"孙某梅案"中，法院便直接根据信赖保护原则确认行政机关的行为违法："原告孙某梅对被告国土局的这种信赖应该受到法律保护……本院参照《中华人民共和国土地登记办法》第三条第二款之规定，并根据信赖保护原则，判决……确认被告武穴市国土资源局对原告孙某梅申请土地变更登记没有履行法定职责行为违法。"

第二，信赖保护虽然也能构成独立的违法判断要素，但是其在违法性判

---

① 参见章剑生《现代行政法总论》，法律出版社 2014 年版，第 281 页。

断过程中只能起到辅助作用，并不能独立完成违法性判断的审查任务，真正发挥作用的是其他要素。因此，法院在判决中常常使用"另外"或"此外""再者"将其加以隔离，以便在违法性判断要素中形成主次之分。如"王某斌、石某英、王某树诉新昌县公安局沙溪派出所户口行政登记案"中，法院再以"未经告知程序，迳行作出纠错行为，有违正当程序原则，且事后又未依法送达"的正当程序完整主要违法理由的论述后（法院在最终裁判环节使用了"违反法定程序"），继续表示"同时，被告经三原告申请将户口迁移登记至新林乡村系授益行政行为，除非被告有证据证明三原告有主观故意或重大过失，或不纠正将会对公共利益造成重大损失，否则将剥夺三原告基于对被告的信任而已获得的信赖利益"[①]。在这种情况下，法院引入信赖保护，更多地在于增强行政审判释法说理的法理成分，从而形成更有说服力的裁判结论，提供更细致的说明理由。[②] 而这种独立性质的辅助性违法要素也是这类情况中最为普遍的情形。

第三，信赖保护作为其他违法判断要素的构成要件之一，行政机关违反信赖保护原则则进一步构成其他违法性要素，在实践中主要是作为违反正当程序的构成要素之一。如"陈某国与重庆市綦江区人力资源和社会保障局劳动和社会保障行政撤销案"中，法院首先表示将以正当程序作为本案的裁判工具——"行政机关行使撤销权并非无限度和随意的，而是应当受到一定的限制，即不得违反相关法律、法规的规定，且应当基于法定的事由而启动，并遵循法定程序和正当程序的要求"[③]——在之后的论证中将无正当理由再去收集证据证明陈某国的受伤是否因为工作的行为损害信赖利益作为违反正当程序的一个论证理由，即未对信赖利益加以保护。事实上，法院最后的判决也是以"主要证据不足，且程序违法"为依据判决撤销。

以上，我们探讨了信赖保护作为结果性的违法性判断要素的三种情形。在这三种情形中，信赖保护的独立价值实际上是逐渐递减的，从被法官独立用以判定违法到只能依附于程序正当的要素之中，而其最重要的违法判断价

[①] （2016）浙 0603 行初 82 号判决书。
[②] 参见孙光宁《法理在指导性案例中的实践运用及其效果提升》，《法制与社会发展》2019 年第 1 期。
[③] （2014）渝五中法行终字第 00054 号判决书。

值也是作为辅助性的。这其实已经在某种程度上说明了其对以合法性审查为主要目的的行政诉讼的有限意义，而这种违法性判断的整体样本数量在三种价值中也是最少的。可以说，其对合法性审查这一目的价值相对有限，其价值可能更多地体现在后面两种。

（二）司法反控行政过程的抓手

如果说信赖保护作为违法性判断要素的价值在于帮助法院从结果层面判断行政机关为遵循信赖保护原则而构成结果违法，那么法院适用信赖保护的第二种价值则提前至行政过程阶段，为行政过程提出遵循信赖保护的要求。如"绩溪县浙临公交有限责任公司诉绩溪县人民政府行政决定案"中，法院认为："浙临公司系绩溪县建设委员会招商引资而成立，其虽未取得公交经营许可，但已实际投资购置车辆并在绩溪县相关部门的放任或默许下运营多年，形成了一定的信赖利益。绩溪县人民政府为维护公共利益，有权决定终止不规范的公交运营行为，但对浙临公司的投资损失应当给予公平合理的补偿。"① 在"商丘市星睿置业有限公司诉商丘市梁园区人民政府建设行政管理案"中，法院的表述更为直接："梁园区安居工程小组在审批新的建设主体资格时，应当将星睿公司已经形成的信赖利益作为考虑和应当处置的因素之一……"② 法院在以上案例的论证逻辑背后，其实都体现出法院通过过程性审查方式反控行政过程的努力。

所谓"过程性审查"，即法院对行政决定的作出过程进行审查时所运用的审查方法，其关注的是行政机关为何得出了它所得出的结论，或者说，行政机关基于什么理由、出于哪些考虑、按照什么逻辑得出了它所得出的结论。③ 这种探索"决定者思维过程"的审查模式在英美法与大陆法中越发得到认可。如美国通过一系列案件逐步确立"严格检视"审查标准和"过程性审查方法"。在1971年"奥弗顿公园案"中，联邦最高法院宣称，对行政行为的审查应当"严密、仔细"；行政行为不能逃避"完全、彻底、深入的司法审查"。④ 而在日本法中，针对后裁量一元论的时代，针对裁量审查

---

① （2013）皖行终字第00009号判决书。
② （2017）豫行终1852号裁定书。
③ 刘东亮：《涉及科学不确定性之行政行为的司法审查》，《政治与法律》2016年第3期。
④ 参见刘东亮《过程性审查：行政行为司法审查方法研究》，《中国法学》2018年第5期。

也存在"判断过程审查方式",即法院根据行政机关的陈述,对行政机关以何种方式考虑何种事项作出行政行为进行重构,并在此基础上对裁量过程的妥当性进行评价。因此,过程性审查的实质其实是一种探索决定者思维过程的方式,它并不直接代替行政机关作出结论,而是审查行政机关裁量过程中的考量理由,判断结论的妥当性。而"浙临公司案"中,行政机关因为履行了这种合理保护利益的要求而获得法院的胜诉支持;"星睿公司案"中,法院则直接将"考虑和处置"信赖利益作为行政过程中履行相应裁量权的必备要求。法院在这类案件中的基本态度都是行政机关的决定过程未考虑信赖保护要求是"不妥当"的,进而为行政机关设定了"过程中考虑什么才是妥当的"相关要求。这正是过程性审查方式的集中体现。

法院通过这种过程性审查,所能起到的作用已经不仅是从结果层面对行政行为的结论进行实体性审查来确定其是否违反了信赖保护原则这种本身还是一种司法层面的审理工具思维,而是能为行政机关深入行政过程提供助力。通常情况下,法院仅能以行政行为为结果对行政诉讼客体进行审查,这类审查都是以较为封闭的既定标准投射具有高度灵活性的行政活动,因此法院坚守的仍是"要件—效果"的审查方式,对行为结果进行事后的合法性控制。由于无法摄入结果形成的动态过程,因此其对于行政的事中影响无论在形式还是实效上都是有限的。这类案件中,法院通过"过程性审查"能够对行政机关在决策过程中的具体选择提供妥当与否的判断,达成事实上的提前介入,至少能够直接影响行政机关对类似情形的下次选择,从而使法院摆脱只能依托结果进行审查的被动处境,转而深入行政决定过程。

当然,就结果论,信赖保护这种基于过程性审查介入行政过程的价值就绝对数量而言基本与违法性判断要素持平,甚至较后者还有所不足,因此以数量论,二者均非信赖保护在司法审判中的主要价值,而其主要价值则在于作为本案后权益保护得以落实的基础。

(三)权益保护得以落实的基础

对行政诉讼的一个基本认知是:相对人提出诉讼的目的是让自身合法权益得到保护,至于法院是否认定行政机关行为违法或者试图依托个案判决反控行政过程都不是相对人提出行政诉讼的目的,其权益最终得到保护才是最重要的。这也是信赖保护在司法审判中最为重要的价值——法院以信赖保为基础认可相对人向行政机关提出补偿或其他补救措施的权利，相对人基于此判决内容，可于本案之后向行政机关主张权利，虽然信赖保护可能并非认定行政机关违法的认定要件。这种权益保护的基础也分为以下两种类型。

第一，信赖利益本案实现，即信赖保护在本案中与违法性认定要素分离，作为权益保护的基础。如"黄某宇诉襄阳市国土资源局国有土地使用权抵押登记案"中，法院首先以"作出抵押登记行政行为程序违法"为由认定涉案行政机关行为违法，而后以"原告由此产生了信赖利益，所购买的商品房应当获得不动产登记证，其合法权益应当受到《物权法》的保护，应按照法律的规定取得对应的土地使用权"①。这种权益基础认定的前提便是相对人的信赖利益应当获得保护。

第二，信赖利益他案实现，即法院在本案中只处理合法性争议，对于信赖保护的申请则在论述中加以认可，但并未将这种认可转换为"补救措施"等判决内容，相对人仍需通过他案主张权利。如"陈某与长沙市望城区人民政府行政处罚案"中，法院在认可行政机关于本案中行为合法的基础上，对他案信赖保护的主张作出了肯定性认可："原告在当时特定的法制环境和集镇开发的特定历史背景下取得国有土地使用证，其信赖利益应予保护，但系另一法律关系，可以通过其他合法途径解决。"② 事实上，这种思维在诸如招商引资或者涉及征收补偿的案件中大量出现，它本身体现了一种"口惠实不至"的思维，即相对人虽然在法院论证中得到了"权利应保护"的认可，但无法通过本案诉讼得到任何实质性的实体权利保障，仍然需要相对人通过他案诉讼主张权利。

与违法性判断要素和过程性审查相比，法院将信赖保护作为权益落实的基础价值的适用频率在样本中占据了绝对多数地位。但无论是信赖利益的本案实现还是他案实现，当法院采用这种价值取向时，都有赖于行政判决对行政机关产生的拘束力。所谓行政判决的拘束力，是指判决要求与案件相关的行政机关应尊重法院判决的判断内容、按照判决意旨采取行动的效力。③ 王

---

① （2017）鄂 0606 行初 53 号判决书。
② （2014）岳行初字第 00012 号判决书。
③ 王贵松：《行政诉讼判决对行政机关的拘束力》，《清华法学》2017 年第 4 期。

贵松认为，在行政判决的拘束力下，行政机关具有积极面向的重复处理义务，即在行政行为被判决撤销后，行政机关负有按照判决意旨重新审查并作出处理决定的义务。这种观点其实正是信赖保护之下权益得以落实的基础：行政机关应当遵循判决的要求。如果在本案中法院已然认可信赖利益，则行政机关应于后续处理中对此加以保护；而如果本案只是在已有部分对信赖保护的权益基础加以认可，并未要求于本案中加以保护，行政机关同样应当在相对人他案处理中受到该判决理由的拘束，因为拘束力的范围本身遍及判决理由——"拘束力涵盖可推出判决主文的必要的事实认定和法律判断，因而不允许审判官作出与撤销判决的上述认定判断相抵触的认定判断"。而法院关于信赖利益本案与他案保护基础的认定，恰好也位于"法院认为"所代表的理由而非主文。①

这里需要说明的是，这种权益保护的基础不宜被认为一种"补救判决"，虽然在很多情况下法院确实使用了"补救措施"的用法。现实中，确实有学者以信赖保护请求权为基础，试图沟通行政法中的请求权与新《行政诉讼法》第76条和第78条之间的联系。② 这种努力是具有理论洞见的，但其一旦与信赖保护联系便不免出现纰漏，尤其在面对实践时。首先，视线中很多涉及信赖保护的判决，诸如"黄某宇案"，法院虽然基于信赖保护认可了相对人对土地使用权的权利，但正如某些研究者所言，这种做法本身并非基于所谓的"请求权"而更多的是一种依职权的判决。③ 而且，法院在诸多案件中也并未要求采取"补救措施"。其次，在一些案件中，法院虽然认可了补救措施，如"毛某兵案"，但这种补救措施更类似一种非强制性的司法建议，而非判决内容——"舒城县人民政府及其相关职能部门和万佛湖镇人民政府应当正视上诉人的诉求，积极采取补救措施，妥善处理历史遗留问题，回应辖区内居民的信任"，因此其并不能依据行政判决的拘束力获得行

---

① 根据最高人民法院的相关司法解释：判决主文是人民法院就当事人的诉讼请求作出的结论，而判决书中的"本院认为"部分，是人民法院就认定的案件事实和判决理由所做的叙述，其本身并不构成判项的内容。参见《最高人民法院执行工作办公室关于以判决主文或判决理由作为执行依据的请示的复函》（2004）执他字第19号。
② 参见陈思融《论行政诉讼补救判决的请求权基础》，《中外法学》2016年第1期。
③ 参见蒋成旭《论结果除去请求权在行政诉讼中的实现路径》，《中外法学》2018年第6期。

政机关的遵守。最后，以信赖保护作为一种请求权本身并不符合请求权的典型结构：请求权基础的典型构造为："谁的向谁，依据何种法律规范，主张何种权利。"① 这种请求权一般指向能够支持法律关系的一方向另一方行使请求权的法律规范，而这种请求权基础也一般指向实定法规范。但如本书所强调的那样，信赖保护在中国法内的规范基础相当薄弱且不成体系，法院也并不重视规范基础问题，因此在缺乏典型请求权基础的情况下构建信赖保护请求权无疑是有难度的。

三　理论地位与争议：基本原则？

（一）信赖保护的地位争议：规则、原则还是基本原则？

本书在整体概念上根据学界通说选用了"信赖保护原则"，因为关于"信赖保护"究竟是一种行政法原则，还是一种规则，此问题似乎在中国行政法学界并未产生过多疑问。从引进之初，学界便将其视为一种原则适用。在笔者的检索范围内，直到 2004 年石佑启、王贵松才在《行政信赖保护之立法思考》一文中通过比较法的形式将该问题作为一种需要讨论的问题提出："人们通常认为，信赖保护在行政法上具有一般法律原则的地位，甚至具有宪法位阶的效力。近年来的行政程序立法多将信赖保护作为一项法律原则予以规定。或许采取一方面以法律原则的形式对信赖保护作出规定，另一方面又以法律规则的形式在典型的具体行政行为领域将其予以具体化是较为妥当的。"② 但这种学界的通说并不能消弭其本身作为规则抑或原则的争议，甚至石、王二人的论述中，其也承认瑞士和德国等地的立法实际上是将信赖保护作为具体的法律规则存在的，尤其是其将 1976 年《德国联邦行政程序法》第 48 条（违法行政处分的撤销）和第 49 条（合法行政处分的废止）均视为法律规则，而这两条在诸多学者的论述中被冠以"信赖保护原则"，这无疑是吊诡的。

除了原则与规则的性质争议外，中国行政法为数不少的学者在原则之上

---

① 王泽鉴：《法律思维与民法实例：请求权基础理论体系》，中国政法大学出版社 2001 年版，第 50 页。

② 石佑启、王贵松：《行政信赖保护之立法思考》，《当代法学》2004 年第 3 期。

更进一步,将信赖保护视为"行政法基本原则"。这种态度早已有之。早在2000年信赖保护引入初期,一些行政法教科书更是直接将其作为行政法基本原则的内容,其代表便是姜明安的《行政法与行政诉讼法》。该书在其第2版中明确将"信赖保护原则"作为行政法基本原则之一[①],从而修订了其第一版关于行政法基本原则的立场[②]。事实上,笔者检索后发现,信赖保护是否应作为行政法基本原则的争论在2006年之前显露得并不明显,而在2006年之后则出现了两种不同的态度:其一,继承2006年之前的通说态度,认为"信赖保护"是中国行政法的一项独立的基本原则,[③] 与行政合理性原则相区别;其二,并不认为"信赖保护"是一项基本原则,在此之中也分为两种子项表述:一是认为"信赖保护"是行政法的一项法律原则,但是其并不具备独立的基本原则地位,从属于行政合理性原则,是"在行政合法性与行政和理性原则之下的法律原则……可以视为行政法基本原则进一步具体化的法律原则";[④] 二是仅表述其并非行政法基本原则,而未对信赖保护的地位作出界定。[⑤] 但就近年来的趋势看,学界的相关论述,尤其是权威的教科书中已经出现了将其仅作为一种法源意义上的原则而不是行政法基本原则的趋势。典型例证便是2018年出版的《当代中国行政法》一书。在由刘莘撰写的"基本原则"一章中,信赖保护被作为诚信原则的内容组成,也就是说,它并不"指贯穿于行政法之中指导行政法的制定和实施等活动的基本准则"[⑥]。

---

① 参见姜明安主编《行政法与行政诉讼法》(第2版),北京大学出版社、高等教育出版社2001年版,第70页。
② 参见姜明安主编《行政法与行政诉讼法》(第1版),北京大学出版社、高等教育出版社1999年版,第43—54页。
③ 参见姜明安、余凌云主编《行政法》,科学出版社2010年版,第79页;马怀德主编《行政法学》,中国政法大学出版社2007年版,第53页;张树义主编《行政法学》(第2版),北京大学出版社2012年版,第35页。
④ 胡建森、江利红:《行政法学》,中国人民大学出版社2010年版,第73页;同样持此观点的还有罗豪才、湛中乐主编《行政法学》(第3版),北京大学出版社2012年版。一些未明确表达观点的研究者也似有向其靠拢的趋势,例如将与信赖保护具有一定相似性的"反复无常、独断专行"纳入行政合理性原则之子原则——严重不合理原则。
⑤ 参见胡建森《行政法学》(第3版),法律出版社2010年版,第41—57页。
⑥ 参见应松年主编《当代中国行政法》,人民出版社2018年版,第96页。

综上所述，通过学术史的梳理，我们可以得到这样一个结论，即信赖保护作为一种行政法原则基本为学界所公认，基本未有学者在规则原则的规范论层面对其加以质疑，而其作为基本原则的定位则逐渐受到学界的质疑。这种结论本身固然能够支持本书使用的概念，也具有经验主义的正当性，但其并不能为我们深入探讨信赖保护在行政法体系内的地位提供太多助力。因为所谓"原则"乃至基本原则，在本源上终究属于法理学层面的规范论范畴，我们只有在法理学领域对法律原则概念加以解读，才能真正回应上述质疑。

(二) 原则与基本原则：关于法律原则的适用权衡论与诠释论

信赖保护作为一种理论通说意义上的法律原则，它的适用必然需要与法理学世界进行知识上的互通。而在法理学的世界中，关于法律原则适用实际上存在着两种路径，分别是适用权衡论与诠释论。

1. 阿列克西理论下的适用权衡论

目前，我国法理学界关于法律原则如何适用的主流观点是"适用权衡论"，其理论渊源主要来自德国法哲学家罗伯特·阿列克西的法律原则理论。其基本观点是："法律原则是最佳化命令，在处理法律原则的适用时，无论是在法律原则相碰撞的场合，还是在法律规则与法律原则相冲突的情形，最为关键的要点都是'权衡'。"① 在此基本认知下，阿列克西关于法律权衡适用的基本理论在其《法律原则的结构》与《重力公式》两篇文章中得到了较为完整的体现。我们将它们作为基础对适用权衡论加以阐述。

首先，在法律原则的性质上，法律原则是一种最佳化命令，其被要求某事在事实和法律上可能的范围内尽最大可能被实现的规范，这是其作为"原则"与"规则"在性质上最大的不同，后者是一种确定性命令。这就意味着，原则代表着可调节的可能性，而规则代表着确定的决断。如果一种规则是有效的，它就会要求人们不多不少地实现它所规定的内容。但原则的实现并非如此。在所谓"最佳性命题"的语境下，事实与法律的因素同时被强调，但是就其与规则的区分而言，"法律上的可能性"是更为核心的内容。也就是说，它究竟在多大程度上实现"最佳性"，需要"衡量"与其他法律

---

① 王琳：《论法律原则的性质及其适用》，《法制与社会发展》2017年第2期。

要素之间的关系。①

其次，通过"碰撞"解决原则之间的适用争议，这种"碰撞法则"的核心可以被表述为"对某一原则的侵害越大，另一个原则实现的重要性就应当越大"。而处理一个原则与其他原则之间的碰撞法则实际上就是一个纯法律层面运转的狭义比例原则。之所以说"狭义"比例原则，是因为它排除了基于事实的适当性原则和必要性原则——这两者均源于事实，即它们均强调现实效果上的最优可能性，而不是法律规范上的选择，强调在事实上可能的范围内尽最大可能被实现的义务。这本身是帕累托最优理念的一种体现。

专注于法律的权衡法则具体体现为三步：第一步：确认一个原则的不满足程度或受损害程度；第二步：确认相对立之原则被满足的重要性程度；第三步：相对立之原则被满足的重要性是否证成对另一个原则损害或不满足。雷磊曾以公式形式对权衡法则加以概括，即（$p1\ P\ p2$）C。

这里 C 表示系争案件中的各种事实特征的综合情况，$p1$ 与 $p2$ 表示系争案件中相互对立的两个原则，P 表示"优先于"。这个公式所表达的意思是，在条件 C 下，$p1$ 优先于 $p2$。②

最后，在原则与规则的适用上，阿列克西借鉴了拉德布鲁赫公式。拉氏在其《法律上的不法与超法律的法》一文中提出这一著名公式："如果由实证的、透过行政命令或是实力所构建的法，尽管在内容上有不正义或不合目的性时，仍具有优先性。但是，如果实证法律与正义的矛盾，达到'如此的不可忍受的程度'时，使得法律面对争议，已经成为一个不正确的法时，则不再具有次优先性。"③ 阿列克西据此将上述原理转化为解决规则与原则冲突的方法论，它可以被表达为如下权衡公式：（$pP\ [R.p\&R.pf]$）C。

其中，小写的 p 表示胜出的实质性法律原则，大写的 P 代表"优先于"，C 表示系争案件中的各种相关事实的综合情况，R 表示相关规则，$R.p$ 表示支持相关规则 R 的实质性法律原则，$R.pf$ 表示支持规则优先适用的形

---

① 参见［德］罗伯特·阿列克西《法：作为理性的制度化》，雷磊编译，中国法制出版社 2012 年版，第 136 页。

② 雷磊：《法律原则如何适用？——〈法律原则适用中的难题何在〉的线索及其推展》，载舒国滢主编《法学方法论论丛》（第一卷），中国法制出版社 2012 年版，第 236—248 页。

③ 参见陈新民《公法学札记》，法律出版社 2010 年版，第 230 页。

式性法律原则。

2. 道德原则指向的诠释论

如上所言，基于阿列克西原则理论的权衡论是我国法理学界主流的原则适用理论，这种理论也影响了我国行政法学界，即当学者们提及行政法原则或基本原则适用解释司法裁判时，他们的内核依然是适用权衡论——"'借助于具体个案中的法益衡量'被公认为一种可能的权衡方法。通过权衡相关原则所保护的法益，确定优位的法律原则，并尝试对限制条件进行设定。借此过程，裁判者基于法律原则构造了一条新的规则"[①]——这种思维论述本身便是阿列克西"原则生成规则，规则的内容是哪个原则应当优先适用"的体现。但这种权衡论的思维在当下的法理学界正越发受到批判，王琳博士的研究对此具有启发意义。

首先，法律原则不宜作为一种最佳性命令来理解。因为将原则的最佳性实现需要与其他原则权衡作为具体化的方式，而只有为了更重要原则的实现才能够（就可以）克减该原则。但这种逻辑本身在阿列克西的语境下会出现某些荒谬的结论，即为了其他更重要的原则和目的而对该原则的实现进行限制。例如，禁止杀人是对致力于成为杀手的人之职业自由的侵害，国家之所以禁止人们以杀手为职业是因为与对他们的自由的损害相比，杀人会对他人造成更为严重的侵害，因此国家不得不"侵害"或者"牺牲"一些人当杀手的职业自由。[②] 这种基于功利性的外在理由的论证无疑有损于单项法律原则自身独立存在的价值。至少在这种逻辑下，依法行政、正当程序等行政法公认的基石性原则会存在崩塌的危险。

其次，法律原则本身的碰撞其实并非真的存在。相较第一种质疑，对适用权衡论的第二种质疑可能目前尚存在疑问，但可能是更为有力的，因为它直接否定了原则冲突的可能性。这一点的基本出发点源自德沃金关于原则冲突的最新论断——否定道德冲突发生可能性的"价值的统一性"原理。该原则是指我们的伦理与道德价值必然协调一致、相互支撑与相互依赖。[③] 正

---

① 蒋成旭：《基于行政法基本原则裁判的一般方法初探》，《行政法学研究》2015年第5期。
② 王琳：《论法律原则的性质及其适用》，《法制与社会发展》2017年第2期。
③ ［美］罗纳德·德沃金：《刺猬的正义》，周望、徐宗立译，中国政法大学出版社2016年版，第1页。

是在此原理之下，作为原则规则区分论提出者的德沃金改变了其在《法律帝国》《认真对待权利》等前期著作中提出的"不同原则根据个案中具体分量来发挥作用"的论断，因为这种论断本身意味着不同原则之间存在着碰撞和比较的可能性。在其近年来的代表性著作《刺猬的正义》一书中，德沃金认为作为道德原则的不同法律原则之所以会产生所谓的冲突，是因为诸如自由、平等等原则的内涵界定方式带来了冲突的可能性。也就是说，当我们换一种方式去界定原则内涵时，这种冲突是可以被协调处理的。正如研究者所言："道德原则是一个相互支撑的信念网络，当我们发现立法或者判例背后的道德原则是相对抗的，我们可以通过参考更广泛的其他道德原则，来调整对争议中的道德原则之内容的理解，而没有理由认为道德原则本质上就是对抗的。"

最后，法律原则与法律规则本身的冲突也可能并不存在。因为规则与原则的冲突实际上是规则背后生成其的原则与该原则的碰撞，但是根据第二点的论述，基于"价值统一性"原理，共同作为道德原则而存在的法律原则之间并不会存在根本性冲突。

正是基于上述对适用权衡论的批判，诠释论者认为法律原则并非权衡说所理解的最佳化命令，而是规定共同体成员彼此之间基本道德责任的道德原则，公民因此有服从该原则的道德义务；法官在适用法律原则时也并非如权衡说所认为的那样在对相互对抗的价值间作出权衡，而是对法律原则中所包含的诠释性概念进行诠释，以明确其所蕴含的价值本旨和具体要求。正是出于上述论断，当我们跳出法理世界回归行政法基本原则时，会发现相较于适用权衡论，诠释论更符合行政法作为部门法的实际。

3. 对接诠释论的行政法基本原则

基本原则之于单纯的法律原则的不同在于后者虽数量众多，但能被称为基本原则的只是其中的极少数，而且这些原则本身必须具有本质重要意义，方才能被称为基本原则。[①] 由此我们发现，它的价值并非只是适用权衡的一种要素而已，而是具有更为本质的意涵。于中国行政法而言，学者们对行政法基本原则的适用都抱有极高的期待。如在《当代中国行政法》一书中，

---

① 参见吴庚《宪法的解释与适用》，中国台湾三民书局2005年版，第17页。

负责撰写"行政法基本原则"一章的刘莘便认为:"行政法基本原则是实定法和理论的统一,是行政法特有原则和法律共有原则的统一,是指导和规制行政法的立法、执法以及指导或规范行政行为的实施和行政争议处理的基础性规范……体现了公法领域的法治国家内涵。"① 这种界定也得到了姜明安②和章剑生的支持。由此,我们发现,虽然具体论述有所差异,但是中国行政法学界对于"基本原则"的态度都是将其作为对上衔接宪法与法治国家的根本理念、对下能够对具体的制度产生指引的体系性规范,因此行政法基本原则作用的发挥必然需要具有一定的道德价值与纲领意义,因为前者贯穿着一国法治的根本价值取向,是对于行政法治中某些问题的根本性评价。这就意味着基本原则并非单纯的裁判适用要素,而是必须具有一定的道德属性。也正是这种道德属性决定了其纲领性作用的发挥,能够为具体规则的建构与解释提供指引。

因此,我们发现,行政法学界对基本原则的主流态度不同于法理学界对法律原则的主流态度,其作用的发挥并非基于个案适用中被用以与其他原则相互权衡的因子,而是需要赋予整个行政法体系以道德指引。这种要求在很大程度上暗合了"诠释论"的基本价值。也就是说,中国行政法的基本原则是在原则诠释论的基础上发挥作用的。而这种判断也是我们反思信赖保护作为行政法基本原则的理论前提。

(三)信赖保护不是中国行政法的基本原则

本节,我们在实践层面探讨了信赖保护对法院适用的具体价值,而在理论层面也探索了行政法基本原则在法理层面的接续。在此基础上,我们可以作出这样的判断:虽然不乏支持者,且学界基本上也承认信赖保护可以作为一种法律原则存在,但是其并不能作为中国行政法的一种基本原则而存在。理由有二。

第一,信赖保护作为一种法律原则并不能在适用权衡论下得到支持。如上所言,以阿列克西原则理论为代表的适用权衡论中,一种法律原则作为最

---

① 应松年:《当代中国行政法》,人民出版社2018年版,第97页。
② 行政法的基本原则是指贯穿于行政法之中指导行政法的制定和实施等活动的基本准则。它贯穿于行政法具体规范之中,同时又高于行政法的具体规范,体现行政法基本价值观念。

佳化命令，它在具体个案中的最大化实现程度有赖与其他原则进行"权衡"，因此方才有所谓"重力公式"的存在意义。放诸本书，信赖保护如果作为一种权衡论语境下的原则，那么它的适用必然是以权衡法则为基本路径的，但是在作为本章样本的司法实践中并不能支持这种逻辑。首先，从前文的分析中我们可以发现，在多数情况下，法院对信赖保护的适用并不以所谓的权衡为前提，即使在特殊情况下存在着以利益衡量决定信赖利益应被保护的情形，其内在逻辑也是"一旦确定应保护则完全保护信赖利益"，这显然是一种"保护或不保护"的单项选择题，内涵正是规则适用的"全有或全无"模式。其次，在信赖利益如何保护的层面，法院虽然也进行了利益衡量，但在以法定事由为核心的方法选择思维下，关系存续和补救措施依然是二选一的单项选择题。这二者只是不同前提对应下的直接结果，即非法定理由对应存续保护，而是法定理由对应补救措施。因此，衡量之下的补救措施并非最佳化命令的直接体现，而是特定情形的对应后果。最后，法院对信赖保护的适用更多体现的也是"全有或全无"的思维，而非分量论或权衡论。因为如上所言，法院在很多情况下采取的是违法性判定要素与权益保护要素分离的审理方式，权益保护的落实由信赖保护直接赋予权利基础，并不存在衡量。综上所述，在适用权衡论下，信赖保护作为原则地位在司法层面都缺乏基础，更遑论作为基本原则。

　　第二，诠释论下的信赖保护可以作为原则适用，但并不足以作为"基本原则"。诠释论下，信赖保护无须通过构成"最佳性命令"即可获得适用，因为信赖保护被作为原则抑或规则适用与其是否作为规定共同体成员彼此之间基本道德责任的道德原则并不相关。即使其在适用上呈现出"全有或全无"的方式，也无碍其成为承载道德责任的道德原则。而这一点，正是信赖保护得以被理论和规范认定为法律原则的基石：信赖保护的背后是法安定性，承载着社会公众对一个安定的法秩序的向往。正因如此，一个行政决定的撤销或撤回、变更才应当被限制。基于此，我们可以认可信赖保护是蕴含着道德责任的，因此其可以被视为一种法律原则。这也是本书整体上采用"信赖保护原则"这一概念的根本原因。

　　但至少在司法实践中，信赖保护并不足以被称为"具有本质重要意义"，其也难以担当学者们期待的"上接法治国家基本理念，下指引具体实践"的重任。通过前文论述，我们已经可以明确发现法院其实秉承着引入信赖保护的理论初衷，将信赖保护作为权益保护的工具。正是这一点阻却了其成为基本原则的可能，即它不可能涵射整个行政法体系。

首先，从信赖保护被引入中国伊始，中国行政法治的基本话语都是针对行政机关的"依法行政"，是从规范行政机关规范行使立法机关授予其的行政权的角度对行政权予以规制，而非以保护相对人权益为基准。这一点从《法治政府建设实施纲要（2021—2025年）》中亦得到明确体现。该纲要将法治政府建设的总体目标设定为"到2025年，政府行为全面纳入法治轨道，职责明确、依法行政的政府治理体系日益健全，行政执法体制机制基本完善，行政执法质量和效能大幅提升，突发事件应对能力显著增强"。在此之中，主要对象依然是政府层面，因此单纯作为权益保护工具的信赖保护原则注定是与"依法行政"的主流话语体系存在一定隔阂的。其次，中国的信赖保护原则在规范层面并不存在规范政府行为的解释面向。正如第二章所言，中国的信赖保护原则实际上存在着两个层次的解释面向，即第一层面的行政行为撤销限制与第二层次的信赖利益保护。但法院实践中更加重视第二层次而忽略第一层次，至少对于第一层次并未给予压倒性的关注。这也就造成法院并不将信赖保护作为违法性判断的主要理由，而是将其作为权益保护的基础存在。其主要关注还是在具体的权益保护落实的面向，而相对于衔接行政行为实质存续力的第一层次，后者显然更具有功能性而不具有体系性意义。

正是基于以上两点，我们认为信赖保护可以基于诠释论而获得具体适用层面的原则地位，其本身也确实具有一定的基本原则"潜质"。但作为信赖保护最主要的实践场域，法院并不承认其基本原则地位，这极大地损害了信赖保护作为中国行政法基本原则地位的正当性根基，因为无论是原则还是基本原则预设，终究是要在实践中予以验证的。

第四节 小结：中国司法的信赖保护观

以上，我们先后通过三部分的分析对中国信赖保护最关键的场域——司法审判中信赖保护的适用进行了探讨：在第一部分，我们对中国法院对信赖保护原则的适用进行了整体性的统计考察，尤其是对援引主体的胜诉率和信赖基础合法性方面的统计结果进行了分析，已经在整体层面削弱了信赖保护在行政法体系中的地位，将其在整体层面倾向于一种法院适用的、用以保护权益的工具；在第二部分，我们的讨论集中于信赖利益的生成方面，通过3208件裁判文书的研读，总结出生成信赖利益的"信任"与"依赖"两种基本路径，并在此基础上探讨了信赖正当性、案件类型、利益衡量要素等对基本路径产生的"搭积木"式增补作用；在第三部分，在认可信赖利益应当被保护的情况下，我们探讨了法院在具体层面如何保护信赖利益，并在探讨法院如何对待信赖保护的基础上对信赖保护作为行政法基本原则的地位提出质疑。从以上的具体分析中，我们能够在三方面形成中国司法层面的信赖保护观。

首先，法院在适用信赖保护时，以信赖利益为中心构造了两阶层的适用路径，分别是确定存在应当予以保护的信赖利益（阶段一），以及在此基础上确定这种信赖利益应当如何保护（阶段二）。

在阶段一，法院塑造了信任与依赖两种确定信赖利益的适用路径。这两种路径均强调信赖基础的存在价值，但信赖基础与信赖利益之间的发挥在某些类型的案件审理中需要相对人客观处分行为共同发挥作用，这便是"信任路径"的意义。但无论信任路径还是依赖路径，信赖利益的生成都不能仅仅凭借信赖基础而得到证成，它们或者需要相对人客观处分行为以证成信赖，或者信赖基础本身足以形成相对人对信赖利益的权利基础。基于这两种关系，信赖利益与信赖基础之间的关系被紧密衔接，形成法律上直接的因果关系。除了信赖基础与客观处分行为之外，其余的要素，如善意、利益衡量、行政行为类型和行政管理类型，都是特定类型案件中具有特殊功能的要件，其中行政行为类型和行政管理类别的价值在于为特定的案件选择最为恰当的利益判断路径。这也是依赖和信赖路径分别对应行政给付与行政强制类案件的原因。传统中被理论视为必备要件的信赖正当性，其在司法审判中更多的是一种具备特殊功能的隐性论证要件，而非所有案件中的必备；而利益衡量，其在司法审判中的功能则被二分为利益认定与利益保护两种，但在利益认定中，法院并非在所有案件中都作出信赖应被保护的利益衡量。

在阶段二中，法院实际上面对着一个已经被确定的信赖利益如何被具体适用的问题。按照理论和规范要求，应当遵循存续保护到财产补偿的递进式思维，但是法院在实践中实际上将这种递进式要求"降维"化，以"法定事由"对具体保护与补救措施平面区分。但是在具体的适用中，除了基于公共利益，法院进行了粗浅的利益衡量外，对于其他法定事由的适用则较为随机和粗疏。相较于阶段一，阶段二实际上是一个将信赖利益具体化到个人的过程。这一过程实际上也体现了信赖保护在司法实践中的价值，即主要体现为权益保护得以落实的基础工具，而辅之以作为行政行为违法性判断要素，以及作为法院介入行政过程的抓手。但与前者相比，体现后两者的案件数量均相对较少。

通过以上的双阶路径，我们能够勾勒出一条法院适用信赖保护的完整链条，即：

（1）信任路径：（信赖基础正当→）信赖基础→（信赖表现正当→）信赖表现→（利益衡量→）（信赖利益应当被保护→）应保护的信赖利益→存续保护→（法定事项→）补救措施。

（2）依赖路径：（信赖基础正当→）信赖基础→（利益衡量→）（信赖利益应当被保护→）应保护的信赖利益→存续保护→（法定事项→）补救措施。

其次，法院基本上不会将信赖保护作为一种行政法基本原则对待，甚至其作为原则地位的体现亦不甚明显。在适用论层面，信赖保护根本就没有和其他要素衡量的地位。无论是德沃金提出的"综合适用"，还是阿列克西的"按比例适用"，在3208件判决书中，我们基本均未能发现这类所谓衡量适用的实践，信赖保护的适用实际上遵循的基本都是全有或全无的规则适用模式。因此，它如果要获得原则乃至基本原则地位，它只能存在于诠释论下。但如前文所言，即使在诠释论下，其也不能获得法院对其原则地位的认可，更遑论基本原则。究其原因，还在于包含考虑因素在内，法院更多适用的是前文所称的保护补偿条款，而非限制撤销条款，或者对行政行为的合法性产生影响，而后者才能够沟通行政行为实质存续力，从而与行政法体系相联系。法官的这种适用态度使得其与行政法体系的联系被隔断了，也就是说，其很难存在于客观秩序的塑造当中，只是保护个体权利的一种权利基础。照此推论，其根本不能取得学界理论与法条规定中所赋予的"总则性"地位。

最后，信赖保护在实践中已经发生了相当程度的变异，而具体的变异路径则是利益生成层面第三人信赖利益的引入和具体保护层面利益保护方式的转化。无论是在理论中还是规范中，中国行政法内的信赖保护都被预设为以法安定性为基础，以保护相对人权益为主要目的，因此才会有理论层面的递进式保护方式和规范层面的"法定事由"规定。但在实践中，我们发现法官首先在信赖利益的认定方面引入了第三人信赖利益，并将其与"公共利益"对接的做法，却成为维系行政机关决策自由的工具。尤其是"信赖利益的直接公共化"路径，使得第三人个体的信赖利益可以毫无阻碍地直接转变为情况判决下的公共利益，从而赋予行政机关更大的自由度。这种情况在诸如房地产开发、拆迁征收等情况下尤其突出，而这些领域恰恰是政府增加财政收入。提高地方 GDP 的重要工具。可以说，最高人民法院选择切割信赖利益与情况判决之间的联系正是这一情况下的无奈之举，而更为重要的变异则来自法院对信赖利益具体保护方式的选择。在绝大多数案件中，相对人寻求的都是原有法律关系的稳定，但其通过法院判决所得到的最终结果却有近半数未能如愿。法院均以财产等补救措施替代了原有法律关系，而法院对这种替代也缺乏充分的论证，即使是论证相对充分的"公共利益"，其基本逻辑也在于"压制"而非"衡量"。而这种逻辑本身与前文提及的"轻变更限制重权益保护"的规范面向是一脉相承的。经由这种变异，信赖保护的内在逻辑也在相当程度上由"唯有法定事由可以打破原有存续状态且必须采取补救措施"变为"只要予以补救措施便可以打破原有存续状态"。无论是第三人信赖利益的公共化，还是侧重补救措施的保护方式，其实都是这种逻辑的体现，甚至信赖保护的非基本原则定位，其实都与此有关。正是这种逻辑，体现了信赖保护在中国当代行政法中的定位。

第四章 信赖保护原则在中国法中的三重定位

至此，基于探索信赖保护原则在中国法内的作用发挥机制的目的，我们分别以学术史考察、法律分析和判例研读的方式展现了中国行政法视域下信赖保护原则在理论、规范和以法院审判为代表的实践层面的发展，并且在三方面均得出了一些结论。尤其是基于 3208 份裁判文书进行的考察，我们真正深入了信赖保护的具体适用领域，而非单纯的比较法理论探讨或者规范解释，某些结论从实践层面验证了之前学者的某些论断，而更多地触及了之前研究尚未触及或有所偏颇的领域。我们对这三者的研究，最终需要落脚到对信赖保护原则在中国行政法中的定位上。结合前文研究，我们可以从以下视角观察信赖保护原则：第一，形式意义的信赖保护原则在中国行政法中应如何定位？第二，当上述形式意义的信赖保护原则面对与其相关的合法预期以及诚实信用概念时，其具有何种意义，进而在三者比较中明晰信赖保护原则在相关概念体系中的定位；第三，学界目前正在讨论《行政法总则》，这是对中国行政法概念的一次重新整合，那么信赖保护原则在此之中应当具有何种定位呢？

第一节 信赖保护原则的现实定位

一 信赖保护原则的行政法定位

总而论之，在本书论述场域内，中国行政法中的信赖保护可基于诠释论而具有道德责任，进而具有行政法原则地位，但是其并不能作为中国行政法的基本原则，其原则地位的发挥也逐渐偏向于依赖作为司法机关个案审判中保护权益的工具。这种定位，是中国行政法中所有形式化信赖保护原则的落脚点，也是之后所有其他定位的基础。只有明晰了这种定位，我们才能将其升格在宪法领域讨论，也才能与合法预期与诚实信用加以比较，同时为行政法总则提供必要的理论材料。而这种定位本身的确立，是建立在我们在前文所探讨的中国行政法内信赖保护存在的理论、规范与实践的三重错位基础上的。

所谓第一重错位，即理论与规范之间的错位。这种错位存在于规制目的层面。如前文所言，中国学者虽然都承认比较法意义上信赖保护的理论渊源为法安定性原则，但在中国法层面却基本上将"保护相对人合法权益"作为根本目的。虽然其在制度层面较为完善地引入了要件化体系和递进化的保护方式，但理论框架和时代背景之间存在一定错位。当其与规范相交时，这种错位便被放大。在"依法治国"与加入 WTO 的双重影响下，中国政府的根本目的在于规范行政权的运作，要求一切权力在法治轨道下运转。在此之下，包括《行政许可法》在内的立法行为的核心都集中在监督和规范行政机关依法行政之上，维护政府行为所建立的法秩序的稳定当然也是其重要部分。但这就与信赖保护原则的理论层面以权益保护为主的引入目的产生了错位，正是这种错位，使得《行政许可法》的颁布对学者的论述产生了影响。这种错位最为直接的体现便是在信赖保护的双重规范——撤销限制与撤销后权益保护上，后者的效用与被接受程度相对而言优于前者，并逐渐成为信赖保护条款的核心。但这种相对人面向的规范却可能导致其与整体的立法趋势错位。

所谓第二重错位，即规范与实践之间的错位。这种错位在于立法目的与实践选择方面，如第一部分所言，作为以规范行政权为导向的立法体系中的一环，体系化下信赖保护条款的初衷必然是限制并规范行政机关对行政行为的撤销或撤回行为，也就是我们所说的第一个规范层次。《行政许可法》和地方部分的行政程序规范与优化营商环境规范的内容本质上也是这种要求的体现。但在第三章中，我们已经通过非常详尽的分析说明，实践中落实较好，也是法院更愿意采用的实际上是第二层次的权利保护规范。更为重要的是，通过法院裁判文书的事实部分，我们能够发现，行政机关对于信赖保护并未加以重视，相较而言，某些行政机关尚能在撤销或撤回时考虑到相对人的信赖利益保护，但撤销或撤回的行为本身却是必然要实施的行为，信赖保护对其并未起到规范预设的限制作用，由此，便生成了规范目的与实践适用的错位。

所谓第三重错位，即理论与实践之间的错位。这种错位在于理论引入目的与实践适用变异的方面。实际上，即使是权益保护优先，理论界也将规范行政权力视为不可缺少的目的与必然的手段，因为保权很大程度上由控权决定，因此，保权与限权是理论不可缺少的底色。但实际上，如我们在第三章所阐述的那样，作为裁判者的法院在适用信赖保护原则时，也在相当比例上通过保护第三人信赖利益、信赖利益公共化、情况判决、公共利益形式衡量、法定事由论证模糊化等多重方式将"保护信赖利益"作为维护政府决策的工具，或者更准确来说，是以权益保护补全行政决策程序，以"用钱买平安"的方式减少决策的后续成本。当然，在此我们不能否认法院用信赖保护确实对相对人权益提供了一定的补救效果，但是这在适用上只能作为次要目的存在，而这可能也是法院针对不动产征收、招商引资等涉及地方重大发展事项介入的极限。

因此，正是以上理论、规范与实践的三重错位，信赖保护原则形成了本节一开始的定位，这种定位也使得中国法域内的信赖保护原则虽然名为"原则"，但实际上其具有相当浓厚的权益保护工具色彩，其基于诠释论而获得的"道德责任"意涵相应地被大幅削减。因此，当下的信赖保护原则在相当程度上已经无法实现理论和规范对其的目的预设，也难以如域外模板一般对整体的行政法治或者规范行政产生根本性影响。这种局面对信赖保护的研究者而言无疑是尴尬的。

二 信赖保护原则的宪法定位

所谓"宪法消逝，行政法长存"，如果一种体现道德责任的行政法"原则"缺乏与宪法规范的联系，那么无疑是存在致命伤的。在德国法中，信赖保护先后通过社会法治国原则与公民基本权利建立了与《基本法》规范的联系（第20条第1款、第28条第1款、第14条第1款、《基本法》第12条第1款、《基本法》第2条第1款等），从而使信赖保护原则从需要类推适用私法诚实信用原则实现了宪法原则的确认。这也是德国信赖保护原则与中国信赖保护原则最大的不同。尽管学界已经进行了 20 年的研究，但就信赖保护与中国宪法规范之间的联系一直缺乏体系性的论述。而就本书发现的规范基础而言，它们也都散见于行政法的具体规范内，尚未形成与宪法的联系。如果进行类比的话，其更类似德国情境下的第一阶段，即类推适用私法诚实信用阶段。我们在 3208 件裁判文书中也未能发现法官将宪法规范与信赖保护相联系的解释方法，因此尚无法从现有的规范基础上推导出信赖保护的宪法根基，只能通过解释既有宪法规范为信赖保护原则在未来寻求可能的宪法解释学根基。而且宪法性的要求通常也需要依靠对宪法规范本身的解释来确认。

（一）信赖保护如何面对宪法规范：主观权利还是客观秩序

1. 主观权利的限度

在第三章的实践考察中，信赖保护在实践中最为重要的价值便是作为相对人实现权利保护的基础，中国学者亦将保护相对人合法权益作为引入信赖保护的主要目的。因此，信赖保护最有可能的宪法规范根基无疑是与基本权利相联系，作为最典型的基本权利意义上的主观请求权。基本权利作为主观权利，其赋予了每个公民在面对国家公权力侵犯时要求其停止侵害、排除妨害、保持克制的公法请求权。它可以在国家不履行义务时主动向国家挑战。同时，当公民的主观权利遭受侵害时，均可以向法院诉请保护。[①] 在这种界定下，如果某项基本权利涵摄下的信赖利益受损，权利人可以依据相应的基本权利向国家或者法院主张权益。据此，本书案例中的主观权利的权能基本可做如下划分：一是要求公权力不侵害信赖利益，即防御权。如"中环保水务公司案"中，相对人要求行政机关不得收回其已获得的行政许可，而基本上所有的财产性既得利益保护均可对接《中华人民共和国宪法》（以下简称《宪法》）第 12 条财产权保护条款。二是要求公权力履行信赖利益的给付义务，即给付权。如在社保类行政给付案件中，权利人可据此要求行政机关履行给付社保金等行政机关给付义务，而其对接的基本权利应为获得《宪法》第 45 条物质帮助权。

---

① 赵宏：《作为客观价值的基本权利及其问题》，《政法论坛》2011 年第 3 期。

但除了财产性既得权与社保给付权这两类外，其余案件在请求权意义上可能并不能得到充分的支持。如作为本书缘起的"武鸣准生证事件"，如果我们将行政机关撤销准生证的行为解释为侵犯信赖利益，进而主张侵犯生育权，[①] 那么基于信赖利益的生成逻辑，生育权的生成便源于政府发放《准生证》的行为，从而不具有基本权利地位，这种结论无疑是荒谬的。这种基本权利与信赖保护之间的联系也远不如财产权与获得物质帮助权受到信赖利益侵犯对接的宪法权益受损紧密。除了这种对国家的不为或应为请求权外，本书案例也显示出我国法院基本不认可权利人可以凭借信赖利益受损而提起诉讼，这从另一方面封死了主观权利在提起救济层面的解释路径，至少是设定了相当的障碍，因此主观权利方面的努力到此为止。但这并不意味着我们联系信赖保护与宪法规范的努力的终结，因为基本权利不仅有主观权利面向，还具有客观秩序面向。

2. 基本权利客观秩序的功能

基本权利的客观秩序理论源于德国。在德国公法中，基本权利除了被认为在"个人向国家主张"的意义上是一种主观权利外，还被认为是德国基本法所确立的"客观价值秩序"。公权力必须自觉遵守这一价值秩序，尽一切可能去创造和维持有利于基本权利实现的条件。在这种意义上，基本权利又是直接约束公权力的"客观规范"或者"客观法"。[②] 该判决的确立源于1958年德国"吕特案"判决。德国联邦宪法法院在本案中表示："然而，同样正确的是，基本法无意构造一个价值中立的体系。基本法的基本权利一章建立了一个客观价值秩序，这个价值秩序极大地强化了基本权利的实效性。这一价值秩序以社会团体中的人类的人性尊严和个性发展为核心，应当被看作宪法的基本决定而对所有的法领域产生影响。立法、行政和司法都应该从这一价值秩序中获得行为准绳与驱动力。"[③] 基于基本权利的这种客观秩序

---

① 虽然我国宪法并未明示生育权，但有学者认为根据对《宪法》第49条第1、2款规定，"婚姻、家庭、母亲和儿童受国家的保护。夫妻有实行计划生育的义务"的解释，是可以推导出生育权在我国宪法中的存在。笔者对此表示认同。详见秦奥蕾《生育权、"计划生育"的宪法规定与合宪性转型》，《政法论坛》2016年第5期。

② 参见张翔《基本权利的双重性质》，《法学研究》2005年第3期。

③ 张翔主编：《德国宪法案例选释》（第1辑），法律出版社2012年版，第25—26页。

面向,虽然权利人在多数案件中无法直接通过主张信赖利益受损而向国家主张防御和给付请求权,但是基本权利却可以要求政府在履行职能时必须保障基本权益,充分的补救措施显然也可以作为一种保障方式,法治国家原则亦可基于国家对客观秩序的作用义务而发挥效用,从而构建信赖保护与宪法规范的联系。

(二) 三层次解释:法治国家、客观秩序与特定主观权利

在第一部分论证成立的前提下,本部分将尝试为信赖保护与宪法规范之间构建具体的联系,即以法治国家条款对接以限制行政机关任意撤销或撤回行政行为为内容的信赖保护第一条款,以基本权利规范的客观秩序属性对接以补救措施为核心的信赖保护第二条款,在以上两种具有普遍适用效力的链接外,以财产权和物质帮助权对财产性既得利益与人社类行政给付赋予主观权利地位。

第一,以法治国家条款作为行政机关撤销或撤回行政行为限制的宪法基础。《宪法》第5条第1款规定:"中华人民共和国实行依法治国,建设社会主义法治国家。"正如我们在前文分析的,当下中国的"法治国家"的根本着力点在规范政府行为,限制政府对行政权的滥用,落脚点在于防止行政越权,简言之,便是防止行政的恣意。正所谓"在社会主义法治国家的概念中,法治处于中间位置,承前,'法治'被限定于社会主义的性质;启后,'法治'用来限定和规制国家"[1],其中自然包括作为法治基本原则的法安定性原则。作为中国信赖保护条款的第一层,信赖保护原则秉承法安定性原则,要求行政机关不得擅自撤销、撤回或变更已经作出的行政行为,从而保证行政行为塑造的法秩序得以稳定,而这种理念实际上正是法治国家要求的体现,因此其可以从《宪法》中的法治国家条款得到宪法规范的加持,并以此作为所有行为的普遍性要求。而法治国家条款作为"总纲"条款,其对整个宪法体系起着原则性统率作用,这也在某种程度上符合理论的预设与《行政许可法》的规范意涵。

第二,以各项基本权利的客观秩序属性作为涉及信赖保护的普遍要求。

---

[1] 张震:《"社会主义法治国家"的名与实——以现行宪法文本为分析路径》,《北方法学》2014年第5期。

《宪法》在第二章规定了平等权、政治权利和精神文化活动的自由等多项基本权利，而这些权利在现有涉及信赖利益的 3208 件样本文书中其实并未涉及，甚至绝大多数基本权利在现阶段均未在具体层面涉及信赖保护的问题，但这并不意味着其将来也会与信赖保护绝缘。实际上，在当下的案例中已经出现了与平等对待相关的案件。如大量以"审查一致原则"为导火线的知产纠纷和一般纠纷中的"王某娟与南通市人力资源和社会保障局行政撤销、行政批准案"①。而一旦出现对信赖利益的侵害涉及基本权利，那么基于基本权利的客观秩序属性，行政机关便应当创造和维持有利于基本权利实现的条件，肩负起保护基本权利的义务。正因为如此，如果必须撤销或变更涉及基本权利的信赖利益，也就是说，需要打破法治国家条款的要求，那么必须具有法定理由和法定程序。更为重要，也是决定性的要求是，必须施加补救措施以保护信赖利益，进而保护基本权利。而因为基本权利的要求，在补救措施的选择上必须具有与原行为基本等值的效力，不得对基本权利有过度的减损。

第三，以财产权和物质帮助权赋予财产性既得利益与人社类行政给付主权权利地位。如上所言，当下并非所有的信赖利益均无法在基本权利层面获得主观权利地位，财产性既得权和人社类行政给付便是特例。正因为如此，权利人在这两类权利类型上可以获得三层宪法规范的保护，即法治国家条款、基本权利客观秩序，以及基本权利的主观请求权属性。

首先，《宪法》第 13 条第 2 款和第 3 款规定："国家依照法律规定保护公民的私有财产权和继承权。国家为了公共利益的需要，可以依照法律规定对公民的私有财产实行征收或者征用并给予补偿。"虽然该条第 1 款规定"公民合法的私有财产不受侵犯"，看似排除了基于违法的信赖基础取得的既得财产权的保护，但第 2 款中"国家依照法律规定保护公民私有财产权"却为信赖保护提供了解释空间：在当下，我们可以依据《行政许可法》、地方行政程序规定，以及实践中存在的善意取得等其他规范基础实现对既得财产权的保护。这其中便涵盖了违法私有财产的保护空间。如果将来的行政法总则对这一点加以明确，即使违法的信赖利益亦可满足"通过法律实现保

---

① 参见（2017）苏 06 行初 179 号判决书。

护"的宪法规范要求。另外，虽然基于"征收、征用"的既定概念含义，我们只能将其局限在行政征收类案件中以保护既得财产权，但信赖保护补救措施的规定实际上与征收补偿一脉相承。实际上，正如上所言，现阶段的许多征收案件中，公民正是以信赖利益补偿不到位为由向法院起诉，而实践中，政府在补偿时是否考虑了信赖利益也是法院审查此类案件的关注点之一。[1]

其次，《宪法》第45条第1款规定："中华人民共和国公民在年老、疾病或者丧失劳动能力的情况下，有从国家和社会获得物质帮助的权利。国家发展为公民享受这些权利所需要的社会保险、社会救济和医疗卫生事业。"该条实际上是关于物质帮助权的规定。所谓"物质帮助权"，即以年老、疾病或者丧失劳动能力的公民、退休人员、残疾军人、烈士家属、军人家属、残疾人为权利主体；以国家和社会为义务主体；以不含精神给付在内的包括实物的给付与资金的给付为实现方式。[2] 相对于财产权的防御性质，人社领域的行政给付一般要求国家积极实现对权利人的给付。而在第三章的分析中，我们也可以发现，实践中这类案件权利人一般基于行政机关已经确认的信赖基础，如退休年限认定等，要求政府发放相应的退休金，权利人亦可以行政机关怠于发放为由向法院起诉。因此，这种对信赖利益的保护请求权实际上具有主观权利性质，亦可视为宪法物质帮助权的具体实现。

第二节　信赖保护原则的概念体系定位：比较合法预期与诚实信用

在完成形式层面信赖保护原则的定位梳理后，我们在理论上仍需要面对两个无法跳过的障碍：源于普通法的合法预期理论和源于民法的诚实信用原则。它们在信赖保护被引入中国之初便与之相伴而生，而在多年后，在撰写

---

[1] 如"湖南省富华水电有限公司诉湖南省人民政府行政征收案"中，法院便认为："涉案富华电站的形成具有特殊的历史、政策、行政管理等诸多方面因素，应按照尊重历史、照顾现实的处理原则，对行政相对人的信赖利益予以适度保护，本案中被告实际上也不是按照违法水工程对富华电站进行处理的。"参见（2016）湘行终756号判决书。

[2] 黄锴：《论作为国家义务的社会救助》，《河北法学》2018年第10期。

信赖保护原则的论文时,其与合法预期与诚实信用之间的关系依然属于必备要件;更为重要的是,虽然一直以来无论是信赖保护的坚守者还是合法预期与诚实信用的持论者均试图厘清三种理论之间的关系,他们的尝试均取得了令人振奋的结果,但是以下事实足以说明,就结果层面论,学者们在这方面的尝试依然前路漫漫。中国行政法学者,尤其是具有英国法背景的学者对其一直兴趣不减。从2003年的余凌云,再到2016年的黄学贤,研究者都希望中国行政法能够引入合法预期概念。但现实中,这种希望似乎只是学者们论著中的"文字":立法者对《行政许可法》第8条与第69条进行释义时均将其界定为"信赖保护原则",[1] 而法院更是坚守着信赖保护的话语体系。考虑到学界目前普遍将信赖保护与合法预期相区分的态度,"legitimate expectation"的话语体系至少在形式上的实定法层面并未被接受;至于诚实信用原则,它与信赖保护之间的关系到底是区分抑或包含,其实一直如"薛定谔的猫"一般随机与神秘。而这三者之间略显混乱的关系使得信赖保护原则在概念体系层面一直未能得到准确的定位。因此,我们需要站在前辈学人的基础上,结合司法判例,对这三者加以分解与注释,并在此基础上结合前文已经完成的实定法条文注释与司法判例,实现中国当下的信赖保护体系整合。

一 中国行政法还需要"合法预期理论"吗?

1969年,丹宁勋爵(Lord Denning)为行政法引入合法预期概念,意在将自然正义适用的决定范围延伸至那些个人虽无获益之法定权利,却又期待维系其对已被允许之利益的情形。经多年演变,其内核可做如下表示:当公民或其他主体对公权力主体以何种方式履行裁量权存在"合法预期"时,若其"预期"落空便有资格请求法律保护。普通法世界中,该理论还在发展之中,尚有许多问题悬而未决,而自21世纪初以来,中国行政法学者,尤其是具有英国法背景的学者对其一直兴趣不减。无论只是更好的翻译方法[2],还是为中国行政法提供不同于信赖保护的视角与经验[3],抑或为公民、

---

[1] 参见汪永清主编《中华人民共和国行政许可法释义》,中国法制出版社2003年版,第22页。
[2] 参见张兴祥《行政法合法预期保护原则研究》,北京大学出版社2006年版,第15页。
[3] 参见陈海萍《行政相对人合法预期保护之研究——以行政规范性文件的变更为视角》,法律出版社2012年版,第17—21页。

法人或者其他组织的合法权益提供范围更大、程度更深的保护①，研究者都希望中国行政法能够引入"合法预期"概念。但如前文所言，现实中这种希望似乎只是学者们论著中的"文字"，但我们同样应当注意到，"西法东渐"的过程中，语词发生"名实分离"的现象不胜枚举，尤其是在强调"中国化"的当下。因此，立法者与法官在实践中使用"信赖保护"并不意味着中国法接纳了德语"Vertrauensschutz"而排斥英语"legitimate expectation"的概念体系，我们需要探求的是概念对实践产生的实质影响力而非形式名称。但是在时空跨度下，在一个国家法的体系中并行存在着两种形式上相似的概念，而且这两种概念之间的关系竟然未能厘清，这不仅是理论的尴尬，对实践而言也绝非幸事。在信赖保护已经被法院普遍采纳的情况下，本节论述的根本目的实际为回答一个问题：中国法中还需要"合法预期理论"吗？

(一) 走向精准化的普通法世界"合法预期理论"

1. 从韦德《行政法》到福赛《行政法》：普通法变革中的合法预期

对中国的普通法，尤其是英国法研究者而言，可能没有比威廉·韦德所著《行政法》更为知名的，甚至其最新译本的主要译者骆梅英在"译后记"中将其称为"读行政法的，没有不知道韦德《行政法》"。而在韦德之后，剑桥大学公法与国际私法教授克里斯托弗·福赛加入了这本书的撰写，并为其在诸多方面注入了新的生机，其中之一便是"合法预期"的纳入。在由徐炳等以第 6 版为基础翻译的《行政法》中，第 15 章第 6 节与第 7 节分别为"公平受审——概要"和"公平受审——特殊情况"；② 而在由骆梅英等以第 10 版为基础翻译的《行政法》中，在上述两节中加入了"合法预期"一节，③ 从而将合法预期作为自然正义的必然体现——"自然正义诸原则使用的经典情形是某些法律权利、自由或利益受影响的时候……但良好行政在除此之外的其他一些情形下也要

---

① 参见黄学贤《行政法中合法预期保护的理论研究与实践发展》，《政治与法律》2016 年第 9 期。
② 参见［英］威廉·韦德《行政法》，徐炳等译，中国大百科全书出版社 1997 年版，第 2 页。
③ 骆梅英的译本将"legitimate expectation"统一翻译为"正当预期"，但本书为了概念的统一性，采用余凌云教授的译法，即"合法预期"，特此说明。

求自然正义。"① 对比本节内容和福赛 2011 年 "Legitimate Expectations Revisited" 一文，可以发现后者的许多理念在本书中得到了体现，如"实体性保护一般需要该承诺仅对一小群体作出（如住在疗养院的人）；对一大群体（如犯人们）的一般性政策声明通常不能进行实体性保护"。因此，我们可以认为，至少在合法预期方面，韦德的《行政法》已经转变为福赛的《行政法》，合法预期经过两代行政法学家的岁月洗礼，最终被写入了主流教科书。而在合法预期背后，是不断变化的普通法世界。

普通法国家通过法律原则被组合在一起，普通法是父母，影响着殖民地国家，但是后发国家终会在不同程度上摆脱普通法的影响，就像孩子终会离家。② 在这种现实面前，枢密院也承认普通法不是铁板一块的整体，各国可背离英国发展自己的普通法。库克（Cooke）法官则认为是普通法更少英国的味道了，在他看来，此中意味并不是英联邦国家的法院背离了普通法，而是英国法院失去了对普通法的控制，即其失去了大英帝国过去的"领土"。其他国家的法院不采用英国原则会对一种可能性引发关注：不同法律体系可以采用不同的原则，而英国法院只是变化的承受者而非发起者。在一些论者看来，近年来普通法的变革明显偏离了"允许法院宣布立法无效"的权利保护模式。各国都在整合人权保护工具，其中通行的理念是："通过授权立法机关具有最后决定权而从最高人民法院分离司法审查。"该问题实际上涉及终极决策权的分配问题，因此也是普通法宪政的核心议题。③ 在此之下，英国似乎成了唯一还在跟随美国模式的国家。正是在普通法世界的不断演化中，域外学者当下对合法预期的关注并非对英国路径的背离，而是关注合法预期在普通法中的不同路径，并从中不断锻造精准的内核，使之不湮灭在"良好行政""自然正义"等理论的海洋中迷失自我。

---

① [英] 威廉·韦德、克里斯托弗·福赛：《行政法》，骆梅英等译，中国人民大学出版社 2019 年版，第 403 页。
② Matthew Groves, "The Legitimate Expectation as an Instrument and Illustration of Common Law Change", in Matthew Groves, Greg Weeks, *Legitimate Expectations in the Common Law World*, London: Hart Publishing Company, 2017, p.106.
③ 李红海：《当代英国宪政思潮中的普通法宪政主义》，《华东政法大学学报》2015 年第 1 期。

2. 合法预期理论的基本框架：内容、渊源、保护条件以及保护方式

面对1969年以后汗牛充栋的论述，学者总结后将英国法世界的合法预期争议集中于四个领域，并以其为基础形成合法预期概念框架，即内容、渊源、保护条件以及保护方式。[1]

首先，内容，即合法预期的保护对象。合法预期旨在保护个体对行政行为而产生的预期的信任（confidence）。[2] 而实质争议中的"对预期的信任"一般都会客观化为"预期利益"，因此，合法预期的内容实际上是预期利益。作为对比，预期利益一般在与"信赖利益"的比较中体现其特性，即信赖利益保护被用来反映一些由于未能考虑信赖的事实而产生的损失，而预期利益所反映的是可从已进行的行为中获益的合法预期。[3] 虽然该分类源自民法，学者却依然承认其可以作为界定"预期利益"的基础。[4] 但需要注意的是，在公法中预期利益要转变为"可为合法预期保护的利益"必须存在着信赖的因素。当信赖不存在而仅有"纯粹预期利益"时，该预期利益保护仅在不妨碍政策变更时方有保护的可能性，其是一种例外。[5] 但信赖与"被保护的预期利益"之间的关系也存在争议。希曼（Schiemann）法官在曼尼克·比比（Bibi）案中就指出，"信赖在大多数案件中可能是相关的，但并不是根本的"[6]。而法院在拉希德（Rasid）案中对根本不知道被诉政策的相对人予以保护更是冲击了"信赖"的必要性。[7]

其次，渊源问题。很长时间里，"自然正义"一直是英国公法学界回答"为什么要保护合法预期"这一问题的经典答案，中国学者对此也萧规曹

---

[1] See Farrah Ahmed and Adam Perry, "The Coherence of the Doctrine of Legitimate Expectations", *Cambridge Law Journal*, Vol. 73, No. 1, 2014, p. 62.

[2] See Alicia Elias-Roberts, "A Comparative Analysis of the UK and Commonwealth Caribbean Approach towards Legitimate Expectation", *Comm L. B.*, Vol. 39, No. 1, 2013, p. 143.

[3] See L. L. Fuller & E. R. Perdue, "The Reliance Interest in Contract Damages", *Yale L. J*, Vol. 46, No. 1, 1936, pp. 52, 373.

[4] 参见陈海萍《行政相对人合法预期保护之研究》，法律出版社2012年版，第40页。

[5] Daphne Barak-Erez, "The Doctrine of Legitimate Expectations and the Distinction between the Reliance and Expectation Interests", *European Public Law*, Vol. 11, No. 4, 2005, p. 601.

[6] See R (Bibi) v Newham LBC [2002] 1 W. L. R. 237 [28].

[7] See R (Rashid) v Home Secretary [2005] EWCA Civ 744.

随，未投入过多精力。① 但自然正义适用的传统情境是某些法定权利、自由和利益受到影响，而合法预期理论经常涉及那些自身不会吸引法律保护的利益，② 合法预期实际上拓展了传统自然正义的适用范围。因此，之前自然正义情境下广泛适用的公平、防止权力滥用等概念加诸合法预期，不仅使合法预期的概念日益泛化，造成其独立性的湮没，甚至成为司法不当介入行政的工具。因此，越来越多的学者主张寻找精确的合法预期适用的条件，而不能直接从渊源中寻求答案。③

再次，保护条件。某种程度上，保护条件的存在正是为将合法预期的适用精细化，从而为作为预期来源的政策、惯例和允诺三者寻求一个协调的逻辑。相较于信赖保护规整的要件化适用，合法预期在此方面略显零散，但我们依然能从以下方面对其要点加以提炼。

第一，与信赖保护不同的是，合法预期的实践并不要求信赖因素的存在。其理由在于法院如果基于相对人是否已经了解政策来进行干涉会造成严重的不公平。虽然福赛等学者对此提出批评，认为政策的一贯性不应是合法预期的特性，也会加剧合法预期的泛化，却也无法阻挡这一模式在很多案件中被适用，④ 更被中国学者作为引入合法预期的理由之一。

第二，合法预期的保护强调"意思表示"（representation）的重要性，即借由公权力主体关于它未来行为的意思表示而形成，允诺、政策与惯例都是其意图表示的特殊方式，通过判断行政机关是否作出过这种表示，以及这一表示是否应当被遵守，判断预期是否应当被保护，埃利奥特将其称为"表示理由"（representation account）。⑤ 在此之下，当表示在法定权限内时，法

---

① 仅陈海萍与余凌云在介绍英国法发展时做了一定阐述。参见陈海萍《英国行政法上合法预期原则的最新发展》，《环球法律评论》2014 年第 5 期；余凌云《英国行政法上合法预期的起源与发展》，《环球法律评论》2011 年第 4 期。

② See C. F. Forsyth, H. W. R. Wade, *Administrative Law*, Oxford: Oxford University Press, 2009, p. 446.

③ Paul Reynolds, "Legitimate Expectations and the Protection of Trust in Public Officials", *Public Law*, Vol. 2011, 2011, p. 330.

④ See Paul Craig, *Administrative Law*, 7th edn, London: Sweet & Maxwell, 2012, p. 696.

⑤ See Mark Elliott, "Legitimate Expectations: Procedure, Substance, Policy and Proportionality", *Cambridge Law Journal*, Vol. 65, No. 2, 2006, pp. 254, 255.

院判定一个预期是否合法合理最重要的考虑因素是表示的本质,一个清晰明确地表示会为请求提供最强有力的支撑。因此,当一个公权力主体作出一项承诺或采用一个惯例来表示它将在特定范畴内如何行为时,该承诺或惯例便会被尊重,除非有一个好的理由来支持不这样做。法定权限外合法预期适用的核心则是表见代理的问题,如果形成决定的表示是公务员在行政机关的权限之外作出的,或者是在行政机关的权限范围内但不能由某些公务员作出,那么原则上行政机关不受此表示的约束,也不会产生合法预期的保护。但需要强调的是,无论是不是法定权限内作出表示,英国法判例均强调公共利益与个体利益之间的衡平对合法预期的价值。曼尼克·比比案正是考虑到第三人的利益而由行政而非司法作出最终的处理决定。即使是在法定权限外,如果认可该表示对公共利益造成的损害确实小于不认可该表示对相对人造成的损害的话,则可以认可。而在此基础上,中国学人也提出了自己的条件框架:(1) 行政机关清晰无误的意思表示。(2) 行政机关有权作出上述意思表示。(3) 使相对人产生合理预期。(4) 相对人的预期利益、信赖利益受损,或者遭遇困难、窘迫或不便。[①] 此外,由于"表示理由"不能涵盖惯例案件与所有的政策类案件,近来有学者试图引入哈特承认规则理论,通过"外在客观上在特定群体内成为一种行为模式 + 该群体内的成员必须将该行为模式作为其行为指引和实施的标准"的社会规则体系,认定当一个公权力主体使其自身受一个非法定形式但目的导向的规则约束时,合法预期就会生成,但这一"寻找社会规则"的条件模型是否能够替代"表示理由"仍有待检验。

最后,保护方式。以"考夫兰(Coughlan)案"[②]为分界,英国法合法预期经历了从决定前程序保护为主要保护方式到程序性与实体性保护方式并立的格局。程序保护相对简单,一般要求给予允诺过或惯例中的听证,且其亦可用以保护实体性预期。实体性保护则相对复杂,其实体保护通常只针对小部分群体,而对一大群人作出的意思表示并不适用。[③] 具体救济方式则有以下两类:第一类是法院针对违反承诺的行为进行实体性阻止,如考夫兰

[①] 余凌云:《行政法上合法预期之保护》,清华大学出版社2012年版,第24—28页。
[②] See R. v. North and East Devon H A ex p. Coughlan [2001] QB 213.
[③] Christopher Forsyth, "Legitimate Expectations Revisited", *Judicial Review*, Vol. 6, No. 4, 2011, p. 436.

案；第二类则要求行政机关进行"审慎考量"。如在"哈格里弗斯（Hargreaves）案"中，虽然并无特别要求，但行政机关依然被要求在作出变更前在头脑中考虑之前的政策或表示，给予其他认为合适的分量，并在事后接受温斯伯里（Wednesbury）规则审查。① 而更为重要的是事后的"审慎考量"，如曼尼克·比比案中，法院并没有直接要求行政机关提供有保障性的住所，而是将本案移送回行政机关并对其施加了一种义务，要求它基于申请者已有的合法预期来考量申请者的住房申请。拉希德案则限定了考量结果，法院在执行先前政策不可能时，直接要求行政机关行使裁量权，让当事人获得差不多的预期结果。而对大洋彼岸的中国学人而言，由于信赖保护原则已在中国构建了实体性保护，故合法预期的实体保护对中国法而言并非"凿空"，而是"范围更广、程度更深"的量变，程序保护才是合法预期与信赖保护的重要区别，② 也是引入合法预期理由之一。③

3. 合法预期的变革之道：寻找核心要件

通过上述分析，我们可以发现当下关注合法预期的普通法学者的核心意图都在于寻找"真正的合法预期"，即剥离附加在其身上的种种深刻理论，诸如公平、权力滥用。这些理论使得合法预期的边界难以划定，使合法预期有融于上述原则的危险，而合法预期的变革之道就是消除这些看似精深实则却消弭其独立内涵的理论，确立合法预期的独立性。于结果层面，学者们的变革之道都主张合法预期应该更为明确且内部应该协调，不使之为法官个案意志影响而野蛮生长。它们都遵循着两个成对的假设：合法预期的整体理论缺乏协调性，但是如果适当改进和修正的话就能变得协调。不同之处仅在于具体路径：少部分学者，如保罗·戴利（Paul Daly）主张能够互补的多元关系，因为不同的合法预期案件的不同目的和根本价值能够被调和，但是不应

---

① 关于温斯伯里规则，有中国学者认为这是程序与实体之外的第三种保护方式。参见陈海萍《英国法上合法预期原则的最新发展》，《环球法律评论》2014 年第 5 期。但从实践来看，温斯伯里更多时候是一种行政机关试图反对合法预期时所应用的审查标准，而非保护方式。参见 Paul Craig, *Administrative Law*, 7th edn, London: Sweet & Maxwell, 2012, p. 689。

② 参见刘飞《信赖保护原则的行政法意义》，《法学研究》2010 年第 6 期。

③ 参见余凌云《政府信赖保护、正当期望与合法预期》，载廖益新主编《厦门大学法律评论》2006 年下卷，厦门大学出版社 2007 年版，第 318 页。

该以某种方式被压缩到一个单独的压倒一切的道德或规范目标。[1] 而多数学者，如瓦鲁哈斯、保罗·雷诺兹（Paul Reynolds）等则选择去除复杂性和细节来显示合法预期的核心——行政机关作出能影响相对人权利义务的承诺或保障，而这种观点也在"韦德—福赛"版《行政法》（法院已经发展出一个崭新的公法原则，即征求意见的义务，或许产生于征求意见的预期，该预期则源自承诺或者也已成为惯例的征求实践⋯一个预期是正当的，它必须基于公共机构作出的一个承诺或者管理，该公共机构有义务满足该预期）和克雷格《行政法》（当个体基于对公权力主体作出的特别表示产生的正当信赖而遭受不利后果时，其应当被给予法律保护）两本权威教科书中得到了验证。这也为我们在中国法中发现并考察合法预期现实存在的必要性提供了条件，因为它能够最大限度地规避法域背景不同带来的比较困难，只从概念核心角度进行比较。而接下来，我们就将带着这种普通法中合法预期的核心表述重读合法预期的中国故事。

（二）合法预期的中国故事

1. 中国法内合法预期与信赖保护的学术争议

（1）合法预期如何进入"信赖保护"话语：基于历史的梳理

诚如前文所言，中国法内合法预期理论研究的基本前提是中国行政法理论与立法、行政和司法实践普遍采用"信赖保护"的话语体系。虽然合法预期第一次进入中国行政法范畴仅比信赖保护晚了3年左右，但可能正是这段时间的"空当期"，使得信赖保护成为主流话语，合法预期成为"旁支"和"挑战者"。因此，合法预期在中国行政法的基本生存逻辑是，如何进入"信赖保护"的话语体系。

通过理论脉络的梳理，我们发现，合法预期进入中国行政法的过程伴随着"信赖保护"的逐渐固化。时间回到2003年，对信赖保护有重要意义的《行政许可法》在这一年获得通过，而这一年余凌云发表《行政法上合法预期之保护》一文，在检索范围内第一次为中国大陆行政法引入了

---

[1] Paul Daly, "A Pluralist Account of Deferenceand Legitimate Expectations", Matthew Groves, Greg Weeks, *Legitimate Expectations in the Common Law World*, London: Clawley Park, Hart Publishing Company, 2017, p. 106.

合法预期概念。就信赖保护论，学者在这一时期的理论成果呈现出"局部变迁，整体固化"的态势：该时期最为引人关注的理论变化无疑是"利益衡量"要素对于"三要件"体系的冲击——有学者明确主张，适用信赖保护，应当"经权衡，与撤销违法的行政行为所获得的公共利益相比，该信赖利益更值得保护"[1]，但这种"利益衡量"之要件地位争议也并未根本改变"基础—表现—正当性"的要件化模型对于原则适用的必备路径地位——"四要件"只是"三要件"的某些变化，原则的适用依然需要要件检验。另外，该原则保护利益也仍然涵盖"合法与违法"授益行为产生之利益，亦未发生根本转变。

正是这种初生不到三年便"整体固化"的趋势使合法预期的引入具有了"鲇鱼效应"。在中国学者的观念中，"合法预期"指"相对人因行政机关的先前行为，尽管没有获得某种权利或者可保护利益，但却合理地产生了对行政机关将来活动的某种预期，并且可以要求行政机关将来满足其上述预期。行政机关除非有充分的公共利益理由，原则上不得拒绝"。[2]在一段时间里，合法预期被认为"信赖保护原则在英国法上的表示"，它们之间仅仅是文本翻译的差别。虽然与德国法背景学者所表述的信赖利益保护原则在内容上确有共通之处，[3]但随着研究的深入，上述两种原则在源流、适用条件、保护利益等关键要素上的独立性逐渐为学者所发觉。[4]而当"合法预期"的坚持者试图将以此用以解释和评析"信赖保护话语下"之规范与案例时，其不仅仅是对于实定法秩序的冲击，更是对"信赖保护"之主流话语体系的重构。我们可将它们的主要区别以表4-1罗列出来，[5]并以此展开接下来

---

[1] 章剑生：《现代行政法基本理论》，法律出版社2008年版，第171页。

[2] 该概念具有广义与狭义两种表述，但坚持此一观点的学者均主张引进狭义界定，代表性观点，参见余凌云《行政法上合法预期之保护》，《中国社会科学》2003年第3期。

[3] 如"合法预期保护"在保护方式上亦可以为程序保护。关于"合法预期保护"参见余凌云《行政法上合法预期之保护》，清华大学出版社2012年版，第158—162页；骆梅英《英国法上实体正当期待的司法审查》，《环球法律评论》2007年第2期。

[4] 二者差异参见余凌云《蕴含于法院判决中的合法预期》，《中国法学》2011年第6期；王锡锌《行政法上的正当期待保护原则论述》，《东方法学》2009年第1期。

[5] 胡若溟：《信赖利益保护原则的中国生成》，载姜明安主编《行政法论丛》（第22卷），法律出版社2018年版，第77页。

的论述，回答一个有趣但关键的问题：合法预期究竟在和信赖保护比较什么？

表 4-1　　　　　　依赖利益保护与合法预期的区别

要素	信赖利益保护	合法预期
源流	法的安定性原则	英国法自然正义原则，且与德国法无关
适用条件	基础—表现—正当性—（利益衡量）	预期产生之基础行为"符合法定权限"
保护利益	信赖利益（"基于信赖已付出"）	合法预期利益（"基于信赖可享有"）

（2）它们在比较什么：合法预期和信赖保护在中国法内的核心异同

在中国法的视域中，学者们只要触及信赖保护的研究，都必然会涉及与合法预期的比较，反之则更深。合法预期的研究者为了证明其与信赖保护不同，甚至其概念较之信赖保护的优越性，对二者进行了不厌其烦的比较。大致而言，这种比较可区分为两个阶段，即"合法预期与信赖保护的等同论"（以下简称"等同论"）和"合法预期与信赖保护的区分论"（以下简称"区分论"）。

①等同论

"等同论"的事件跨度从 2003 年至 2010 年。基于余凌云 2003 年提出的概念，这一时期的学者基本上都认同这样一种理解，即"德国以及其他大陆法系国家也有正当期待的观念，只是措辞表达不同而已"[①]。如李洪雷认为"在英国行政法上，与德国信赖保护相当的概念为正当期待"，作为这种理解的当然之意，学者们基本上认为二者在名称上是可以等量代换的。[②] 但这种"等同论"其实在立论之初便存在着巨大的质疑：作为引入"合法预期"概念的第一人，余凌云虽然在其《行政法上合法预期之保护》中将信赖保护与合法预期的名称予以极端的统一，均称为"合法预期"，甚至将德国法

[①] 陈海萍：《行政法上正当期待形成的法理基础》，《西南政法大学学报》2005 年第 6 期。
[②] 参见张兴祥《行政法合法预期保护原则研究》，北京大学出版社 2006 年版，第 15 页；刘莘《诚信政府研究》，北京大学出版社 2007 年版，第 80—82 页。余凌云之前亦持此观点（其在《行政法上合法预期之保护》中将信赖保护与合法预期的名称予以极端的统一，均称为"合法预期"，甚至将德国法中的"信赖保护原则"也以"合法预期"代称），但之后修改了其观点。

中的"信赖保护原则"也以"合法预期"代称，但是相比较大部分研究者，其更多地认识到了二者在实质内容上的区别。

第一，适用范围上的行政行为效力与行政机关咨询职能与制定政策的领域存在不同。

第二，保护手段上，程序保护为主与实体保护为主的不同。

第三，从理论依据来看，英国法上的合法预期来自"信赖保护"法治原则和良好行政的要求。

第四，"合法预期"保护的获得也与前文所述主流的信赖保护有所不同，即"行政机关在其意见或政策中所表达的意思必须是清晰的；行政机关的意思表示应该是由行政机关中实际上或者表面上有这方面职权的人作出，以及相对人的预期利益或潜在利益应该是明明白白地存在着，因为行政机关改变行为，相对人有关利益受到了损害，或者遇到了困难"。

作为合法预期的引进者和概念一直以来的坚守者，余凌云的观点实际上表明，至少在中国法的语境下，合法预期应当与信赖保护存在实质上的不同，即使其名称一致，二者也是不同的概念体系。但在 2010 年之前，即使是余凌云，对这种区别的认识也并不深入。

②区分论

时间进入 2011 年，对应到普通法领域，诸多研究者对合法预期与普通法法安定性抑或信赖保护之间的关系进行了辨析。如福赛、保罗·克雷格（Paul Craig）教授在其《行政法》教科书和 2011 年"Legitimate Expectations Revisited"，一文中表达了二者的不同。可能正是基于这种比较法上的明晰，中国法学学者对两者异同的探索也在逐渐深入。虽然在表达上（"行政法上的合法预期是，相对人基于对行政法律活动的信赖而产生的可取得未来可得利益的一种受法律保护的期望"）依然没有溢脱余凌云于 2003 年所作出的关于"合法预期"概念的定义，学者评价这一定义本身是一种"应景式"的，目的是解决大陆学界没有深入研究"信赖"的适用范围和内涵而盲目引进，进而导致与行政行为理论叠床架屋的不经济和多余效应的现象，[①] 但在对合

---

① 陈海萍：《行政相对人合法预期保护之研究——以行政规范性文件的变更为视角》，法律出版社 2012 年版，第 28—29 页。

法预期的基本含义的理解基本保持一致的前提下，这一时期"合法预期"的研究者已经将其与"信赖保护"在理解上完全分离。

一是概念源流方面。相较于 2003 年的观点，余凌云通过近些年对于信赖保护原则与合法预期保护之间的差异进行了基于历史源流的考察，一定程度上改变了其原先对此的认识，至少作出了更加明确的解释。在源流方面，其"相当肯定地说，英国和欧共体虽然都有一个叫作'legitimate expectation'的东西，所用术语相同，但在起源上，它们之间应该没有什么瓜葛"，其实际上来源于英国自身的自然正义视为程序保障的理念，绝对不是大陆法影响的结果，并引用最初审理 1969 年施密特诉内务大臣案（Schmidt v. Secretary of State for Home Affairs）中丹宁法官的表述："这个概念完全是我自己想出来的，不是出自大陆法或者其他的地方。"[1]

二是保护机制方面。在具体的制度层面，从程序性保护来说，德国信赖保护原则缺乏程序性保护；在实体性保护方面，虽然英国在考夫兰案后正式承认了实体合法预期，[2] 但是其实体性保护始终徘徊在合法性范畴内，通过抑制滥用职权，让行政机关适当行使裁量权，来获得恰当的救济。而德国信赖保护原则，即使行为违法，也产生了当然的信赖；基于利益考量，德国法院还会维系违法行政行为的存续力。所以，英国合法预期观念更在意合法性，必须在符合法定职责要求的前提下，通过对裁量权的控制和约束来保护相对人的信赖。而德国的信赖保护将相对人的信赖利益放到更加重要的地位，经过审慎考量，只要信赖利益值得保护，就可以完全不顾及引发信赖的行政行为是合法还是违法。在赔偿（补偿）性保护方面，虽然因行政决定违法而被撤销，都可以给予善意相对人赔偿，但是对于已经生效的合法行政行为的撤销方面，德英有所不同。即英国似乎不存在基于公共利益为需要，以赔偿（补偿）为对价，允许行政机关裁量撤销已经生效的合法决定，其撤销的唯一标准在于法律是否明确授予了行政机关有撤销的权利，除非有压倒一切的公共利益理由；而在德国法中，对于合法行政行为因为事实或法律

---

[1] Christopher Forsyth, "The Provenance and Protection of Legitimate Expectations", *Cambridge Law Journal*, Vol. 47, No. 2, 1988, p. 241.

[2] 参见骆梅英《英国法上实体正当期待的司法审查》，《环球法律评论》2007 年第 2 期。

状态发生变更而允许撤销后,应当依据依法行政原则和信赖保护原则给予保护性赔偿。①

三是保护利益方面。两种概念体系所保护的"利益"成为此一阶段学者界分信赖利益保护原则与合法预期保护的重要路径。其来源于民法,基本的概念体系为美国学者富勒在《合同损害赔偿中的信赖利益》对"信赖利益"与"期待利益"的说明:"基于对被告之允诺的信赖,原告改变了他的处境,例如,我们可以判给原告损害赔偿以消除他因信赖被告之允诺而遭受的损害。我们的目的是要使他恢复到与允诺作出前一样的处境。在这种场合受保护的利益可叫作信赖利益",而"使原告处于假若被告履行了其允诺他所应处的处境。在这种场合所保护的利益我们可以叫作期待利益"②即"基于信赖已经付出的"和"基于信赖可以享有的"。基于此,学者厘清了信赖利益与预期利益之间的关系:第一,当事人之所以自愿地实施作为或不作为,损失掉本属于自己拥有的利益,目的在于以牺牲较少的成本获取更大的所需利益——预期利益,因为预期利益以大于信赖利益为惯例;第二,从实现的过程看,一旦获取了预期利益,信赖利益就可以得到补偿,而预期利益要实现的话,要么是通过契约得到履行,要么通过损害赔偿而实现。③

如果这种民法中信赖利益与预期利益的界分能够在行政法领域得到适用,那么合法预期与信赖利益保护便具有了根本的区别。但是很显然,这种公法与私法的转化过程是存在争议的。有学者便不无洞见地指出:"不能想当然地认为'信赖保护'的对象是信赖利益,而'正当期待保护'的对象是期待利益,行政相对人基于对政府行为连续性、一致性的信赖和期待,所付出的成本(例如为投资做准备而耗费的成本)以及预期获得的利益,应被相加计算。"换言之,在行政法上,正当期待的"利益"包括了相当于私

---

① 具体内容参见余凌云《行政法上合法预期之保护》,清华大学出版社 2012 年版,第 158—162 页。

② 参见[美]L.L. 富勒、小威廉·R. 帕杜《合同损害赔偿中的信赖利益》,韩世远译,中国法制出版社 2004 年版,第 5—6 页。

③ 参见陈海萍《行政相对人合法预期保护之研究——以行政规范性文件的变更为视角》,博士学位论文,浙江大学,2010 年。这一结论,也为余凌云所认可,参见余凌云《蕴育在法院判决之中的合法预期》,《中国法学》2011 年第 6 期。

法上"信赖利益"和"期待利益"的两部分内容。虽然公法与私法的结合日益紧密，但是只要这种界限依然存在，这种担忧便依然有意义，而这种公私法之间的区别，即使上述两种利益主张者也不无考虑。[①]

言及此处，我们已经基本明白了合法预期的研究者到底在和信赖保护的论者争论什么，简言之，即是不是一个概念（源流）、判断如何保护上有何区别（保护机制）、保护什么（保护机制）以及如何保护（保护方式）的问题。这四点其实也是当下普通法学者为合法预期寻求独立地位时所遵循的框架。但就结果论，即使我们从2011年开始计算，也可发现尽管合法预期的论者一直主张在中国法中引入合法预期，甚至以合法预期替代信赖保护，但是无论在立法还是司法判例层面似乎都裹足不前。由于之前在第三章中我们已经对信赖保护的司法实践作出了较为细致的分析，在此可以首先将合法预期的理论主张和信赖保护的司法实践做一对比，尝试对这种忽视的原因作出一种理论上的假设。

2. 为什么合法预期不被法官重视：一种理论层面的假设

笔者在中国裁判文书网中以"合法预期""合理期待""正当期待""正当预期"为关键词检索行政裁判文书的"法院认为"部分，共得到相关裁判文书16件，剔除重复样本、无关案件等后，发现其不仅在庞大的裁判文书库中如沧海之一粟，就是与已经经过重重筛选，仅剩3208份的信赖保护判决相比也显得微不足道。这也从实证层面验证了合法预期作为一种域外法概念并未进入我们的主流话语体系，法院并不重视该理论。由于法社会学实证方法行使存在一定困难，我们在这里试图从理论层面作出若干分析。

（1）中国学者为什么要引入合法预期

该问题应当是我们反思中国法合法预期理论的起点。在普通法世界中，因为行政关乎社会公共利益，无论是学者还是法官，在合法预期方面从未忽视过保护私人权益与保障行政自由之间的平衡。哈格里弗斯案中，法官正是以"行政机关改变政策的自由"为由否定了相对人的诉请。[②] 但中国学人对

[①] 参见余凌云《蕴含于法院判决中的合法预期》，《中国法学》2011年第6期；陈海萍《行政相对人合法预期保护之研究——以行政规范性文件的变更为视角》，法律出版社2012年版，第41页。

[②] See R v. Home Secretary Ex p. Hargreaves. ［1997］1 WLR 906.

合法预期限制行政恣意、保障公民权益这一面向上的价值认同远远高于维护行政自由、保障公共利益，这从我国学者对合法预期中国化提出的完善建议中便可见一斑："在我国司法控制行政权的空间尚有限的情形下，要想发挥合法预期保护原则的效用，除了赋予司法机关更强的审查力度外，透过行政程序来严格限制行政行为的变更、撤销，对保障相对人的合法预期更为有效。"① 这种忽视保障行政自由而专注私益保障的做法无疑会造成合法预期的"跛足"，也会使行政机关与法院误解合法预期衡平公私利益的本质。这种"误导"在最高人民法院公布的典型案例体现得尤其明显（后文将予以详细叙述）：法官在"华侨搪瓷厂案"限缩了国土局对于复核申请提出后的裁量权，在"豫星调味品厂案"中要求行政机关"考虑信赖利益"，在"洋浦大源公司案"则排除了行政机关以"无信赖表现"对抗的可能性。这些案例均是基于行政限权的裁判要点，且限制的时间节点在实质上均指向行政机关决定之前。显然，这种侧重控权的机制对于需要在迅速有效推行其改革政策的政府来说，显得多少有些束手束脚，有碍政府自由裁量权的行使。② 虽然我们无法判断以最高人民法院为代表的司法系统适用过程中对合法预期进行过多少中国化的改造，但至少可以断定：在法院的心目中，引入合法预期的功能仅在于限制行政机关恣意。显然，这种适用本身存在盲点，并未能全尽合法预期理论的精髓，而信赖保护则与此全然不同，正是这种不同直接决定了两种理论的命运。

（2）为什么信赖保护能被法官适用

很显然，相比合法预期，法官在实践中更倾向于适用信赖保护的话语体系，并非仅由于所谓的"大陆法系背景"，或是早三年进入学者们的视野而"近水楼台先得月"，更因如前文所言，中国法院已经对其进行了行之有效的"改造"，从而使其能够推动法院任务的实现。无论这种改造是否存在可争议与反思之处，但它都在实践中为法院保障行政机关的决策自由，尤其是重大经济建设项目中行政决断的权威提供了抓手。其中最典型的例子莫过于

---

① 黄学贤：《行政法中合法预期保护的理论研究与实践发展》，《政治与法律》2016年第9期。
② 参见贺欣《作为政治控制机制之一的行政法——当代中国行政法的政治学解读》，载汪庆华、应星编《中国基层行政争议解决机制的经验研究》，上海三联书店2010年版，第83页。

信赖保护与情况判决制度的融合。虽然我们认为最高人民法院对此已经予以了纠偏，但事实终究是存在的。

众所周知，行政机关如欲打破既有法秩序，背离公民信赖，其必须突破要件化的保护条件，并且即使否定权益的存续也必须给予财产补偿。信赖保护原则正是通过上述制度设计保护相对人对公权力的信赖以及法秩序的安定的。但是中国法院却利用"情况判决"条款改造了这一原则体系：如果撤销（或撤回、变更）已损害信赖的决定会给公共利益造成重大影响，可以公平补偿代之，而中国法院一方面将这种"公共利益"扩展至第三人信赖利益，另一方面又将"可以公平补偿代之"改造为"只要公平补偿就可以不撤销原行为，继而打破信赖秩序"。这种思路在"益民公司案"中便有所体现：法院因为撤销"招标方案"等决定将会给第三人亿星公司信赖造成损害，从而要求对益民公司予以公平补偿，但是对其曾取得特许经营权则不予存续。如此，法院既保障了周口市大力推进的管道改造计划，避免了政府完全败诉，又解决了政府、亿星公司、益民公司三方利益冲突，而这种"案结事了"的方式也能够在行政法治的框架内找到支点。法院通过个案裁判实现了多元化的任务。而在《关于当前形势下做好行政审判工作的若干意见》中，最高人民法院也延续了这种"在认可变化中保护信赖利益"思维，力图在"考虑……情势变更因素和……特殊时期行政权的运行特点"的同时保护"各类企业的信赖利益"。[①] 因此，当信赖保护原则适用于此时，它必须同时实现两种保护私益与支撑行政行为合法性的双重任务。这也为强化益民公司案中法院的改造思维提供了规范注脚。

虽然我们在前文对信赖利益间接公共化进而侵蚀公共利益范围的做法作出了反思与质疑，乃至最高人民法院也以第 88 号指导性案例的形式强调了公共利益的"公共属性"，但抛开指导性案例因为内部操作系统内部化和编写者司法亲历性不足所产生的正当性与权威性不足等，[②] 这种纯净化公共利

---

① 参见《最高人民法院印发〈关于当前形势下做好行政审判工作的若干意见〉的通知》：对于因行政指导或政策调整而引发的案件，既要注意保护各类企业的信赖利益、公平竞争，促进政府诚实守信，也要考虑因金融危机而导致的情势变更因素，充分考虑特殊时期行政权的运行特点，妥善处理好国家利益、公共利益和个人利益的关系。

② 参见牟绿叶《论指导性案例的效力》，《当代法学》2014 年第 1 期。

益的思路究竟能否为地方法院所接受依然存在实效性的考量：正如前文所言，许多地方法院以信赖利益间接公共化为基础，发展出更能保护地方经济建设既定结果的信赖利益直接公共化路径。虽然我们并不赞同这种改造，但不可否认的是，正是基于这种改造，"中国信赖保护第一案"真正发挥了"凿空"的价值。

（3）合法预期理论的自身缺陷：是什么与干什么

仅被中国学者关注限制行政权的单一面向，而不为身处地方治理实践的法院所接受可能只是合法预期惨淡命运的外在原因，在此之外，可能还有一层原因是我们所不得不关注的，即合法预期本身缺乏一个独立而清晰的内核。

与信赖保护相比，合法预期显然更受普通法的影响。前者无论承受了多么严重的批评，《行政许可法》第8条和第69条终究以立法的形式塑造了清晰明确的中国信赖保护内核，也通过十余年的司法实践形成了有限却坚实稳固的适用领域。但合法预期呢？于比较法而言，福赛等人之所以在当下反思合法预期，其根本原因就在于合法预期缺乏一个明确的定位，在理论层面，其被湮没在自然正义、良好行政的宏大叙事中，在适用要件方面也与法安定性纠缠不清，甚至出现了"五步法测试"[1]"三步法测试"[2]"浮动路径"[3]"四部分分类法"[4]"三要点分类法"[5]"一种不同的、非详尽列举的三要点分类法"[6]以及"两要点分类法"[7]等多种。每一个案件读起来都像是给一个不规则的区域带来秩序的一种新的尝试，每一种分类的持续时间都仅限于下一个上诉决定前。这些问题都悬而未决，法院先例之间对此态度也时有矛盾，因此它在普通法中都尚处变革阶段，更遑论在被引入地的中国了。更为重要，也是真正关乎合法预期生死存亡的一个疑问是：合法预期究竟要在中

---

[1] See R v Jockey Club; ex parte RAM Racecourses Ltd. [1993] 2 ALL ER 225, 236-37.
[2] See R (Bibi) v Newbam LBC [2002] 1 WLR 237 [19].
[3] See R v SOS Education and Employment; ex parte Begbie [2000] 1 WLR 115, 1129-31.
[4] See R v Devon CC; ex parte Baker [1995] 1 All ER 88-89.
[5] See R v North and East Devon Health Authority; ex parte Coughlan [2001] QB 213 [57].
[6] See R (Bhatt Murphy) v Independent Assessor [2008] EWCA Civ 755 [27].
[7] See CCSU v Minister for the Civil Service [1985] 1 AC 374, 408-09.

国用来做什么？在普通法领域，合法预期作为一个 20 世纪 70 年代和 80 年代兴起的概念，其之所以为司法审查所重视，极其重要的原因是作为拓展诉权的工具。杰森·瓦鲁哈斯（Jason Ne Varuhas）对此做了富有洞见的梳理。

在当时，被认为是自然正义的程序公平义务只能源于一个行政决定影响个人法定权利的场合。"权利"的标签不能像现在在现行法中一样被宽松地使用。权利意味着那些霍菲尔德意义上的法定权利在司法审查之外具有独立可诉性，例如在合同或者侵权中的私人权利。因此，这种公平义务生成的扳机及那些规制谁能提出程序不公诉请的诉权规则的扩展都是相对狭窄的。这是不令人满意的，因为行政决定能够影响利益或者裁量收益，虽然这些并非法定权利，但这些对享有它们的人是很重要的，因此那些人应该至少在被作出影响他们利益或者收益的决定前被咨询。所以，法院开始拓展引出公平义务的扳机和审查中隐含的诉权规则。实现这些目标的原则性方式之一便是在 20 世纪 70 年代或 80 年代承认和调取合法预期概念。法院开始认为尽管一个相对人不能证明被承认的法定权利受到了侵害，但是只要其存在合法预期，那么公平义务无论如何都会产生。合法预期的概念没有被很好地界定。但毫无疑问，它的规范性比权利要少，它能够作为法定权利的一种替代品以便拓展公平义务和扩展起诉权。

因此，当普通法已经不需要合法预期来作为拓展诉权的工具时，法院自然会减少合法预期的适用领域，认为某些案件中适用的理论并非"合法预期"。在中国，承担诉权拓展功能的是立法与最高人民法院司法解释，而非合法预期。那么，合法预期在中国实践中究竟发挥着何种重要作用而必须予以存续呢？显然，上述的分析并不能说服合法预期的持论者。接下来，我们将转入司法实践，以"大海捞针"的方式从浩如烟海的司法案例库中发现合法预期的现实价值。我们的分析将从形式和实质两方面展开。

3. 形式意义的合法预期案例

如上所言，我们在中国裁判文书网中以"合法预期""合理期待""正当期待""正当预期"为关键词检索行政裁判文书的"法院认为"部分并剔除重复和完全无关案件后，共得到相关裁判文书 16 件，而这些裁判文书便是中国行政审判中真正形式意义的合法预期，也是中国行政法最为标准的合法预期样本。通过对这 16 份裁判文书的整理，我们发现中国行政法领域内合法预期的现状不容乐观。

（1）适用范围与信赖保护高度重合

综观这 16 份裁判文书，我们发现其在行政管理层面涉及如下领域：住建、教育、水利、知识产权、乡镇管理；而在行政行为类型上则涉及行政许可、行政处罚和信息公开。无论是典型适用范围还是适用的主要行政行为类型，都与第三章信赖保护的内容高度重合。换言之，合法预期与信赖保护在实践中并非互相补充的关系，而是相同领域的竞争关系。这就决定了合法预期只能与信赖保护在同一领域内"争食"，无法开辟新的战线。

（2）只保护涉及未来的预期利益

在 16 份裁判文书中，法院适用最多的两种语词分别是"合理期待"和"合法预期（利益）"。法院对"合理期待"的适用频率最高，涉及 9 份裁判文书。这种被法院认可并保护的"期待"均是面向未来的。如在"长治市华南装饰城有限公司与长治市经济与信息化委员会、国土资源局不履行协议资产转让相关义务及赔偿案"中，法院认为："华南公司完全符合《转让公告》中 4.1 情形……华南公司作为行政相对人产生了合理期待权；市经信委、市国土局应当履行相关义务，尽快报批、依法、依规办理相关事宜。"[①] 本案中，作为相对人的华南公司所期待的便是基于《转让公告》，在"华南公司行为完成相关准备工作"这一时间点后之"未来"，经信委与国土局应当履行相关义务。这种"履行"并非针对过去的投入，也非现有已经获取的权益，而是对行政机关未来时空内履行相应义务的"期待"，其被法院视为一种"权利"并被予以保护。

除"合理期待"外，法院在 3 份裁判文书中适用了"合法预期"或者"合法预期利益"的语词。在 2 份适用"合法预期利益"的文书中，其关键词是"预期利益"而非"合法预期"，毫无疑问是在针对未来。如在"广州市天河安利汽车检测中心不服广州市天河区人力资源和社会保障局社会保险行政处罚决定及广州市人力资源和社会保障局复议决定案"中，法院认为："天河区人社局在履行行政处理督促义务和行政处罚告知义务过程中，存在

[①] （2016）晋 04 行终 136 号判决书。

督促与告知被上诉人安利汽车检测中心的欠缴费期限、金额及履行期限不一致情形,损害了该单位的合法预期利益。"① 在唯一适用"合法预期"概念体系的"冯某生诉隰县人民政府、隰县国土资源局土地行政赔偿案"中,法院认为:"冯某生持有的隰国有(2001)字第0321号国有土地使用证,在没有证据证明该用地使用证已变更或作废的情况下,此土地使用权证应是合法有效的,其基于证书中登记的土地使用权益的合法预期亦应得到法律保护。"② 本案中,虽然在法院论述中合法预期对应"基于证书中登记的土地使用权益",看似如第三章一样指向既得权保护,但本案是赔偿案件,而非所有权争议案,双方所争议的利益实际上是土地在未来应获得的征收补偿数额,而非土地所有权归属,因此本案还是指向行政机关的未来行为。

(3) 多侧重实体性保护,并未涉及普通法中标准的程序性保护

如上所言,对听证等程序性权利的程序性保护(如满足听证要求等)是合法预期最原始的样态,也是为中国学者所承认的合法预期得以区别于信赖保护的主要特征之一。但是在16份裁判文书中,我们并未发现任何一份涉及程序性保护,均是基于对实体权益的保护采取实体性保护措施。如在信息公开案件中基于相对人对政府公示行为的合理期待,责令行政机关对公开请求进行答复;③ 在工伤保险案件中基于相对人对其受伤后由上诉人负责支付工伤保险待遇具有合理期待,判决依法履行给付义务等。④

(4) 积聚于信赖保护的目的框架下

我们研究合法预期,最终不可避免地需要涉及其与信赖保护之间的关系,因此,16份样本中涉及同时出现信赖保护与合理期待语词的3份文书便更值得我们的关注。但遗憾的是,在这仅有的3份判决中,合法预期的地位远远弱于信赖保护。具体体现在以下两方面。

第一,信赖保护为主,合法预期为辅。如在"广西海伦置业投资有限公司诉玉林市住房和城乡规划建设委员会等行政决定违法案"中,法院虽然在理由中首先表示"即使拍卖地价较高,也未必高于海伦公司依《出让合同》

---

① (2016)粤71行终1828号判决书。
② (2016)晋10行终82号判决书。
③ (2015)鄂江岸行初字第00055号判决书。
④ (2016)湘12行终127号判决书。

和自己对涉讼土地投资所获得或应获得的合法预期收益",但"即使……"用语的存在,使得这里的"合法预期收益"仅能作为海伦公司在"未来算法层面"的比较要素之一,无法纳入规范性考量,而法院并未言明是否要对其给予保护。而本案中信赖保护的地位则完全不同,法院将其作为认定行政机关违法的五项理由之一,即"玉林住建委违背了信赖保护原则。原玉林市规划管理局已在《总平面图》上盖章,此性质属于对海伦公司使用涉讼土地的行政许可并且已生效。按《中华人民共和国行政许可法》第八条第一款规定……但玉林住建委未经海伦公司同意便修改了《总平面图》,违反了前述法律规定,违背了行政机关作出行政许可所应遵循的信赖保护原则"[①]。

第二,合法预期包含于信赖保护所塑造的框架中,以"合理期待"作为保护信赖的理由之一。如果说在第一种条件下,合法预期相对信赖保护尚有其独立地位,仅仅程度有所差别,那么在第二类案件中,合法预期则直接失去了独立地位,转而作为合法预期框架内的要素之一。如在"黄某波与荣昌县社会保险局要求履行行政给付法定职责案"中,法院认为:"被告未及时告知第三人,导致第三人认为此种缴费方式为被告所接受并可行,并对社保部门支付工伤保险费用具有合理期待,被告拒不支付相应工伤保险待遇损害了第三人的信赖利益。"[②] 本案中,法院最终认定行政机关违法的理由是"损害第三人信赖利益",而合理预期在此仅是第三人享有信赖利益的证明要素,其效果等同于第三章中经常出现的"基于对行政机关行为的信赖"。因此,在这种情况下,合法预期或者合理期待仅仅是信赖保护生成的要件之一,并不具有独立地位。

综上所述,我们发现,在合法预期仅有的中国实践中的形式性适用现状是极为不乐观的。它不但未能体现出其作为普通法理论的程序性保护特色,同时在适用结构和领域上完全被信赖保护覆盖,而其相对信赖保护,在保护范围内还较为狭窄。在这种情况下,任何试图以合法预期取代信赖保护都是不现实的,也将会使相关领域的保护力度大为降低,因此并不可取。但是在

[①] (2017)桂09行初53号判决书。
[②] (2015)荣法行初字第00037号判决书。

形式之外，我们仍然需要注意另外一种情形，即法院虽然采用了信赖保护的话语，但却在此话语之下吸纳了合法预期的某些实质内容。这种实质化内容的寻找，对我们更为全面地评析合法预期在中国法中的命运至关重要。

4. 寻找实质层面的中国合法预期理论

相对以表面文字为标准的形式化适用，发现实质层面的中国合法预期理论适用因为必然带有一定的主观色彩而成为一件很可能费力不讨好的事情，但我们不得不作出这样的努力。

如上所述，合法预期在中国的尴尬在于法院很少在审判中直接适用"合法预期"。这种形式上的用语缺失虽不意味着合法预期一定会实质上缺席司法审判，但考虑到在维护公民对政权主体的信任与法安定性等目的上的共性，合法预期很大程度上会隐匿于"信赖保护"的语境下，通过影响信赖保护的概念内核而发挥作用。由于样本的庞杂性，出于权威性和代表性的考虑，我们在这部分仅选取最高人民法院正式公布的 10 个典型案例为分析基础。在对这些案例作出解读后，我们发现中国司法审判虽然仍在主流上坚持信赖保护的话语体系与概念内核，并非在每个案件中均引入合法预期，但其仍有踪迹可循，并可根据其在案例中体现的完整性程度类化为完全体现与不完全体现，这至少在不同程度上实质变革了既有的信赖保护理论。

（1）完全体现：程序性预期的保护与保护条件三要件体系的改变

在一些案件中，法官虽然仍在使用"信赖保护"的话语体系，但是在具体内容上却几乎完全引入了"合法预期"的概念内核，使得信赖保护在这些案件中变革了中国行政法传统的信赖保护理论与法院之前案例的影响，故亦可称其借信赖保护之名行合法预期之实，即"完全体现"。具体涉及三类制度。

①对承诺创设的程序性预期予以程序性保护

将预期的程序性措施转化为程序性保护是经典的合法预期保护范例。在著名的"萧梧元（Ng Yuen Shiu）案"中，当时的港英当局曾承诺通过考虑具体个案的价值来决定是否驱逐非法移民。这一承诺给相对人一种合法预期，即他在本案中可以享有一定程序来陈述他的特殊情况。而当他在行政程序中并没有被给予陈述、听取意见等时，针对他的驱逐令被判定为无效。[①]

[①] See Attorney-General of Hong Kong v Ng Yuen Shiu [1983] 2 A. C. 629.

在这类案件中，申请人的利益不必然被给予程序性保护，而是政府行为通过意思表示为程序性保护提供了支撑，即相对人预期的程序性保护也并非因其具有法定权利，而是完全来自行政机关将会如何行为之承诺。

在"华侨搪瓷厂案"中，国土局曾发布公告称：如果对关于土地审核的公告内容存在异议，可向其提出复核申请，据此法院判定原告享有在指定期限内对涉案土地使用权提出书面异议的权利，被告应受公告约束，履行复核的职责。① 本案中，相对人享有的复核申请权属于程序性权利，且该权利并非源于《中华人民共和国土地管理法》等法律法规，而是直接来自国土局以公告形式提出的允诺，相对人据此向国土局提出践诺复核的程序性权利。虽然最高人民法院最后仍以"信赖利益保护的原则要求考量，应当认可行政承诺的法律效力"，但其内核与"萧梧元案"并无二致：行政机关承诺在未来依据承诺行为，相对人因此产生预期，程序性预期最终转化为程序性保护装置。此外，最高人民法院特别强调"公告内容所涉事项未超出行政主体职权范围"，更彰显了公告作为意思表示的"合法性"。

考虑到信赖保护并不涉及程序性保护，因此合法预期对本案的影响显而易见。而这种保护对特定承诺创设的程序性预期的意义远非如此：中国法院往往以"正当程序"涵盖程序问题。甚至在所谓的"信赖保护第一案"——"益民公司案"中，信赖保护也只是作为正当程序的注脚，但本案中法院面对程序问题却摒弃了正当程序原则引入合法预期为内核的信赖保护，由此将中国法中的信赖保护与正当程序作出切割：因承诺产生的程序性预期是一种主观权利，而非正当程序原则下对行政机关依法行政的客观程序性要求。

②保护条件的转变：作为信赖基础的政府行为生成信赖利益

虽然存在争议，但信赖保护原则进入中国行政法以来，中国学者始终秉承着要件化的适用体系，即"信赖基础—信赖表现—正当信赖"的三要件体系或在其基础之上配备利益衡量的四要件体系，其核心在于信赖基础与相对人客观行为共同生成信赖利益，而该体系在实践中也影响着法院的裁判。

---

① 最高人民法院行政审判庭编：《中国行政审判案例》（第 2 卷），中国法制出版社 2011 年版，第 90—97 页。

本书所选"益民公司案"与"郭某明案"正是该模式的产物。但实践中，法院也同时适用另一模式审查保护条件争议，即作为信赖基础的政府行为生成信赖利益。如在"洋浦大源公司案"中，最高人民法院借由"《目录》对于林木加工许可的未规定即未设定许可进而直接认可相对人无须办理木材加工许可证"的信赖利益，从而认定："（一审判决认为）大源公司未取得林业部门颁发的木材加工许可证即开始从事木片加工经营活动，违反有关规定，缺乏法律依据且不符合信赖利益保护原则。"[①] 显然，本案中信赖利益保护原则体现为对既有法规范明示内容的信赖，相对人因法规范而享有信赖利益后，无须相对人予以任何行为便可享有，法规范效力的发挥也与其作为无关，行政机关仅需依法行政即可。

由此，我们发现保护条件的两种判断模式的根本区别在于是否存在相对人基于信赖基础的信赖表现。而在英国法中，以"reliance"表示的"信赖"很多情况下指向"detrimental reliance"，即不利信赖，即需要相对人相关行为以证明依据这些其他政策而引发任何相关预期，因此遇到困难。其在意义上已经非常类似"信赖表现"，而很多情况下这也是判断是否保护的关键，尤其是在需要持续与公平适用的政策类案件中。正是在拉希德案中，内政部长无视"不依赖是否可进行国内迁移而决定庇护与否"的政策，上诉之库尔德人也因未意识到该政策而未作出任何所谓的"预期"或"信赖表现"，但最后上诉法院依然认为："如果基于原告是否听说过政策而决定介入与否，对其会产生显著不公平。"或许正是基于此，克雷格教授也承认："在行政机关试图偏离一项涉及特定人的既定政策时，不利信赖不应当被要求。对待的持续性和平等性在这些案件中危如累卵，这些价值应当被保护，无论是否存在任何信赖。"[②] 因此，"拉希德案"案虽存在争议，但是在要件意义上无须"信赖"而仅凭政策等的做法认可相对人合法预期可与大源公司案中无须"信赖表现"而得到保护的做法形成对照。

③行政机关意思表示对起诉期限的耽误提供程序性保护

合法预期理论的第三种体现其实在第三章的规范基础部分我们已经有所

[①] 参见最高人民法院〔2003〕行终字第02号行政判决书。
[②] See Paul Craig, *Administrative Law*, 7th edn, London: Sweet & Maxwell, 2012, p.688.

涉及，即最高人民法院以行政机关是否对相对人，尤其是信访申请人的诉请予以回应，即将相对人的单方行为转换为行政机关与相对人之间的双方行为，从而认定相对人对起诉期限的耽误具有信赖利益，保护作为程序性权利的起诉期限。诚如前文所言，这种2015年左右方才被法官引入的信赖保护规范基础显然不是传统信赖保护原则的关注点，这就给我们充分的解释空间。结合前文普通法世界对合法预期理论的变革，其核心正是在于将合法预期与自然正义、良好行政分离，寻找独立的理论基础。而无论是行政机关对相对人进行承诺，还是与法哲学结合的"承认规则"路径，它们都是在预期产生的基础上做文章，它们的选择都指向使相对人为行政机关意思所约束。起诉期限耽误所涉及的信赖保护，实际上正是因为行政机关的意思表示使得其与相对人建立了一种类似契约的关系，相对人足以信赖行政机关会对其诉请进行处理，因此耽误了起诉期限，应当给予程序性保护。

（2）不完全体现：应将既存信赖利益作为行政决定的"考虑"因素

与上述三种几乎完全引入合法预期的理念为信赖保护创设全新内核相比，最高人民法院在"豫星调味品厂案"① 中则未完全遵循合法预期的运行逻辑，只是选择性接受部分内容，因此其仍能体现合法预期对信赖保护原则的改造，但是在创设程度上已被削弱，故我们称其为"不完全体现"。

"益民公司案"中，法院表示："市计委作出'招标方案'……影响了上诉人益民公司的信赖利益。"这种"影响"表明法院引入信赖利益保护原则的目的是在事后以行为结果作为判断标准，进而判断行政行为的合法性，并涉及行政机关变更或撤销行为之前的决定过程。作为2016年"行政审判十大典型案例"的"豫星调味品厂案"却表示："决定未充分考量涉案土地在政府收取出让金之后用于房地产开发等因素，一注了之，客观上不利于豫星调味品厂主张信赖利益保护……"它虽然仍使用"信赖保护"，但"在一注了之前未进行充分考量"与"影响"相比已经将审查视角从事后转向事前，要求将"相对人的信赖利益"作为是否注销被诉土地证的考量因素。虽然都是合法性的证成，但是事后影响性判断与事前考量性判断依然不同。

---

① 参见人民法院新闻传媒总社《最高人民法院行政审判十大典型案例（第一批）》，2017年8月29日，http://www.court.gov.cn/fabu-xiangqing-47862.html。

这种思维已经和"哈格里弗斯案"产生勾连。该案中法院便以"评价国务卿是否考虑了相关因素"为审查基点，① 要求公权力机关在变更前考虑之前的政策或表示，并给予其合适的分量。

但"豫星调味品厂案"与"哈格里弗斯案"的区别也显而易见：前者要求行政机关将合法投入等信赖利益纳入行政决定作出与否的考量因素，且信赖利益基于行政机关前行为而产生，因此具有因果两重性；而后者要求考虑的是作为预期产生基础的政策与表示，因此，"豫星调味品厂案"体现的合法预期的内涵与英国法相比是不完全的，甚至略显勉强，但这并不能否认二者之间在要求行政机关将合法预期或信赖利益作为决定事前考虑因素的共通性，进而强调决定之前的介入而非行为存续力在事后被确认时方得出场。这正是学者对信赖保护的反思，也是对合法预期的期待。②

（3）小结

实现承诺创设的程序性预期几乎将行政机关对程序装置的选择空间压缩至零，将信赖利益保护纳入行政机关决定的考虑因素也制约了其行为恣意，而不要求信赖表现则在很大程度上降低了相对人对自身的"信赖"要求。尽管尚无这三种制度在司法审判中的确立究竟是受到普通法学理的影响，还是中国法官的自我创新，抑或是学者与法官的"合谋"，但其至少证明中国行政法在客观上确实存在合法预期的某些要素，即使它仍需要通过"信赖保护"的话语体系方可外化。更为重要的是，法院在使用上述三者时均将审查重心投放到行政机关作出后续行为的"事前"。即使是作为事后审查标准的保护条件，依然是对相对人事前义务的免除，因此相较以往关注事后"影响"与"损害"的信赖保护原则，其确实能够更好地保障相对人权益，实现学者主张的约束行政权力的目的。但尴尬的是，在最高人民法院的审判实践中，对承诺创设的程序性预期进行程序性保护的案例甚为罕见，且"豫星调味品厂案"在2017年才有所展现，而最高人民法院更是在保护条件的模式选择上摇摆不定。③ 即使我们将视野延伸到更为广阔的基层审判实践，这

---

① R v. Home Secretary Ex p. Hargreaves. [1997] 1 WLR 906.
② 参见余凌云《蕴育在法院判决之中的合法预期》，《中国法学》2011年第6期。
③ 参见胡若溟《行政诉讼中"信赖利益保护原则"适用》，《行政法学研究》2017年第1期。

些制度的适用也并不多见。这或许是当前合法预期缺少针对中国法案例专门研究的客观原因之一。

（三）我们还需要合法预期理论吗

以上，我们从理论层面总结了普通法世界合法预期理论的主要结构、合法预期理论在中国的发展脉络，并且从形式和实质两方面发现了我国司法实践对合法预期理论的态度，这些构成了我们研究中国法域内合法预期的基本素材。将这些作为前提，也能够让我们回应本节开始所提出的问题：在已经存在信赖保护的前提下，中国行政法还需要引入普通法合法预期理论吗？

回答这个问题其实并不容易，因为之前的研究者，尤其是信赖保护的研究者虽然都对二者作出了锲而不舍的比较，但对这一问题，他们都采取了保守的态度，即只比较差异，不关注存在可能性与价值。然而，时至今日，在信赖保护和合法预期在中国出现均已20年的今天，澄清二者关系，选择更为适合中国行政法，尤其是司法实践的核心理论至关重要。因此，笔者在此冒天下之大不韪，在上述分析的基础上提出笔者的回答，即中国行政法目前尚无引入合法预期理论之必要。

首先，合法预期的诸多内容已为中国化的信赖保护所吸收，纠结形式概念并无实益。本书从第二章开始，就在极力展现中国立法与司法实践对信赖保护的重塑作用，虽然诸多内容与原教旨层面的信赖保护并不一致，但这种中国化的重塑却为实践真正提供了解决问题的工具。本章内容之于合法预期更是展现了这一点：实质层面上，实现承诺创设的程序性预期、信赖利益保护纳入行政机关决定的考虑因素和不要求信赖表现均为实践所吸收；而形式层面，信赖保护事实上也在保护着行政针对未来的裁量权行使，拓展了原教旨层面限于既得权益的利益范畴。因此，当合法预期试图发挥的作用已为信赖保护所实现时，纠结保护这些权益的到底是合法预期还是信赖保护并不具有重大现实意义。

其次，合法预期在中国不能体现其独特价值。如前文所言，合法预期之所以兴盛于20世纪六七十年代的普通法世界，在于其所具有的实质拓展诉权功能，但在中国，发挥这一功能的是《行政诉讼法》及其司法解释中关于原告资格的规定。基于上述规定而衍生的原告资格扩展过程，因果关系、保护规范理论都曾发挥过作用，但尚无任何文献表明合法预期对此有所贡献。而在另一方面，合法预期在普通法上最典型的功能是程序性保护，但在中国，对程序的保护更多地由正当程序原则来提供。无论是"有法定程序遵守法定程序，无法定程序遵守正当程序"的客观秩序要求，[1] 还是相对人基于主观程序正义对相应程序的主张，[2] 涉及程序保护的基本工具都是正当程序原则而非合法预期。这也在某种程度上解释了为什么实现承诺创设的程序性预期是一种极其典型的特例，也是合法预期带给中国行政法的变化。

最后，合法预期理论的引入可能会造成基础理论层面的混乱。虽然普通法世界已然对合法预期进行着提纯化的革新，但这种理论是否能够真正变革合法预期理论尚待观察，尤其是合法预期究竟是否能够与法政策的一致性适用，从而成为一种源于行政机关意思表示效力，而非法安定性要求的理论仍有待时间检验。在这种情况下，虽然以余凌云和陈海萍为代表的研究者引入的都是革新化的理论，但他们的引入本身并不意味着合法预期在普通法世界的未来。在这种情况下，当合法预期在普通法世界尚存争议时，引入合法预期不但不会遵循实践已经明确的"权益保护"工具的逻辑，反而会造成客观面向（一致性适用）对这种主观面向的冲击，从而造成理论的混乱。

星星之火未必不可以燎原，但至少在目前，在合法预期理论身上，我们看不到燎原之势，而且它有逐渐熄灭的危险。更为重要的是，即使它熄灭了，对中国行政法而言，似乎也不会产生什么危害，因为信赖保护之火已然熊熊燃烧。

二 诚实信用原则与信赖保护原则：区分与对合

厘清合法预期与信赖保护在中国行政法内的关系后，我们仍然需要面对另一种理论对信赖保护原则的冲击，这便是源于民法的诚实信用原则（或诚信原则）。甚至在相当一段时间内，在中国学界的视域中，信赖保护的理论渊源便是私法中的诚实信用原则。因此，欲厘清信赖保护原则的内涵，诚实信用原则是其无法绕过的壁垒。为此，我们在本节中通过两方面的分析对此

---

[1] 参见章剑生《违反法定程序的司法审查》，《法学研究》2009年第2期。
[2] 参见冯健鹏《主观程序正义研究及其启示》，《环球法律评论》2018年第6期。

予以回应：第一，以时间线为基础，梳理诚实信用原则与信赖保护原则关系的学术史脉络；第二，通过裁判文书网、理脉裁判文书库和聚法案例库为样本库，探求法院对诚实信用原则的司法适用，进而厘清实践中诚实信用与信赖保护之间的关系。

(一) 诚实信用与信赖保护的理论交锋

1. 原点时期：概念诡异的诚实信用与未能交锋的战场

私法中所谓诚实信用原则，又称诚信原则，其本身是一个私法基本原则，基本含义为立法者对民事主体在民事活动中维持双方利益平衡，以及当事人利益与社会利益平衡的要求，目的在于保持社会稳定与和谐发展。[1] 并且，它被称为私法中的"帝王条款"。[2] 虽然如果把其内涵中的一方主体替换为行政机关，似乎亦无不通，但是我们不应当忽视公法与私法之间所固有的区别。可能就是这一原因，至何海波文章发表时，对于公法中诚信原则的研究极度缺乏，当时的主要行政法教材并未将其纳入理论框架，此阶段关于公法领域诚信原则的态度主要体现在两篇文章当中：《试论我国行政法援引、诚信原则之意义》以及《民主政治与诚信原则》。而这两篇文章中所体现的"诚信原则"也体现出两种不同的认知。

首先，作为能够检索到的中国第一篇有关行政法诚信原则的文章，戚渊将诚信原则与行政法直接联系，对行政法诚信原则做了如下界定：(1) 不偏听偏信，有是非观念；(2) 行政行为正直、人道、适当；(3) 行政行为合法合理合情；(4) 程序公开、公平、正当。[3] 显然，此时诚信原则的含义已经超越了前文所述信赖保护原则的基本含义，包含了之后被明确的正当程序、依法行政、合理行政、信息公开等多种基本制度，而与前文形式上的信赖保护原则之间则无过多联系。这也同样说明在当时，学界对于行政法中的诚信原则本身也难以给出精确的定义。但是从中我们依然可以发现，此时诚信原则却与前文的信赖利益保护原则具有类似的作用，即阻却"依法行政"的形式规则，这一点也与之后学者们多次论述的信赖保护原则与依法行政原

---

[1] 徐国栋:《诚实信用原则二题》，《法学研究》2002年第4期。
[2] 参见朱庆育《民法总论》，北京大学出版社2013年版，第508页。
[3] 参见戚渊《试论我国行政法援引、诚信原则之意义》，《法学》1993年第4期。

则所产生的效力冲突相吻合。

其次，以"克林顿性丑闻案件"为切入点的刘军宁文，其主要切入点在于"这起事件的关键不是克氏的私情，而是这位总统没有就其与那位实习生的关系说真话，欺骗了公众，妨碍了司法"①，所以其关于"诚信"的论述最终落脚在公布信息的真实性上——"民主政治不仅要求政治家讲真话，而且也鼓励所有的人讲真话。"文章中并未直接提及行政机关，但是"所有人"自然应当包括行政机关在内。虽然同为"不能欺骗老百姓"，但是其与学者所认知的"说话算话"之间有着明显的不同，包含了对于自身行为效力的信守，而非单纯的真实信息。

由此可以发现，在中国信赖保护原则的历史原点时期（或其之前），即使我们将其仅仅认定为"相对人因为信赖行政机关而产生的利益"，信赖保护与其产生深刻联系的诚信原则和其内涵大相径庭，而且某种程度上，这一时期的诚实信用与之后的诚实信用相比也涵盖了更多要求。显然，这一私法的"帝王条款"在这一时期无法为信赖利益保护原则在中国的生成提供足够的理论支撑。

2. 蜜月期：行政法诚信原则的生成与信赖保护的结合

这一时期一般从2000年到"益民公司案"发生的2005年。与原点时期相比，新时期理论界关于诚实信用原则的关注逐渐增多，在此基础上，行政法中的诚实信用原则也基本跳出了原点时期涵盖广泛但缺乏核心内涵的尴尬境地，逐渐形成行政法领域内的诚实信用原则。正因如此，该时期有学者将其视为一种行政法基本原则。② 甚至有学者将其作为行政法各种基本原则之上的"高级法"原则。③ 对其内涵的界定也一般分为"狭义""中义"与"广义"三种。

第一，狭义界定。这种界定的内涵较为狭窄，具体分为如下两种表述："信赖保护原则就是诚实信用原则"④；与私法中的诚实信用原则类似⑤。

---

① 刘军宁：《民主政治与诚信原则》，《北京观察》1998年第3期。
② 参见杨海坤、章志远《行政行为不可变更力探究》，《江苏行政学院学报》2003年第1期。
③ 参见杨解君《行政法诚信理念的展开及其意义》，《江苏社会科学》2004年第5期。
④ 参见刘丹《论行政法上的诚实信用原则》，《中国法学》2004年第1期。
⑤ 参见赵宏《试论行政合同中的诚实信用原则》，《行政法学研究》2005年第2期。

第二，中义界定。此种界定的内涵较狭义界定有所增长，即要求政府本身不仅要诚实信用，还要保护及与诚实信用而产生的信赖。①

第三，广义界定。这种界定将诚实信用原则的内涵予以了大范围的扩展，在这一时期也最为理论界所接受。诚实信用原则的内涵应当涵盖如下要点，即"行政职权的运用须以维护公共利益作为基本出发点和最终归宿；行政职权的运用须顾及相对人权益；行政机关应保证意思表示的真实、准确、全面；行政机关应及时行使行政职权，超过合理期限行使职权将构成违法以及行政机关应恪守信用，保护相对人的正当信赖"②。

而由以上界定我们也可以发现，与原点时期相比，诚实信用原则在内涵上与信赖保护原则之间也产生了紧密的联系，而我们在绪论中提到的等同说、体现说、保障说、理论依据说、涵盖说其实基本出自这一时期。

3. 弱化期：诚实信用研究的弱化与关联研究的减少

2005 年后至今，一个有趣的现象是关于行政法诚信原则研究的弱化。虽然这一时期仍然有关于诚信原则的权威著作问世，③ 一些行政法教科书仍然将诚实信用作为行政法基本原则对待，但是其表述或者带有极为明显的对基于国务院《04 纲要》所提出的"依法行政六项基本要求"的认可与承继色彩，④ 或者将"诚实信用原则"置于"其他行政法基本原则"范畴，而"信赖保护原则"则被作者作为行政法基本原则予以单章论述。⑤ 而相较于 2001 年至 2005 年，以"诚信原则"或"诚实守信"为篇名或关键词的论文多次被《中国法学》《法商研究》等期刊刊发，但是 2006 年之后，这一现象明显减少，而之前的研究者也缺乏对于该原则的后续研究。

除此之外，在诚实信用原则与信赖保护原则的关系方面，虽然关于诚实信用原则的论述也出现在一些学者的论著中，也有研究者继续坚持"信赖保

---

① 参见张慧平《诚实信用原则与法治的契合——作为宪法原则的诚实信用》，《河北法学》2007 年第 7 期。

② 闫尔宝：《行政法诚实信用原则研究》，人民出版社 2008 年版，第 85—92 页。

③ 如刘莘的《诚信政府研究》与闫尔宝的《行政法诚实信用原则研究》，但是后者主要基于其2005 年博士论文修改而成，基本观点和论证过程并未发生根本改变，故而不应认定为本时期的著作。

④ 参见应松年主编《行政法与行政诉讼法学》，法律出版社 2006 年版，第 43 页。

⑤ 参见姜明安、余凌云主编《行政法》，科学出版社 2010 年版，第 95 页。

护原则是诚实信用原则在行政法领域的运用"①或者"诚信原则为信赖保护原则提供经验支持"②的观点,但是这一观点已经受到基于考察德国学术源流而提出的"来源于民法的诚实信用原则并非信赖保护原则的理论渊源"的观点的挑战,③从而使这一观点的可信度大打折扣。在笔者看来,可能存在两个原因造成诚信原则在信赖保护原则相关方面"后劲不足":其一,由于中外学界交流的逐渐增多,尤其是于德国学成归国的研究者将正宗的信赖保护理念完整引进,大陆学界对于诚信原则与信赖利益保护原则之间差异的理解更为深刻,进而使二者由相似趋向相异;其二,国务院《04纲要》以国家权威的方式对"诚实守信原则"作出了界定,而界定的内容显然与一般意义上"信赖保护"难以完全相等。虽然《04纲要》本身的效力仍有待探究,但是这样的界定无疑在中国行政法学界产生至关重要的影响——某些权威教材直接将《04纲要》六大要求作为其"行政法基本原则"一章的内容。④如果以这种视角观察,《04纲要》本身既是界定,也是一种对于学术研究思维的"限定"。

4. 小结

以上我们梳理了2000年至今行政法诚实信用原则的生成与发展之路,并在此基础上对诚实信用原则与信赖保护之间的发展作出了历史层面的梳理。基于这种整理,我们可以作出以下两个判断。

第一,诚实信用原则内涵定义并不清晰。虽然学者们都在适用诚实信用原则,但是诚实信用原则依然缺乏明确的内涵。无论是"狭义""中义"还是"广义"的定义,均有学者加以适用,即使《04纲要》的出台也未能使得学者们的理论聚集到这种统一的内核中。虽然学者们在很多文章中都在适用诚实信用原则,但是他们所适用的可能并非同一个"诚实信用原则"。如果我们用较为艺术性的话语对其加以描述,便是:我们都知道诚实信用在那里,但是却不知道在那里的到底是什么?这在很大程度上阻碍了我们进一步

---

① 周佑勇:《行政法专论》,中国人民大学出版社2010年版,第86页。
② 曾坚:《信赖保护原则的实有功能及其实现》,《东方法学》2009年第2期。
③ 参见刘飞《行政信赖保护原则的行政法意义——以授益行为的撤销与废止为基点的考察》,《法学研究》2010年第6期。
④ 参见应松年主编《行政法与行政诉讼法学》,法律出版社2006年版,第42页。

明确诚实信用原则的内涵。

第二，诚实信用原则与信赖保护不自觉地分离。如上所言，在很多研究者的直观感受中，诚实信用原则和信赖保护至少应该是紧密相关的，但是学术史的梳理表明，诚实信用原则与信赖保护的蜜月期仅仅在 2000 年至 2005 年，在此之后，二者之间的关系并非信赖保护研究中必须涉及的话题。这从信赖保护的研究者的论述中逐渐忽视这种话题的趋势可见一斑。可以说，在研究者的视域中，诚实信用与信赖保护在理论层面不自觉地分离。但理论并未告诉我们二者的分离具体存在于何种方面，以何种方式进行？它们的分离真的是完全区分而不加以联系吗？显然，纯粹理论层面的探讨显然不能提供令人满意的回答，因此我们需要从司法案例中给予诚实信用一个较为清晰的回复，并以此为基础对二者关系给予更明确的回答。

(二) 法官视域下的诚实信用原则

1. 案例选择与特殊问题

为探寻诚实信用原则的司法实践，我们依然以中国裁判文书网为主，"理脉""聚法"案例文书库为补充，在"法院认为"部分以"诚实信用""诚信"为关键词进行检索，共得到基础文书 5796 份，以前文信赖保护相同的标准筛选后共得到标准裁判文书 3686 份。这里值得注意的是，上海市在 2015 年以前出现过大量适用诚实信用原则的房屋拆迁补偿合同案件，但笔者进行分析后将该类案件予以排除，由于其在排除样本中占主要比例，因此笔者特对此加以说明。

(1) 问题的缘起

2015 年前，上海市第一中级人民法院和第二中级人民法院处理了大量涉及拆迁补偿协议的案件。下面以"马某芳诉上海市外高桥保税区新发展有限公司房屋拆迁安置补偿合同纠纷案"为例进行分析。1993 年 8 月 27 日，上海外高桥保税区新发展有限公司前身上海市外高桥保税区第二联合发展有限公司经批准取得了房屋拆迁许可证，马某芳房屋所属地块在拆迁范围内。1993 年 9 月 3 日，马某芳与新发展公司经协商签订《私房保留产权协议》(即安置协议)，约定由新发展公司拆除本市浦东新区杨园乡某某村某某 89 号房屋，以马某芳户五人作为安置人口计算安置。在安置协议已履行完毕后，马某芳起诉至法院，请求确认上述安置协议无效并要求新发展公司对其重新安置。对此,上海市一中院和二中院均由行政审判庭以民事判决书的形式作出判决,认为:"当事人行使权利、履行义务应当遵循诚实信用原则……新发展公司依法取得拆迁许可证,就被拆迁房屋拆迁一事与上诉人马某芳协商确定协议内容……协议系合同当事人真实意思表示,被上诉人依据拆迁时的法律法规足额补偿安置上诉人户,并无不当……现安置协议早已履行完毕,马某芳以错误执行拆迁政策、侵占其财产为由,主张安置协议无效,缺乏法律依据。"[1] 之所以选择由行政庭管辖,上海法院的思路是:这种历史遗留问题,主要内容是被拆迁人在1993年左右与政府拆迁公司根据拆迁许可证而达成的拆迁补偿协议,一旦涉及拆迁许可证,就代表着拆迁公司为了公共利益,拆迁有了政府的许可,不是单纯的私主体之间的行为,拆迁协议以拆迁许可证为依据的,因此由行政庭管辖。在当时的法律环境下,拆迁可分为如下六个基本流程。

阶段〇:开发商决定是否进行开发拆迁。如果否,则开发商和拆迁户各自维持现状;如果是,则进入阶段一。

阶段一:开发商向房屋拆迁管理部门申请拆迁许可证。如果否决,则继续维持现状;如果许可,则进入阶段二。

阶段二:拆迁人与被拆迁人进行一个动态的策略性讨价还价。如果达成协议,则进入阶段四;如果不能达成协议,则进入阶段三。

阶段三:房屋拆迁管理部门或政府给出裁决。

阶段四:被拆迁人服从裁决或实施协议,博弈结束;如不服从,则成为钉子户。

阶段五:拆迁人把钉子户告上法庭,法庭裁决拆迁人或钉子户胜诉。如果钉子户胜诉,则拆迁人要么接受其要价,要么放弃拆迁。[2]

在本案相较以上五个阶段,其争议在于补偿协议已经达成,拆迁安置已经发生后,被拆迁人对补偿产生不满,进而将拆迁人告上法庭。

以上便是该排除事项的基本内容,而其产生的问题是:案涉拆迁补偿协

---

[1] (2015)沪一中民(行)终字第318号判决书。

[2] 参见丁利、韩光明《现状还是底线?——征收拆迁中的补偿与规则适用》,《政法论坛》2012年第3期。

议究竟是否应当纳入行政诉讼受案范围，从而由行政庭负责审理。

(2) 拆迁补偿协议的性质争议

其实，对这一问题的回答无非"属于"抑或"不属于"两类。主张应由民事诉讼处理者如郭修江，他认为虽然主张修改后的《行政诉讼法》作出明确规定，房屋征收补偿协议争议属于行政诉讼受案范围，但对取得拆迁许可证的历史遗留的拆迁补偿问题，这种拆迁人与被拆迁人达成的拆迁补偿协议，仍属于平等主体之间签订的民事合同，发生纠纷应当通过民事诉讼途径解决。① 这种观点也得到了最高人民法院的支持。《最高人民法院关于受理房屋拆迁、补偿、安置等问题的批复》（法复〔1996〕12号）规定，拆迁人与被拆迁人因房屋补偿、安置等问题发生争议，或者双方当事人达成协议后，一方或者双方当事人反悔，未经行政机关裁决，仅就房屋补偿、安置等问题依法向人民法院提起诉讼的，人民法院应当作为民事案件受理。2011年，最高人民法院《民事案件案由规定》第83项将房屋拆迁安置补偿合同纠纷案件明确列为民事案件。

但即使最高人民法院的权威解释也并不能消解这种争议。如龙凤钊就认为，这种在1991年拆迁条例法制环境下达成的"补偿、安置协议"中，由于不具有行政合同的双方性，被拆迁人的意志未能影响协议事项以及是否成立，拆迁和补偿、安置是一个单方的行政处分行为。② 而在于立深对此作出的专题论述中，他认为这些补偿协议纠纷案例的集中特点之一是：缔约主体的一方当事人是被征收征用者，另一方是即将占有或使用该土地等财产的普通主体，如城市轨道公司等。从缔约主体上看，这些征收征用补偿协议是民事合同，而其实质是行政合同，因为其处理的是公法关系，有关行政管理主体把自己的职权授权或者委托给了那些普通主体，但是这些普通主体的征收征用权力都得到了相应行政管理主体的许可证授权或者委托，而且二者在征收征用的费用和补偿费用上也存在着资金关系。所以，上海市各级法院作为民事案件处理的征收征用协议，应该属于行政合同。③

---

① 参见郭修江《行政协议案件审理规则》，《法律适用》2016年第12期。
② 龙凤钊：《行政行为的合作化与诉讼类型的多元化重构》，《行政法学研究》2015年第2期。
③ 参见于立深《行政协议司法判断的核心标准：公权力的作用》，《行政法学研究》2017年第2期。

(3) 笔者观点立场

笔者认为，这些案例不应被纳入行政法诚实信用原则的适用范围。

这些案件的基本前提是拆迁主体已经取得了政府部门颁发的拆迁许可证。之所以必须申请这一许可证，是因为房屋拆迁实际上代表国有土地使用权人的改变，即从原来的被拆迁人变更为拆迁人。但是，这个改变不是由拆迁人和被拆迁人自行决定的，而是通过国家先从被拆迁人处收回土地的使用权，然后再转移给拆迁人来完成，所谓国家许可拆迁就是国家同意了将该块土地的使用权人由被拆迁人变更为拆迁人。[1] 因此未取得拆迁许可证的拆迁安置补偿案件并无国家一直的涉入，当然为民事案件。本案争议并不在于政府相关部门颁发拆迁许可证是否合法，而在于已经取得拆迁许可后的履行行为是否合法。

查阅新发展公司公开的资本结构后，我们发现上海的案件中涉及的这类公司均为国有独资公司，是政府为了特定目的而设立的，资金也来自政府，其本质上是一种"地方政府的公司化运作模式"。[2] 而拆迁许可证可视为政府委托该公司进行拆迁，因此仍然属于行政协议。但在上海法院的判断中，是否取得拆迁许可证是行政抑或民事争议的关键，拆迁许可证标志着作为所有权人的国家同意国有土地使用权的转移，因此取得拆迁许可证标志着拆迁补偿协议本质上是行政协议，由行政庭审，只不过一来最高人民法院之前曾作出过相关司法解释，二来也是上海法院对这里的关系不同于一般的行政行为的认定。基于此，行政协议的履行问题也是行政争议，相对人和拆迁公司之间是基于行政协议而履行行政法上的义务，诚实信用原则在此的意义是保障相对人履行行政法义务，维护政府在法律关系中的权力地位和请求权主体地位，使其可以强制非诉执行。因此，有学者将该行为界定为政府直接参与下的"民事行为"，[3] 可谓恰如其分。

综上所述，无拆迁许可证的均为民事案件；而有拆迁许可证的案件本质上是行政争议，不分主体，因为涉及国家对国有土地使用权实际转移的认

---

[1] 胡锦光、王锴：《我国城市房屋拆迁中的若干法律问题》，《法学》2007年第8期。
[2] 参见朱鹏扬、李雪峰、李强《地方政府公司化行为模式与中国城市化的路径选择》，《财经研究》2019年第2期。
[3] 参见高富平《〈物权法〉实施后房屋拆迁制度的存留问题》，《理论前沿》2009年第9期。

可，但涉及法院对行政行为的区分以及最高人民法院两个案由规定，因此出现了行政庭依据民诉程序，通过民事判决裁断实质上的行政协议案件的怪现象。出于对法院判决事实和最高人民法院既有司法解释的尊重，本书将其排除出样本筛选。

2. 诚实信用原则在实践中的基本适用

虽然经过对样本的分析，我们发现诚实信用原则作为一种司法技术，法院对其的适用在领域方面也具有十分强烈的集聚性，即它的主要适用领域主要在于行政协议、信息公布和诉讼程序三大领域，在其他领域内虽然也有所涉及，但范围较为分散且适用逻辑也较为复杂。

（1）行政协议领域内的诚实信用

作为私法领域的"帝王原则"，《中华人民共和国民法典》（以下简称《民法典》）第509条规定，当事人应当按照约定全面履行自己的义务。当事人应当遵循诚信原则，根据合同的性质、目的和交易习惯履行通知、协助、保密等义务。[①] 私法在意思自治之外引入诚实信用，其功能在于将道德予以法律化，进而对私法自治为基础的法律行为效力予以限制，其本质则是赋予法官自由裁量权和克服成文法局限性的工具。[②] 在行政法领域，最高人民法院以第76号指导性案例的形式认可诚实信用在行政协议领域的可适用性（"亚鹏公司作为土地受让方按约支付了全部价款，市国土局要求亚鹏公司如若变更土地用途则应补交土地出让金，缺乏事实依据和法律依据，且有违诚实信用原则"），而在本书所选样本中，行政协议类案件也是诚实信用原则适用最为广泛的领域。具体而言，行政协议中诚实信用的价值可做如下分类。

首先，以诚实信用减少行政机关违约金。法院在这类适用中经由《最高人民法院关于适用〈中华人民共和国行政诉讼法〉若干问题的解释》第14条"准予适用不违反行政法和行政诉讼法强制性规定的民事法律规范"的

---

① 该条与本书大量样本适用的原《中华人民共和国合同法》（以下简称《合同法》）第60条基本一致，仅将"诚实信用原则"改为"诚信原则"。《合同法》在第60条规定："当事人应当按照约定全面履行自己的义务。当事人应当遵循诚实信用原则，根据合同的性质、目的和交易习惯履行通知、协助、保密等义务。"因此，为尊重原判例精神，除特别说明外，原则上依然援引《合同法》及相关规定。

② 于飞：《公序良俗原则与诚实信用原则的区分》，《中国社会科学》2015年第11期。

转化规定，从而适用《民法典》第585条关于违约金酌减的规定，即诚实信用原则作为违约金酌减的理由。① 如"钱某兴等人与彭水苗族土家族自治县国土资源和房屋管理局等未按照约定履行行政协议案"中，法院认为："涉案《房屋征收补偿安置协议书》中约定'每延迟一天应支付房屋及构附属物拆迁补偿费总额千分之二的违约金'，即每日2‰（折合每月6%，每年72%）的违约金标准确属约定过高，可以予以适当减少。本院酌定按照年利率12%（即每月1%）的标准支持原告所主张的违约金。"② 值得注意的是，法院在这类案件中基本上以"约定违约金是否过高（超过造成损失的百分之三十）"作为标准，对于"如何根据诚实信用原则调整"则基本并未辅以行政法层面的论述。因此，这种"以数额代表法理"的做法，本质上是一种将行政协议"民法化"的路径，诚实信用在此与民法并无根本区别，但是这种路径的受益方基本为行政机关。

其次，以诚实信用要求双方履行协议义务。相较依法行政、正当程序等行政法原则，诚实信用原则在法院的适用范畴中同时约束行政机关与相对人履行协议义务，法院在此并不因其为行政协议案件便认定其是一种单向行政法原则，而基本采用了如民事案件一致的理解。如"何某明与彭州市龙门山镇人民政府行政协议案"中，法院认为："原被告双方签订协议后，应当本着诚实信用的原则，按照协议的内容进行履行。"③ 而某些法院更是明确表示："行政协议强调诚实信用、平等自愿，一经签订，各方当事人必须严格遵守。"④ 因此，一方面，它确如研究者所言，更多地适用于行政主体不履行或拖延履行义务；⑤ 另一方面，它也同样适用于相对人义务的不履行，即使本案属于以行政机关违法性为标的的行政诉讼。如"蒋某森与绍兴市上虞区人民政府房屋征收行政补偿案"中，法院认为："行政协议的履行应当符合诚实信用和全面履行的原则，根据原告本人签署的《房屋征迁改造补偿协

---

① 该条与样本案例广泛适用的原《合同法》第114条和原《最高人民法院关于适用〈中华人民共和国合同法〉若干问题的解释（二）》第29条规定基本类似，无明显变化。
② （2018）渝0243行初49号判决书。
③ （2017）川0113行初21号判决书。
④ （2017）宁04行初50号判决书。
⑤ 参见叶必丰《行政合同的司法探索及其态度》，《法学评论》2014年第1期。

议书（住宅产权调换）》约定，原告选择安置房之后，应当支付相应房屋价款的差价。原告选择安置房，但未支付相应差价款，直接起诉要求被告给予安置房，缺乏事实和法律依据。"①

最后，以诚实信用判定缔约过失。以上两种诚信主要针对行政协议的履行部分，包括违约金都是针对协议履行争议后的纠纷解决机制。而第三种适用案例极为稀少，但其适用阶段提前至协议订立之时，即法院以诚实信用原则判定相对人存在行政协议的缔约过失，从而从根本上否定协议的可履行性。如"高某年诉高建年、上海友联竹园第一污水处理投资发展有限公司、上海千众房屋动拆迁有限公司房屋拆迁安置补偿合同纠纷案"中，法院认为："民事活动应当遵循自愿、公平、等价有偿、诚实信用的原则……被告污水处理公司在取得对该地块实施拆迁项目后，明知高福元早已于2004年亡故的事实，仍依据已被撤销的（89）川证字第84号公证书确定高建年为被拆迁人，并仅与高建年签订拆迁补偿安置协议违反了相关的法律规定……"②

综上所述，我们发现，诚实信用原则在行政协议实践中被大量用以解决行政机关或者相对人义务不履行或者拖延履行争议，而它似乎也跳出了传统行政法原则的束缚，成为一种同时约束行政机关与相对人行为的法律原则。这一切似乎也印证了叶必丰通过梳理大量的行政协议案件后指出的：诚实信用原则也可以适用于行政主体履行义务。但从法院的论述中，我们不禁提出这样的疑问：法院在这里适用的是行政法诚实信用原则还是民法诚实信用原则？因为在太多的案例中，法院援引诚实信用的基本逻辑都基于《行政诉讼法适用解释》中"准用民法规范"的要求，进而引入《合同法》诚实信用原则（现《民法典》诚信原则），进而规制协议履行问题，似乎在此处法院有意无意地将"行政协议"拆分为"行政"与"协议"，而法院所关注的重点是"协议"而非"行政"，即使这些案件存在于行政诉讼司法实践中。

---

① （2018）浙06行初86号判决书。
② （2009）浦民（行）初字第155号判决书。

（2）信息公布的诚实信用

诚实信用原则的第二个适用领域是政府信息的公布方面，即政府机关因其高权性质，其公布的信息应当具备真实性，且自己公布的信息应对自身具有约束力，因此构成"诚实"和"信用"两个层面。首先，"诚实"即在诚实信用原则的要求下，行政机关在行政管理过程中，必须开诚布公、不说谎、不作假，确保所提供的信息全面、准确、真实。[1] 如在"济源市宏达置业有限公司与济源市国土资源局国有建设用地使用权挂牌出让行为案"中，法院认为："济源市国土资源局……在《国有建设用地使用权拍卖出让文件》（2011—2018）中发布的相关信息是不真实的，有违诚实信用原则。"[2] 其次，在"信用"方面，法官强调了政府自身发布信息对后续行为的约束力，如"海口绿丰实业有限公司与海南老城经济开发区管理委员会、澄迈县人民政府行政强制案"中，法院认为："根据澄迈县国土局……在《海南日报》刊登的公告，青苗补偿……补偿标准参照澄迈县政府澄府〔2008〕6号文件规定的标准执行……该公告面向公告中所涉地块所有权利人，该公告对其自身具有法律上的约束力。按照诚实守信原则和公平原则，澄迈县政府和老城管委会应对绿丰公司参照公告所定标准进行补偿。"[3] 这里我们需要注意的是，法院对于公告的背反并未适用合法预期乃至信赖保护原则，而代之以"诚实信用"。对比其中内容，我们也可以发现，虽然它们在形式上都可视为行政机关的承诺，都强调行政机关自身公布行为对后续行为的约束力，但是诚实信用的基础更类似规范性的政策标准，是一种政策的一致性适用问题。正因如此，法院在诚实信用之外引入了"公平原则"，而前文行政承诺的信赖保护，以及"华侨搪瓷厂"具有的合法预期内涵则并非政策适用的一致性问题，而是行政机关行为使相对人产生信赖或者预期后应否适用问题。在约束力的生成方面，前者更加偏向秩序一致性，而后者则更加注重行为本身对相对人产生的个体影响力。

---

[1] 周佑勇：《论政务诚信的法治化构建》，《江海学刊》2014年第1期。
[2] （2016）豫08行终243号判决书。
[3] （2015）琼行终字第251号判决书。

（3）诉权规制领域的诚实信用

诚实信用在行政法中的第三种适用在于对相对人诉权规制，而非行政机关，其缘起在于信息公开领域的滥用。在著名的"陆某霞诉南通市发展和改革委员会政府信息公开答复案"中，二审法院便认为："陆某霞不当的申请和起诉多次未获人民法院的支持，而其仍然频繁提起行政复议和行政诉讼，已经使有限的公共资源在维护个人利益与他人利益、公共利益之间有所失衡，超越了权利行使的界限，亦有违诚实信用原则，已构成诉讼权利的滥用。"① 对此，有学者提出了颇为有洞见的观察：南通中院依据最高人民法院关于执行《行政诉讼法》若干问题的解释第44第1款第11项之兜底条款，参照《中华人民共和国民事诉讼法》之诚实信用原则要求，将民事诉讼中运用诚实信用原则对滥用诉权行为进行规制作为本案的理论基础。② 因此在诉权规制的领域中，法院对诚实信用原则的使用与滥用诉权的违法性判断紧密结合，并以前者作为后者的理论基础。

（4）其他领域的诚实信用

除行政协议、信息公布和诉权规制这三种类型化领域外，诚实信用在其他方面的适用较为复杂，难以类型化。概括而言，其主要有如下价值。

第一，基于诚实信用原则，要求行政裁量权行使标准保持前后一致，不能根据个案而任意变动。如在"崔某与延吉市人民政府房屋行政征收案"中，法院认为："本案中B19标段的绝大多数被征收人均已经按照此前经双方协商后由延吉市政府公布的征收方案和标准签订协议并自动搬迁，若超出该标准按照新政策给予崔某补偿，对其他被征收人有失公允，亦有违人民政府诚实守信、依法行政的原则。"③

第二，基于诚实信用原则，行政机关在行政处罚中应当考虑政府同意等要素，否则构成违反诚实信用原则。如"通化县盈利免烧砖厂诉通化县国土资源局土地行政处罚案"中，法院面对国土资源局的再审申请，认为："金斗朝鲜族满族乡人民政府证明'通化县盈利免烧砖厂是2006年我乡招商引

---

① 《最高人民法院公报》2015年第11期。
② 梁艺：《"滥诉"之辩：信息公开的制度异化及其矫正》，《华东政法大学学报》2016年第1期。
③ （2015）延中行初字第17号判决书。

资单位'……金斗村民委员会证明'2004年免烧砖厂建厂位置经金斗乡政府同意选在金斗村线麻泡子'。通化县国土资源局在对免烧砖厂进行处罚时对上述事实不予考虑违背了行政法诚实守信以及合理性原则。"[①] 在本案中，法院认为应当考虑的相关因素包括招商引资政策、已经取得的行政许可等，它们都具有所建构的法秩序持续发挥效力的要求，而违反诚实信用原则正是违背这种持续性适用的后果。

第三，基于诚实信用原则，行政机关被设定了对意思真实性的审查义务。如果被告不履行或未能准确履行这种审查义务，可能构成程序违法。如"孙某华与十堰市郧阳区房地产管理局行政登记案"中，法院认为："《城市房地产抵押管理办法》第五条规定，房地产抵押，应当遵循自愿、互利、公平和诚实信用的原则。被告郧阳房管局在房屋他项权登记时，也未询问设定抵押是否是房屋权利人的真实意思表示，不能证明房屋权利人到场对设定抵押予以了确认……房屋他项权登记存在明显错误，属未尽到审查、核实职责，存在程序违法。"[②] 本案中，虽然《城市房地产抵押管理办法》第五条规定看似对不动产抵押权交易当事人双方的要求，但本案中，法官显然将本条规范要求延展至登记机关，赋予其对交易人真实意志的审查义务，并以程序违法对其加以保障。

（三）行政法诚实信用原则的提炼

我们在第一部分梳理了诚实信用原则在中国行政法内的发展，以及在这一场域内其与信赖保护原则之间的理论纠葛，在第二部分对法院适用诚实信用原则的基本实践进行了总结。基于以上内容，我们对行政法场域内的诚实信用原则也产生了一些新的理解，而这些问题的基础便是：法官在行政案件中适用的诚实信用原则一定是行政法诚实信用原则吗？

其实，先辈学人在这个问题的回答上存在着不周全之处：叶必丰在其对行政合同的探讨中认为当事人应履行合同所约定的义务，坚持诚实信用原则和信赖保护原则，但其并未界定这里的诚实信用原则究竟是私法原则还是公法原则。而基于此产生的问题是：如果它是民法意义上的诚实信用原则，那

[①] （2015）吉行监字第215号裁定书。
[②] （2016）鄂0321行初25号判决书。

么即使在关系之诉意味浓厚的行政协议案件中，似乎也不能天然与信赖保护这一公法原则相提并论。陈国栋作为后续研究者，也未言明诚实信用在行政协议审查中究竟是公法还是私法原则，但其行文本身却无意中暴露了态度："诚实信用原则不能证成 76 号案例判决合法性……在本案中应当适用的行政法原则是信赖保护原则。"[1] 其特别强调"应当适用的行政法原则是……"。显然，在其印象里，诚实信用在此应当为一种行政法原则，即行政协议案件中适用的就是行政法诚实信用原则，而这种适用也应当作为行政法诚实信用的基本内涵。但是基于前文分析，我们已经发现，法院在这种语境下适用诚实信用原则实际上是一种基于《行诉适用解释》而对民法规范的"转换"适用，也就是说，法院在行政协议案件中适用的诚实信用原则并非行政法诚实信用原则。而作为行政协议审理的重要规则，诚实信用原则民法化而非行政法化的本质，对行政协议来说亦是极其重要的，即它标志着我们对协议的关注不应当因其纳入《行政诉讼法》受案范围规定而局限于"行政"，而是应当关注其作为"协议"的共性。当然，这种适用在个案分析和提炼规则本身并无问题，但是如果将其适用规则混同，将会使行政法诚实信用原则的内涵变得浑浊不清，因此，我们需要将其排除以提炼行政法诚实信用原则的内核。同理，源于民事诉讼法，作为诉权规制的诚实信用原则也应予以排除。

在排除占比最多的行政协议和诉权规制案件适用后，剩余的诚实信用原则才构成一种纯粹的公法原则，即它只是对行政机关依法履行相关职责的要求，而不能将射程延展至相对人而通过类型化的信息公布以及其他不特定类型的诚实信用原则的适用。我们可以发现，司法实践所认可的行政法诚实信用原则的核心理念主要分为"诚实"与"信用"两部分。

所谓"诚实"，即行政机关应当公布真实信息，对相对人作出真实的意思表示；所谓"信用"，即行政机关作出的意思表示在真实的前提下，这种意思表示应当在适用上保持前后的一致性，即对后续行为产生约束力。除了上述两点对行政机关行为内容的要求外，行政法诚实信用原则还意味着行政

---

[1] 陈国栋：《行政协议审判依据的审查与适用——76 号指导案例评析》，《华东政法大学学报》2018 年第 3 期。

机关对民事主体之间的诚实信用关心存在维系义务，即其对民事主体权利的具体行使承担着监督的作用，具有应然的审查义务，而这其实也是民法中诚实信用原则的基本功能。①

由此，我们发现，行政法诚实信用原则同时承载了内容与权利行使两方面要求，从而构成与仅强调权利形式审查、防止权利滥用的民法诚实信用原则的区别。而无论是内容真实性、权利行使持续一致性，抑或对权利滥用的审查义务，本身都是基于依法行政逻辑的客观秩序要求，其基点在于规范政府行为。正是这一点使其与信赖保护原则产生了区别，也构成我们在中国行政法体系内整合信赖保护与诚实信用原则的基础。

三 概念比较视野下信赖保护原则的定位

正如本章开始所说的那样，自从信赖保护被引入中国行政法开始，它便与普通法的合法预期理论以及私法中的诚实信用关系复杂。2000年以来，但凡探讨信赖保护的研究，都必然会探讨，或者被要求讨论其与合法预期理论以及诚实信用原则之间的关系。而当研究者试图研究合法预期时，他同时会被要求说明其与信赖保护之间的关系，不论这种研究本身是否需要涉及信赖保护。以上都说明，在中国行政法的视域内，信赖保护与合法预期、信赖保护与诚实信用之间的关系，是信赖保护研究不可越过的问题，也是我们厘清信赖保护在中国行政法内涵必然的路径。在本章已经完成的内容中，我们讨论了合法预期在中国行政法中形式与实质两种层面的存在，并且基于理论梳理和司法实践对行政法诚实信用原则进行了一定程度的提炼。这些工作的目的，都在于探索一种可能：信赖保护、合法预期和诚实信用这三种交织多年的理论是否可以在中国行政法的框架下得到体系性整合，从而使这三种理论各得其所，而非如今天这般混乱。这里我们之所以强调"中国行政法的框架"，是因为信赖保护源自德国法，合法预期源自普通法，而诚实信用原则源自私法原则，法系与法域之间的差别使其并不具备过多的整合性，但它们

---

① 民法学者有言：诚实信用原则"行使审查"的对象，并非法律行为内容，而是"既存的权利"。一个已产生的权利（可能是由于法律行为产生），其行使行为构成权利滥用的，该行为不被允许。参见于飞《公序良俗原则与诚实信用原则的区分》，《中国社会科学》2015年第11期。

都适用于中国行政法的特性却带来了整合的可能性。因为中国立法机关不可能创制德国法或者普通法规则作为"依法治国"的法制基础，中国行政机关也不可能适用德国法或者普通法实现地方治理的目标，而中国的司法机关更不可能直接援引德国法或者普通法裁判案件，人大、行政机关和法院都必须将上述理论"中国化"，将它们变为中国行政法的内容方才为中国实践所适用，而在这种"中国化"的过程中，三者的内涵必然发生变化——而前文的研究也充分证成了这一点——因此，我们可以在中国行政法框架内对信赖保护、合法预期与诚实信用原则进行整合。需要说明的是，由于学者与法官从未将合法预期与诚实信用之间产生勾连，因此我们需要关注的实际是信赖保护与合法预期、信赖保护与诚实信用这两组同源但不互相联系的关系。我们在之前已经辨析了信赖保护与合法预期之间的关系，那么这里首先要做的便是进阶本章第二节的内容，厘清信赖保护与诚实信用之间的关系。

（一）主观信赖保护与客观诚信秩序：信赖保护与诚实信用的廓清

前文我们已经梳理了学界关于这两者关系的论述，但也发现学者的论述并不清晰，"趋同化"的研究已经得到反思，试图将二者分离的学者也并未提出十分让人信服的论断。在司法层面，虽然法院在审理与理由论述中基本未明确论证何为"诚实信用原则"，仅单纯援引该原则形成类似"根据诚实信用原则""违反诚实信用原则"等论断，但从整体分析，法院对诚实信用与信赖保护之间的区分还是相对明显的。

在"益民公司案"中，作为一审法院的河南高院适用了诚信原则，即"益民公司原来基于有关行政机关授予的燃气经营权而进行的工程建设和其他资产投入将形成益民公司的损失。对此，市政府及有关职能部门负有一定的责任。在益民公司的燃气经营权被终止，其资金投入成为损失的情况下，市政府应根据政府诚信原则对益民公司施工的燃气工程采取相应的补救措施予以处理"。这种意见最终被最高人民法院以"信赖保护原则"取代。究其原因，笔者认为并非在于最高人民法院认为诚信原则不应适用于本案，而在于河南高院在一审中适用的"诚信原则"更接近信赖保护规范第二层次的内涵：河南高院在论证中并未认为市政府等单位应当如前文所述"行政协议诚实信用"一般认为政府不履行违法，也不未如行政法诚实信用的一般原理那般认为政府之前意志应当对其后续行为产生约束，只是从责任方面将损失与政府先行行为联系，强调政府对造成的损失有补偿责任，这种不强调行为违法而强调救济请求权的做法与本书第三章所述信赖保护的司法价值并无二致。因此，最高人民法院以信赖保护在语词方面纠偏一审"诚信原则"的做法正当其时，而这种纠偏也隐含了诚实信用与信赖保护的不同。"益民公司案"后的地方法院实践对这种区分阐述得更为明显。如在"李某昌与沈阳市苏家屯区人民政府临湖街道办事处不履行行政承诺案"中，法院认为："既然被告作出承诺，就应当积极落实会议所确定的内容，坚持诚实信用原则，恪守自己作出的承诺，实现原告对政府的信赖利益。"[1] 这里，法院对两种理论的适用呈现出完全不同的面向：对于诚实信用，法院使用了"坚持"，其效果在于政府自身对"承诺的恪守"；而对于信赖利益，法院则认为其是"原告之于政府"。前者体现出法院对行政行为前后保持一致性的依法行政客观要求，而后者则更在于保护相对人主观的个体权益。在本案中，个体信赖利益的保护是规范政府行为、保持政策一致性的客观后果，前者是后者保护的工具。简言之，诚信原则在此维系的是作为信赖基础的行为效力，而信赖保护在于维护相对人的具体权益。

由此，我们也能够发现当法院同时适用诚实信用与信赖保护之时的考虑：诚实信用作为一种行政法原则被适用时，它的价值在于为行政机关依法行政塑造一种客观秩序层面的要求，即行政机关必须保障公布信息的真实性，并且维系这种意思表示的存续力。也就是说，诚信的比较对象是信赖保护规范的第一层次，都是效力的存续，但不同的是，诚信的重心在于维系信赖基础的应然法效力，而信赖保护更强调权益的实效保护。当诚实信用与信赖保护同时出现的语境下，信赖保护原则更加侧重以补救措施的第二层次，即权益保护，而以关系存续为内容的第一层次则更加融入诚实信用原则。当然，行政机关在此还有保证民法诚实信用原则得以履行的审查义务。而信赖保护的意义在于一旦行政机关作出了某种意思表示，即使它不再存续，即使它不一定真实，只要相对人对此产生了主观信赖，为了保护这种信赖所带来的信赖利益，法院也必须适用信赖保护原则。

---

[1] （2016）辽 0192 行初 54 号判决书。

(二) 整体与具体：两种层面的整合

在完成信赖保护与诚实信用的区分后，实际上我们已经完成整合三种原则需要的所有基础准备工作，因此可以在中国行政法框架下开始本章最后的论述。正如前文所提到的那样，虽然《04 纲要》的实践适用存在一定争议，但毫无疑问的是，作为国家层面对行政法基本原则难得的正式体系化表达，"诚实守信"的存在必使我们的整合要以其作为整体层面的实定法要求，从中寻求赖以整合的解释基础；而相较于整体层面向"诚实守信"的靠拢，更为重要的整合是在具体适用层面，合法预期消融于信赖保护，以及信赖保护与诚实信用的各司其职。

1. 具体适用层面的信赖保护、合法预期与诚实信用

首先，对于信赖保护与合法预期的关系，正如本章第一节阐述的那样，信赖保护在具体适用层面对合法预期作出了中国式的筛选，一方面厘定了中国法合法预期的基本概念，另一方面也充实了信赖保护原则在中国法中的内涵。承上所言，中国法内的"合法预期"是法院针对未来利益进行实体保护而采用的专有词汇，法院对它的适用本身便强调了对相对人未来权益的保护，但是法院如果不适用合法预期而转向信赖保护，就结果而言，可能并不会产生太大区别。信赖保护借由中国法框架，已然包含了对基于承诺而产生的程序性权利的保护、对行政机关意思表示要素的强调等要素，而针对权益的程序性保护，则交由正当程序原则专门负责。因此，在具体适用层面，除非需要对未来预期进行特别强调，否则适用信赖保护即可，无须适用合法预期概念。

其次，是信赖保护与诚实信用原则。在行政协议案件中，法院以民法诚实信用原则进行适用上的"转换"，对行政协议双方的不履行或拖延履行行为进行约束，维护"协议"本质的行政协议履行过程。在包括行政登记在内的行政许可案件中，信赖保护起着绝对的主导作用，而行政法诚实信用原则在此类案件中多起着某种程度的辅助论证作用。至于纯粹的行政法诚实信用原则，它的适用则呈现散点状分布，最为集中的领域在于信息公布的真实性与有效性要求方面，其他方面则多被援引以主张行政机关意思表示持续效力，或前述表述对后续行为的约束力。当信赖保护与诚实信用同时出现时，诚实信用原则的背后是依法行政，该原则的适用意在塑造客观上真实且前后

持续性适用的行政秩序，并非在于保证相对人主观上的对政府的信赖；而信赖保护的意义则在于保护相对人主观产生的对行政意志的信赖，至于是否前后一致、是否真实有效在此不论。

由此，我们在适用层面厘清了信赖保护与合法预期、诚实信用之间的关系，即与前者构成吸收关系，而与后者构成在某些情况下可能更互补的并列关系。但仅仅在适用方面对其加以厘清并不是我们论述的终点，因为在中国法的规范框架内，尚有《04纲要》所确定的"诚实守信"作为基本原则层面的要求，我们需要对其加以解释和利用。

2. "诚实守信"整体要求加持下的信赖保护、合法预期与诚实信用

在整体层面，信赖保护、合法预期与诚实信用应见容于"诚实守信"要求，并在"诚实守信"要求下获得规范上的存在空间。根据"诚实守信"要求，行政机关公布的信息应当全面、准确、真实。非因法定事由并经法定程序，行政机关不得撤销、变更已经生效的行政决定；因国家利益、公共利益或者其他法定事由需要撤回或者变更行政决定的，应当依照法定权限和程序进行，并对行政管理相对人因此而受到的财产损失依法予以补偿。遵照这一要求，"诚实守信"有着比貌似相同的"诚实信用"更为宽广的适用空间，也更加具有行政法原则的意味，而其法律原则的特性也意味着信赖保护（包括蕴含其中的合法预期）与诚实信用能在其中寻求更为广阔的概念填充可能。

首先，以诚实信用之"诚实"对接诚实守信之"诚实"。行政机关公布信息的全面、准备与真实在内涵上体现了行政法诚实信用原则的"诚实"面向，即它对行政机关公布信息提出了真实性要求，这两者无论在形式还是实质上都是相通的。

其次，以"信用"同时囊括"守信"与"信赖保护"：行政机关既然曾经作出某种意思表示，其便应维系这种意思表示的存续力与可持续适用性。虽然这种效力的维系可能主要源于行政行为效力理论，[①] 但诚实信用理论无疑是对该理论的一种强化。基于上述理论，如果非因法定事由并经法定程

---

① 参见赵宏《法治国下的目的性建构——德国行政行为理论与制度实践研究》，法律出版社2012年版，第232页。

序，行政机关当然不得撤销、变更已经生效的行政决定。这便是第一个";"之前内容所提供的解释力。

最后，至于"信赖保护"，则可在";"之后的"行政管理相对人因此而受到的财产损失依法予以补偿"中得到解释空间。此处，由于法定事项与法定程序的存在，行政机关之前的意思表示失去了持续适用的制度空间，而面向行政的诚实信用显然在此并不能为相对人带来天然的补偿请求权基础，因为它本身是对行政机关行为的要求，尤其是合法行政的前提下。相对人在这种情况下之所以能够向相对人请求补偿，请求权基础正在于"因此受到的损失"——这里"因此"所代表的因果关系应当限缩至以"信赖保护"为基础的因果关系。这种信赖保护正契合了第三种司法判决采用的两种信赖保护生成路径："信"与"赖"——相对人以此作为基础获得权益，此时面临权益丧失，其权益获得保障；当相对人"信"其意思表示而作出处分行为时，其处分损失亦应得到保护——这便是信赖保护基于"因此"的规范表述而对"诚实守信"中的权利保护面向作出的基础注释。

第三节 行政法总则制定视角下信赖保护原则的定位

以上，现实定位与概念体系定位在时间轴线上更多面对的是"当下"，但其依然需要在"未来"寻求自身的定位。因为信赖保护本身具有相当程度的道德责任意涵，并且其对于规范政府行为、维护法安定性具有重要的意义与独特的优势。另外，本书在实践中发现的规范基础均是零散的，且其自身均具有难以克服的理论漏洞，通过任何一种规范基础，我们都不能发展出对整个行政法体系产生全覆盖的理论。因此，信赖保护更需要是在行政法理论层面为其重新寻找一处"落脚之地"。当下为学界所广泛讨论的行政法总则的制定正为信赖保护提供了一个重新发挥其"原则"作用的契机。如果能乘上行政法总则制定的东风，对信赖保护的发展将会具有重要的意义。

一 将信赖保护原则纳入行政法总则的可能性

基于行政法学界的共识，行政法总则应以《民法典》编纂为基本参照，尤其是在编辑技术上，应当以"提取公因式"技术对各单行法进行抽象概括，从而将行政法律体系中已有的或应该有、可能有的共有普遍性和引领性规范提取出来，作出统一规定，既构建我国行政法律制度的基本框架，也为各分编的规定提供依据。① 因此，选择何种行政法装置纳入行政法总则体系便成为总则编纂必然要考虑的问题。虽然通过前文论述，信赖保护具有"原则"地位，但其在当前中国行政法架构中更侧重个案权益保护请求权基础的制度价值和受重视程度均无法与依法行政、正当程序等等量齐观。因此，即使有论者支持信赖保护原则纳入总则编纂，② 但其并非有先验性的纳入理由，故应对其是否具备充分的"公因式"地位加以必要论证，从而证成其纳入行政法总则的可能。

第一，信赖保护原则在中国行政法体系上具有规范的整合能力。学界对制定行政法总则的共识之一便是通过行政法总则整合既有的行政法规范，包括法律、行政法规以及地方层面的各级立法，塑造行政法源体系内的规范秩序。正如应松年教授所言："这将大大有助于消弭我国众多行政立法中存在的某些不协调、不一致以至矛盾冲突的无序状态，建立起良好的行政法内部的法秩序。"③ 而"公因式"本质上就是各编的共通规范，公因式来自各编的具体规范，其形成过程可用数学公式表达为：$xa + xb + xc + \cdots = x(a + b + c + \cdots)$。④ 因此，能够被纳入总则编纂的内容必然具有内涵上的"共通性"，即其必然能从行政过程的各个阶段、所有的行政管理类型和行政行为类型中予以"提取"，这是构成"公因式"的基本原理。事实上，如果我们把信赖保护以及与它紧密联系的合法预期、诚实信用视为整合的同一原则，那么其在《04纲要》"诚实守信"下已经成为所有政府行为的应然要求。无论是立法、许可、监管还是末端的执法行为，均应秉承这一要求，国家治理主体为信赖保护确立了"公因式"的地位。更为值得注意的是，通过本书

---

① 应松年：《关于行政法总则的期望与构想》，《行政法学研究》2021年第1期。
② 周佑勇：《行政法总则中基本原则体系的立法构建》，《行政法学研究》2021年第1期。
③ 参见《应松年：制定行政法总则的时机已经成熟》，2018年12月25日，财新网（http://opinion.caixin.com/2017-12-29/101191468.html）。
④ 朱庆育：《第三种体例：从〈民法通则〉到〈民法典〉总则编》，《法制与发展》2020年第4期。

第三章的描述，我们发现，虽然信赖保护在行政管理类型和行政行为类型上已经呈现一定的集聚性，该制度本身以《行政许可法》得以法定化，但其已然绵延到17个行政行为类型，占最高人民法院在2004年《案由通知》中列举的26种类型化的行政行为的65%，同样延展至34个行政管理类型，成为上述行为的共同要求。这种现象本身已经为"提取"提供了最好的样板。在总则编纂中，立法者可以从上述内容中提取对行政行为与行政管理类型的共通性规范，借以规范碎片化现象。

第二，信赖保护原则具备治理体系和治理能力建设层面的重要性"公因式"效果。有学者曾将我国《民法典》的公因式提取技术概括为"双重公因式"，即以"一般规定（基本规定）"的形式进一步提取"总则"部分内容，从而为"立法意图""调整对象"以及"基本原则"等内容找到合适的位置。① 相比调整基本法律关系的具体内容，沿袭社会主义立法典型特征的基本规定具有明确我国民法的立法目的和法律价值、实现统一认识、减少争议的基本功能。② 因此，基本规定的相关规范，尤其是基本原则的相关内容具有我国立法者鲜明的主观意图。如早年《中华人民共和国民法通则》第一章便在内容上创造性地引入传统民法价值理念，使之成为"基本原则"章的主体性内容，其原因便是旧体制中缺乏"自由""平等""权利"这些民法赖以存在的要素，立法者采用法典创制的方式将这些要素创造出来，然后向社会输出，试图促进社会改良。③ 因此，具有原则意义的制度是否具有符合立法者期待的目的意义便是其能否纳入行政法总则编纂的又一标准。当下，从中央到地方各级政府都着力强化政务诚信建设。《法治政府建设实施纲要（2021—2025年）》将"廉洁诚信"作为法治政府建设目标之一，更提出"加快推进政务诚信建设，健全政府守信践诺机制"的明确要求，各地优化营商环境立法多将其作为总则性规定也凸显其作为防止"新官不理旧官账"、保持市场主体对政策稳定预期的重要措施。对此，除以依法行政保持行政机关行为合法性外，信赖保护、合法预期以及政务诚信三者所涵盖的对

---

① 朱庆育：《物权立法与法律理论》，《中外法学》2006年第1期。
② 于飞：《认真地对待〈民法总则〉第一章"基本规定"》，《中国高校社会科学》2017年第5期。
③ 于飞：《民法基本原则：理论反思与法典表达》，《法学研究》2016年第3期。

政策稳定性的要求，以及秩序变动后对市场主体的补偿，特别是针对市场主体因信赖政府不当承诺而造成的损失方面具有独特的制度价值，能够与依法行政等行政制度层面互补，从而有效推动优化营商环境与政务诚信建设。因此，其具备治理层面的重要性"公因式"效果。

综上所述，信赖保护原则因其蕴含的体系整合能力与治理推动能力而具备"公因式"的基本能力，因而也具有被纳入行政法总则编纂的可能性，但在纳入的具体方法上仍需细化论证。

二 信赖保护原则纳入行政法总则的具体路径

综合本书既有研究，信赖保护纳入总则编纂应当立足于其性质上的"原则"定位，实现对合法预期、诚实信用的整合，以统合性的原则作为总则"一般规定"内容的规范内涵，同时在具体制度上应当着重强调两个要素，即明确法定事由的种类，并将信赖保护作为正当程序的必备要素，在一般规定与具体规则两方面融入行政法总则。

（一）作为原则而非基本原则的信赖保护

事实上，当前关于信赖保护纳入总则编纂已经存在两种讨论路径：一种是赋予其与比例原则、正当程序原则、法律优位原则、行政效能原则一致的基本原则地位；[1] 另一种是将其作为行政均衡基本原则下的次级原则。[2] 正如前文所言，基于诠释论，蕴含着道德责任的信赖保护获得了法律原则地位，以求回应社会公众对一个安定的法秩序的向往。这种对法安定性的回应呈现在行政法各个环节中，构成对整体架构运行的指引，可以被提取公因式。但其在司法实践中更侧重作为权益保护的工具，与强调客观秩序面向的"依法行政"基本话语并非无缝衔接，难以担当学者们期待的"上接法治国家基本理念，下指引具体实践"的功能，更难以被称为"具有本质重要意义"。因此，相对正当程序、行政效能等，信赖保护作为总则基本原则的正当性根基并不牢固，作为一种原则，或者具体来说作为一种合理性或均衡性

---

[1] 李洪雷：《面向新时代的行政法基本原理》，《安徽大学学报》（哲学社会科学版）2020年第3期。

[2] 周佑勇：《行政法总则中基本原则体系的立法构建》，《行政法学研究》2021年第1期。

原则下的次级原则，在基本规定部分作为基本原则的具体注释，而在具体规则部分予以细化规定可能是较为现实的选择。

(二) 规制重心选择：法定事由与正当程序

在具体规则的内容构件上，结合规范与实践，应以不特意强调其不可撤销性作为原则地位，而将重点放在撤销本身的约束可能是一种更为现实的选择。具体而言，行政法总则中的信赖保护条款应当着重强调两个要素，即明确法定事由的种类，并将信赖保护作为正当程序的必备要素。

首先，明确法定事由。基于现实的考虑，行政机关要坚持行政行为的实质拘束力，原则上不改变信赖基础塑造的法秩序存在一定的难度，在总则中做这样的"公因式"提取显然有违提取公因式的技术规范，也是对实践资源的忽视。因此，我们结合地方程序立法与司法适用的实际，认可行政机关享有改变既存法律关系以应对治理之际的裁量权，但是这种权力的行使必须以明确的法定事由的存在为前提，因为在否定法秩序存在作为原则地位的前提下，如果不明确法定事由作为范围，地方政府对既有法律关系的调整将会失去基本秩序。我们之所以在这方面退而求其次，是为了尊重地方政府在地方重大发展事宜上的决定权，而非让地方政府在所有事项上脱离法治的控制，因此可以参照《国有土地上房屋征收与补偿条例》对公共利益的界定将"法定事由"明确化。在具体内容上采取这种列举式的优点便在于使总则的内容显得较为清晰，而且在行政法治实践中不可以作出其他的解释。[①]

其次，将保护信赖利益作为正当程序的必备要素。我们必须承认，无论作为中国行政法的一种理论，还是作为实践中的法律工具，信赖保护的地位均不如正当程序，后者已经深深扎根于中国行政法的土壤中，最典型的例证便是信赖保护条款大量存在于地方程序立法中。而从"益民公司案"开始，法院也将保护信赖利益作为判断行政机关是否遵守法定程序或正当程序的标准之一。相比信赖保护，正当程序更适合作为对行政机关行为的一种普遍性要求，其也因此更容易获得"公因式"地位。因此，我们可以在行政法总则中将保护信赖利益作为行政机关变动现有法律关系时所应遵守的程序要求之一。只有行政机关在决定中已经考虑了如何保护信赖利益，其行为才符合

---

① 关保英：《行政法典总则的法理学分析》，《法学评论》2018年第1期。

法定程序或正当程序的要求，从而使信赖保护进入行政法总则。

最后，我们可能还需要对选择本身作出一些说明。我们作出的这种选择实际上放弃了理论上以存续保护为原则的保护方式，转而认可地方立法中以法定事由存在与否区分能否改变原信赖基础形成的法律状态的选择。这种选择实际上确实有违信赖保护以法安定性原则为价值基础的理论预设，也就是说，其根本上是一种将"例外"扩大化的立法模式。但如果我们认可前文分析，那么这种方式可能是一种更加符合"提取公因式"的选择。正如很多人已经意识到的，中国社会的发展伴随着地方政府根据实践与政绩需要而进行的政策调整，无论是土地房屋征收还是招商引资，这些推动经济发展的决策本身都蕴含着变化的可能性。尤其是在招商引资中，地方政府的很多承诺本身便以法治的"灰色"地带或明显违法为前提。当出现上级高压或强大的合法性压力时，改变原有状态其实是一种必然的选择。此时，如果要求地方政府遵守信赖保护的第一层次，维系原有法律状态，其实是一种在法治与实际之间都会有些尴尬的选择。因此，作为"公因式"，我们应该在理论与实践之间寻找共性。事实上，法院在适用信赖保护原则时的种种选择，尤其是最终的保护方式，都带有这种考虑的痕迹。由此，我们的基本态度并非要求行政机关原则上不能改变作为信赖基础的行政行为，而是改变必须具备明显的法定理由，并且基于正当程序的要求，须对信赖利益进行充分补偿。

（三）整合信赖保护、合法预期和诚实信用作为基本规范内涵

纳入总则具体规则的信赖保护在实质内容上应涵盖整合后的信赖保护原则、合法预期理论以及诚实信用。以整合实践和理论碎片化为重要目的的行政法总则，必然需要面对上述三个相似理论的整合问题。而如前文所言，三者可以在《04纲要》"诚实守信"要求下获得规范基础。就具体内涵而言，根据前文论述，可分解为三个细化规范。

1. 守约规范

地方各级人民政府及其有关部门应当履行向市场主体依法作出的政策承诺以及依法订立的各类合同。守约规范内核是诚实信用，解释重心是"依法"和"应当履行"，包括三项内容。

第一，"依法"包括承诺与合同内容合法，即承诺或协议处分的内容既不能超越上位法赋予行政机关自身的法定权限，也不能违反上位法规定。其

意在规制地方政府在招商引资过程中违规对市场主体进行承诺,如不履行土地招拍挂程序而直接划拨建设用地。

第二,"依法"包括信息公布与意思表示真实。诚实信用原则下,行政机关必须公布真实有效的信息,与《政府信息公开条例》第 6 条的"行政机关应当及时、准确地公开政府信息"形成体系上的一致,同时避免市场主体因信息不准确产生误判,形成"形式明知但实质误导"的信赖状态,导致利益受损失时产生"信赖利益是否产生"的证明困难。

第三,政府受到自我约束。地方政府应以一级政府作为一个承诺或缔约单元,政府和职能部门作出的承诺和协议塑造的是一级政府层面应遵守的客观秩序,对政府及其职能部门均具有约束力,相关部门不能因其不是缔约主体而主张不遵守协议。

2. 禁毁约规范

不得以行政区划调整、政府换届、机构或者职能调整以及相关责任人更替等为由违约毁约。该项规范内核亦为诚实信用。在规范层次上,第一,行政区划调整等因素意在以明示形式排除可能对客观秩序存续产生威胁的危险因素,即这些理由所保护的是合法承诺和合同塑造的客观法秩序的存续。第二,相关行政机关有合理调整承诺和合同的权力,只要调整行为本身不对原有客观秩序存续形成根本冲击,不应被视为"毁约"。这一方面是保持政府对经济和社会治理的政策灵活性,与行政优益权理论形成对应;另一方面也与后文"国家利益、社会公共利益"保持体系上的衔接。

3. 信赖保护规范

因国家利益、社会公共利益需要改变政策承诺、合同约定的,应当依照法定权限和程序进行,并依法对市场主体因此受到的损失予以补偿。该项以信赖保护为内核。

第一,因《行政区划管理条例》等规范的存在,行政区划调整、机构调整等事实上均基于国家和社会公共利益,但"毁约禁止规范"将其明确列为排斥毁约的事由,因此信赖保护规范下的"国家利益、社会公共利益"不能涵盖上述理由,行政机关不能以这些理由毁约,即使对市场主体进行补偿,即在"诚信条款"下,行政区划调整等理由排斥适用信赖保护作为次级补偿条款,客观秩序的稳定被置于第一位阶。

第二，由于法定事项与法定程序的存在，行政机关之前意思表示失去了持续适用的制度空间，而相对人在这种情况下之所以能够向相对人请求补偿，请求权的基础正在于"因此受到的损失"——这里"因此"所代表的因果关系应限缩至"信赖保护"为基础的因果关系：相对人以此作为基础获得权益，此时面临权益丧失，其权益获得保障；当相对人"信"其意思表示而作出处分行为时，其处分损失亦应得到保护。

第三，信赖保护强调信赖产生的因果关系，而非政府行为的真实性，因此即使违法的行政承诺或协议表示亦适用信赖保护，行政承诺或协议违法，其塑造的行政法律关系不一定违法。故可统一适用针对合法行为的"补偿"，规制合法的行政法律关系的改变。此处的"依法"强调补偿条件和程序的依法，而非承诺或订约本身的合法性。实践中，一些地方政府以虚假信息或超越权限作出承诺，借以招商引资，导致市场主体产生误判，事后又以"依法行政"为由不履行承诺或协议已无避责。本项规范的意义便在于堵上这一法律解释的缺口，要求地方政府只要承诺或定约，无论合法与否，只要非市场主体存在欺诈等过错，均应履责，否则应补偿其信赖利益损失。

三 信赖保护原则纳入行政法总则的两点忧虑

虽然我们认为制定行政法总则对于提升信赖保护的地位是一次绝佳的机遇，但并不意味着我们需要对行政法总则抱以狂热的激情，因为这一路径至少需要面对两方面的质疑：一是来自信赖保护原则本身，二是来自行政法总则制定本身。正是这两点决定了我们应对信赖保护原则纳入总则编撰保持一份冷静与谨慎的态度。

（一）对信赖保护原则制度本身的忧虑

除对规范和理论碎片进行统合外，行政法总则更应立足指引解决当前中国行政法治面临的现实问题，因此必然要求纳入总则体系的规范在内涵上进行彻底的"中国化"。但考察行政法总则研究中与信赖保护相关内容，这种"中国化进程"仍有待进一步加速。

无论是作为原则还是基本原则，当下主张将信赖保护纳入行政法总则的主张对这一概念的理解仍以固化的理论为基本依据。如在相关关系上仍强调信赖保护原则是诚信原则在行政法中的运用；在具体要求上仍抽象地坚持

"公民、法人和其他组织因行政行为取得的合法权益受法律保护。非因法定事由并经法定程序，行政机关不得撤销、撤回、变更已经生效的行政决定。因国家利益、公共利益或者其他法定事由必须撤销、撤回或者变更的，应当依法对公民、法人和其他组织因此遭受的财产损失予以补偿"；在概念起源上，仍大量强调德国私法诚实信用原则、社会国原则和法治国原则等源流；甚至在引注上也依赖我国台湾地区的相关著作。以上事实说明，本书"前言"部分阐述的相关问题意识在总则编纂中依然存在，尤其是缺乏对我国各级各类法律规范的实证拆解，加之忽视对司法案例的认真研读，由此造成的为总则"基本原则"部分"储备"的信赖保护原则仍与20年前无异。这种"刻舟求剑"的状态在将理论与实践割裂的同时，也将信赖保护原则局限于"总论"本身，无法观照行政行为各阶段，以及各行政管理类型、各行政行为类型等"分论"层面，更无法从中"提取公因式"，从而在技术层面直接影响信赖保护纳入总则编纂的效果。

（二）对行政法总则制定活动的忧虑

与对信赖保护原则"刻舟求剑""水土不服"的担忧相比，对行政法总则制定的忧虑更多来自立法时机与立法技术。

首先，关于立法时机。经历过我国四次《民法典》制定过程的江平教授在《沉浮与枯荣——八十自述》一书中对民法典立法做过这样的感叹："民法典起草五十多年来，可以说跟领导紧密把握方向有关……在这个意义上说，我们的立法可以说'成也萧何败也萧何'……"[①]这段话其实点明了我们思考行政法总则时最为关键的问题，即立法时机的问题。立法时机与立法必要性的不同，在于后者代表理论上认可的客观条件是否齐备，前者意味着理论上的客观条件是否能够转化为实体化立法成果。从《民法典》的制定过程我们可以发现，我国从1956年便开始了《民法典》的制定，历经60余年的争论、4次制定过程，最后都无疾而终。而在《中共中央关于全面推进依法治国若干重大问题的决定》提出"加强市场法律制度建设编纂民法典"后，在短短5年时间内，各编都取得了突飞猛进的进展。这并不代表着我们已经消除了近70年中存在的一系列争议。以最为焦点的"人格权独立

[①] 江平、陈夏红：《沉浮与枯荣——八十自述》，法律出版社2010年版，第309页。

成编"为例，众所周知，人格权是否独立成编一直以来便存在着巨大争议，虽然最终采用了独立成编的方式，但是在民法学界，仍有很多学者并不赞同人格权独立成编的方式。① 因此，多数学者受到鼓舞并意图参照《民法典》的制定过程，其实存在着相当的政治决断色彩。相对秉承意思自治的《民法典》，本质上强调行政高权的行政法总则的政治色彩更加明显，而且行政法学界相较民法可能具有更强的学术资源集聚性。因此，对争议问题的处理需要更加慎重。

其次，关于立法技术。借鉴《民法典》提取公因式基本上是行政法学界在方法论上的共识，我们并不需要质疑这一方法在民法上的成功，因为从《德国民法典》到今日的中国《民法典》，多数国家的民法学界至少在形式上是坚持这一方法论的。但这是否意味着我们要对其完全照搬照抄呢？有学者针对《民法典》的制定说道："适于培植民法典总则编的土壤，至少应该具备自治理念得到足够尊重、训练有素的法律家共同体足够强大两项条件。"② 之所以会产生"尊重自治"与"法学家团体"两项要件，实际上是与"提取公因式"的方法使用分不开的：提取公因式意味着结果层面必然是高度抽象性的。这种抽象性一方面意味着无法为行政机关实际施行管制提供具体的依据，而只是对自治理念的宣扬与根本性规定；另一方面，也意味着只有法学家有解释这种抽象规范的能力。因此，在这个意义上来看，"提取公因式"不仅是一种单纯的方法，而且是一种为特定目的服务的法律工具。

我们以此反思行政法总则适用"提取公因式"时需要考虑的问题。首先，如果适用提取公因式的方法，就必然要求行政法总则的结果是抽象的，这不仅仅是技术使用的当然，更是因为公因式本身需要构成相对去政治化的中立规则。正如苏永钦所言："民法典一旦承担政策工具的功能，就必须和政策性法律一样做机动性的因时制宜，颠覆法典本来要在变动中维系基本秩序的功能，整部民法典可能随时因某些规则的政策性调整而修正，得不偿失

---

① 参见梁慧星、王利明、孙宪忠、徐国栋《中国民法典编纂：历史重任与时代力举》，《中国法律评论》2015年第4期，第9—20页。

② 朱庆育：《法典理性与民法总则：以中国人陆民法典编纂为思考对象》，《中外法学》2010年第4期。

至为明显。"① 行政法典与《民法典》在目的独立性上截然不同。正因如此，《民法典》以提取公因式的形式实际上足以保障对形式理性的坚持，以公因式为核心保持法典内部的逻辑自洽，不依附于相关政治目的，但是行政法可能如此吗？尤其是处于变革中的中国行政法可以如此吗？变革期的中国社会现状决定了行政法必然应当以社会治理和行政任务为导向，因此，法典内部是否稳定相较治理任务的实际并非不可动摇。甚至我们可以预想一种结果：今日我们根据各种规范、实践提炼出的公因式在10年后依然是"公因式"吗？除非我们可以要求各级人大、政府和法院的行为受到行政法总则自上而下的严密控制，而这种做法显然是不符合实际的。如果今日的公因式与10年后的公因式有所不同，那么行政法总则是否需要修订呢？

---

① 苏永钦：《现代民法典的体系规则》，《月旦民商法杂志》2009年第25期。

反思　以现实的态度对待信赖保护原则

　　至此，我们已经对中国法内的信赖保护原则作出了较为详细的论述。正如前言中指出的，当下对于信赖保护的学术研究确实略显式微。但在这里，我们还是有必要再使用一点笔墨对本书一开始的问题作出一些回应：我们还要继续研究中国法信赖保护原则吗？当然需要继续研究。这不仅是本书选题的立场问题，也是由信赖保护原则在中国行政法中的现状所决定的。

　　无法被实践所用是信赖保护原则在中国法中面临的最大问题。如上所言，其在行政层面无法为行政机关所重视；在司法层面，虽然法院已经普遍适用了信赖保护原则，但其适用本身仍不成体系，无论是在信赖利益的生成层面还是在信赖利益的具体保护层面，法院均缺乏体系化的自觉。这就导致其适用存在着明显的个案差异，甚至最高人民法院公布的典型案例都无法发挥其统一裁判的作用，对其加以约束。而地方法院也通过情况判决、第三人信赖利益等制度，将信赖保护原则由权益保护工具转变为维系地方决策权的手段。本应发挥依据作用的法律规范，虽然形式上充斥着大量重复或相似的语词，但其规范意涵并未能得到充分的理解。因此，我们需要回应三个问题：第一，作为实践的理论对照，学者们到底基于何种考虑为实践提供了信赖保护原则这一工具；第二，对于信赖保护条款的规范应做如何解读；第三，如何发现法院适用中的体系化要素并对此加以整合，使之不随个案而摇摆。这三点是信赖保护原则获得实践更多认可的关键，也是本书着力想回答的问题，而对这三个问题的回应与解释最终将会回到信赖保护原则的理论层面：信赖保护原则在中国行政法中的定位究竟是什么？我们通过梳理学术史，研读判例，阐述原则理论与诚实信用以及合法预期之间的关系等，最终提出了信赖保护原则在中国行政法中的三重定位问题。以上这一切，都是将信赖保护原则更为中国化的努力，因为只有其真正完成中国化，才能与域外理论比较。

其实，在目前学术研究的趋势下，如果读者能通过阅读本书认可信赖保护原则在中国行政法中尚有继续研究发展的可能性，那么这也是本书的贡献之一。而在这种前提下，我们还需要做很多工作，但其中最重要一点可能是以"现实的态度"对待信赖保护原则。

在本书的叙述中，信赖保护原则难以得到充分施展的原因很多，其中很重要，也是至关重要的一点是，其被寄予了不是非常现实的期待。学者们引入域外作为权益保护工具的信赖保护原则，这本身并无问题，但由于中国行政法在21世纪的基本背景是规范行政机关权力行使的"依法行政"逻辑，信赖保护从《行政许可法》开始便逐渐被赋予维护法秩序安定的客观目的，这就使得其与引入目的发生了偏移。后续的地方立法也基本上采取了这一态度。在"依法审判"的要求下，这一态度逐渐影响了法院的审判。但通过对实践的探讨，我们发现法院虽然是当下信赖保护原则实践适用的主力军，但并不足以实现这种期待。个中原因众多，但在笔者看来，有一种可能的原因是需要我们着力对待的，这就是信赖保护原则与地方治理逻辑存在的某些偏差。

正如研究者所言，与西方主流以选举式民主为核心的合法性理论不同，中国从古至今所坚持的便是以政绩为主导的政权合法性。[1] 在这种合法性理念下，政权因人民清晰可见的执政业绩而获得合法性，人民因为亲身体验到政权的执政成果而拥护并服从政权，这便是所谓的"绩效合法性"。在当下的中国，相对于中央，地方政权对绩效合法性的依赖可能更为严重。这一体制下，中央政权主导公共治理的政策形成，而地方则负责具体执行，且需要对治理的有效性负责。[2] 由此导致的结果是，虽然中央和地方都会因为政策的实施效果而获得民众认可性加成，但是地方在收获治理实效的同时因为具

---

[1] 参见赵鼎新《"天命观"及政绩合法性在古代和当代中国的体现》，龚瑞雪、胡婉译，《经济社会体制比较》2012年第1期。

[2] 参见周雪光《权威体制与有效治理：当代国家治理的制度逻辑》，《开放时代》2011年第10期。

体治理中可能会与民众直接发生冲突而削减认可度。因此，地方政府必须拿出更加直接明确的治理成果以抵消干群矛盾带来的合法性危机，而以旧城改造、房地产开发等为代表的一系列推动经济增长，尤其是 GDP 数据提升的举措对地方政府合法性提升具有明显的推动作用。① 支持这些指标的背后必然是以"发展"为核心的治理手段，而发展必须讲求治理手段的效率。

虽然近年来党和政府逐渐在绩效评价体系中明确反对仅以 GDP 作为唯一核心指标，尤其是 2013 年中组部在《关于改进地方党政领导班子和领导干部政绩考核工作的通知》（以下简称《通知》）中明确提出"不能仅仅把地区生产总值及增长率作为考核评价政绩的主要指标，不能搞地区生产总值及增长率排名"，但在《通知》后的一份权威解释中，中组部专门强调"不简单以 GDP 论英雄，不是不要 GDP 了，不是不要经济增长了。我们仍然要牢牢坚持以经济建设为中心，合理的经济增长率一定是要有的"。② 因此，绩效评价体系的变化实际上体现为"变标准不变要求"，地方治理仍然需要增量。因此，《通知》发布后的地方绩效评价体系中，"完成市委、市政府确定的涉及本部门的相关国民经济和社会发展定量指标"仍然被作为"关键指标"，③ 如旧城改造、加快公共基础设施投资等仍然是最能产生增量的治理工具。

如果一种法律理论能够契合上述绩效合法性逻辑，那么地方政府当然愿意将其作为治理工具。但是如果将信赖保护原则作为一种地方治理工具，我们就会发现，其并不完全符合绩效合法性的要求，因为当下对信赖保护的预设似乎更呈现出规范政府权力、维护法治"红线"的面向。

有研究者曾将地方政府治理逻辑区分为经济逻辑、政治逻辑与法治逻辑，并认为上述三种逻辑在实际中的作用在逐渐减弱。④ 这种思考对分析地

---

① 有研究者通过统计模型展示了经济增长对地方政府信任程度的样态。参见薛立勇《政府信任的层级差别及其原因解析》，《南京社会科学》2014 年第 12 期。

② 参见中央组织部负责人就印发《关于改进地方党政领导班子和领导干部政绩考核工作的通知》答记者问，2018 年 10 月 22 日，http://renshi.people.com.cn/n/2013/1210/c139617-23801847.html。

③ 参见《中共杭州市委、杭州市人民政府〈关于优化综合考评强化绩效管理的意见〉》（市委〔2013〕15 号），2018 年 10 月 24 日，http://kpb.hz.gov.cn/showpage.aspx?tid=259&nid=9899。

④ 参见陈国权《地方政府的法治悖论与二重治理逻辑》，载张义显主编《公法与国家治理现代化》，法律出版社 2016 年版，第 301—304 页。

方政府的治理逻辑是有洞见性的。在该论者的叙述中，法治逻辑被界定为："要求地方政府的治理活动必须依循依法行政的法制逻辑，做到有法可依、有法必依、执法必严、违法必究。"虽然这种逻辑带有浓厚的形式法治色彩，但其却代表了相当一部分研究者和实践人员对法治的态度，即实现法治便是严格按照依法行政的要求规范行政机关行使行政权的行为，防止行政越权，而信赖保护作为法安定性原则的体现，亦属于这种形式法治要求范畴。由此产生的必然结果是行政机关对于已经形成的法律状态的调整权限被限制了。如果行政机关在意图作出决策调整时不考虑信赖利益，甚至违背信赖保护要求，那么其便触碰了法治的红线，信赖保护原则借此守护了形式法治要求中法安定性的红线。但这里便会与前文所述的地方治理逻辑产生矛盾：现有规范和理论预设中的信赖保护很难直接产生"红利"，相反还可能阻碍其他"红利"的生成。

黄宗智从土地、资本、劳动力、创业人才和技术五个方面对中国经济的快速发展进行了论述。在他看来，在这五个方面其实都存在着一个共同的巧合，即中国体制在这五个方面都产生了奇妙的效果："政府对土地资源的所有权和土地增值对地方政府财政的支撑；为招引资本而设置全球最高回报率的（合法与不合法）投资环境；允许资本主义企业几乎没有限制地利用中国的廉价劳动力，允许其无须遵从中国国家劳动法规和环境保护法规，借此来扩大其投资回报；为中国产品提供先进技术和全球市场的全球资本，以及中国极其实用性地利用这些条件来推进中国自身的发展。"[①] 因此，正是政府的介入，尤其是地方政府对经济发展的介入，极大地推动了地方经济建设。基于现行体制，政府进行这种介入最为突出的优点在于高效率，它可以根据现实的发展需求制定相应的发展政策。而在这种情况下，政府早已经不是单纯的管理者，同时也是社会资源的经营者。政府需要承担地方 GDP 增长的政治任务，而官员也需要通过 GDP 的增长获取晋升的政绩，因此，伴随而来的是政策调整的灵活性需求。

以上，我们可以发现，地方政府需要高效率的政策调整权力来应对地方

---

① 参见黄宗智《中国经济是怎样如此快速发展的？——五种巧合的交汇》，《开放时代》2015 年第 3 期。

治理的实际，这种权力能够真正为地方政府及其领导者带来红利，或者是能够推动招商引资等经济发展项目高效落地，进而在最短时间内提升本地区的GDP数值；或者能够高效执行上级指令，尤其是在环保、土地等领域强化落实，从而获得执行力和政治规矩上的加分。但从样本看，信赖保护对这两点似乎起到的都是负面作用：在最能够带动经济发展的旧城改造与土地征收中，相对人因为信赖利益无法得到保护而维权，而现实中因为征收补偿不到位造成的群体性事件屡见不鲜。显然，这些结果都不是地方政府愿意看到的，也是信赖保护不为地方政府所喜的原因：不破坏原有法秩序，便无法开展高效率的经济建设，即使退一步采取补救措施，也难免陷入与相对人的扯皮之中。而当地方政府可以避免某种行为方式时，法院很难不尊重政府的选择。

可能正是以上原因，法院或主动或被动地对此加以一定的调试，从而在歪打正着地对应引入目的的同时与规范秩序相悖，这无疑是略显奇特的。欲解决这一问题，我们应当从现实出发，以现实态度对待信赖保护原则，即它就是一种权益保护的工具，一切的后续理论都应建构在其之上，即使是具有道德责任的"原则"地位，也不应强求其对整体法秩序的安定发挥过大的价值。以此为基础，我们可以在"制定行政法总则"之外，为信赖保护原则寻求一条更能为行政机关所接受的道路，即司法层面强化信赖保护独立违法性判断的地位，在行政上借由产权保护进入绩效考核。

首先，信赖保护原则应作为违法性判断独立标准。由于行政机关对信赖保护原则缺乏足够的适用热情，因此通过法院审判间接要求行政机关更加重视信赖保护原则便成为一种更为有效的方式。此处的信赖保护原则，实际上发挥着与行政公益诉讼相似的功能，即以一种外部的制度增量模式，是以司法手段倒逼地方政府监管资源的聚焦。[1] 也就是说，法院以信赖保护原则认定行政机关行为违法，从而使其承担败诉后果，而其败诉的原因恰恰是信赖保护原则。那么，这种败诉后果便会使行政机关更加重视信赖保护原则，因为在实践中，行政败诉率被相当多的地方政府纳入绩效考核指标，作为被考核的地方政府，自然会在高败诉率的因素上下功夫。如此，我们便能以另外

---

[1] 卢超：《从司法过程到组织激励：行政公益诉讼的中国试验》，《法商研究》2018年第5期。

的方式实现信赖保护与绩效考核的勾连。

但上述目的的实现需要法院层面更多地将信赖保护原则作为一种独立的违法性判断标准存在，至少是作为主要的违法判断标准。正如我们在司法构造的相关分析中所指出的那样，当前司法审判中，法院极少将信赖保护原则作为判断行政机关违法的主要标准。在多数情况下，即使法院认可信赖保护对违法性判断的价值，其也以"此外""另"等用于将信赖保护作为辅助性判断标准。产生的后果是，信赖保护原则此处更多的是起着强化论证说理的作用，即使不存在该原则，法院也能够完成司法审查的任务。对行政机关而言，既然信赖保护原则并非其败诉的主因，那么其在对败诉案件进行反思评查时投入的精力也会相应降低。

以上，我们可以发现，通过强化信赖保护的适用以保证法治红线的方式推动信赖保护原则的适用，这种路径实际上是相当狭窄的，因为它本质上还是将主要希望寄予司法审查。但信赖保护原则作为一种行政法原则，终究需要行政机关对其抱有适用的兴趣才能获得更为广阔的适用空间。因此，红线方面的坚守固然重要，但如何让信赖保护原则在法治层面为行政机关创造出"红利"，从而激发行政机关的适用热情，这才是更为重要的，而当下中央提倡产权保护的政策导向恰为我们提供了一种路径。

其次，信赖保护原则借由产权保护进入绩效考核。我们认为：必须让政府感受到保护信赖利益为其带来的利益，这样才能更加激励政府及其所属官员去保护信赖利益。当下的绩效评估与晋升考核，其设置的本意均不在于单纯通过目标的设定对行政机关进行监督，而是要监督与激励并重，甚至在具体的操作层面，激励的意义更胜过监督，这也是中国干部选拔程序能够对中国地方政府的行为动力形成解释的关键原因。[①] 因此，我们在上一部分所阐述的通过行政诉讼败诉原因的分析反向要求行政机关重视信赖保护的做法其实存在着适用上的被动性，借助中央当下对产权保护的政策导向，以绩效考评为依托，可能才是更为主动的做法。

2016 年 11 月 27 日，《中共中央国务院关于完善产权保护制度依法保护产权的意见》发布。该意见中与信赖保护最为相关的便是第 7 项要求：完善

---

① 参见尚虎平《激励与问责并重的政府考核之路》，《中国行政管理》2018 年第 8 期。

政府守信践诺机制。而在该要求中规定:"地方各级政府及有关部门要严格兑现向社会及行政相对人依法作出的政策承诺,认真履行在招商引资、政府与社会资本合作等活动中与投资主体依法签订的各类合同,不得以政府换届、领导人员更替等理由违约毁约,因违约毁约侵犯合法权益的,要承担法律和经济责任。因国家利益、公共利益或者其他法定事由需要改变政府承诺和合同约定的,要严格依照法定权限和程序进行,并对企业和投资人因此而受到的财产损失依法予以补偿。"这些规定本身已经与前文所展现的地方行政程序立法和招商引资立法相关规定极为类似,称其为产权信赖保护条款也未尝不可。该项规定同时提出:"将政务履约和守诺服务纳入政府绩效评价体系。"这就为信赖保护与绩效考评之间建立了联系:在产权保护领域,保护信赖利益实际上就是在保护产权,而保护产权便可以为政府及其所属官员在绩效考评方面得到实实在在的加分。考虑到信赖保护的第一层次要求是限制和规范政府对既有法律关系的变动,因此这项分数的取得实际上要求的是政府不要"乱作为",对既有法律关系的维护压力远远小于创设一种新的法律关系,因此分数的获取相对容易,激励效应的落实也更加容易。由此,江西、吉林、福建等地均在近年提出要将承诺政府守信纳入绩效考核。考虑到目前信赖保护纳入绩效考核的标准尚待探索,产权保护仅限于承诺践诺也略显狭窄,因此笔者提出以下建议,以便对该标准加以完善。

第一,以信赖利益为标准适当扩大产权纳入绩效考核的范围。当下各地对意见的落实往往只限于承诺践诺,以信赖保护的视角观之,这种产权保护的对象仅涉及对未来权利的期待,无论在信赖保护理论还是实践中都是相当有限的。例如当下的地方政府往往通过招商引资承诺的形式吸引企业投资,但这些承诺许多涉及法律的"灰色"地带,甚至涉嫌违法。当上级政府落实清查政策予以纠错时,作为承诺方的下级政府便会借机不履行承诺。这种现象当然涉及产权保护,但企业在这种情况下受损的可能是对政府承诺落实的土地的期待落空,也就是意见第7条规定最明显的解释。但是有些企业已经获得了产权,如土地、厂房等,依然会被政府以"纠错"为名收回,这就会涉及既得权益。同样,企业基于对政府承诺的信赖而进行了一定投入,这种投入也必然会损失,而这种投入也是由于政府不守信而造成的既有产权损失。综上所述,随着市场经济的发展,基于承诺践诺而产生的企业产权应包括企业基于对政府的信赖而获得的各种信赖利益以及基于对政府的信赖而受到的信赖利益损失，即信赖利益视角下的产权保护应当同时包含既有产权的损失、未来应得产权未能取得，以及为了获取产权而进行的投入。只有这样，产权保护才是完整的。

第二，建立存续保护与补救措施的阶梯化标准。根据意见的要求，原则上不得变动现有法律关系，这种变动只能发生在特定情形下，可见意见采取的依然是递进式的保护方式。因此，评估政府对产权的保护也应采取阶梯化标准，即以"理由+保护手段"为基础，同时结合补偿手段的满意程度，将产权保护的标准区分为依次递减的五个层级：法律关系存续；有充分理由变动原法律关系且补救措施达到满意程度；变动原有法律关系有理由但不充分，但补救措施达到满意程度；变动原有法律关系理由充分，但补救措施未达到满意程度；变动原有法律关系无充分理由，但补救措施未达到满意程度。这里需要说明的是，结合之前的研究，在深化改革的浪潮下，我们尊重地方政府对产权法律关系的调整权限，也就是说，产权关系是可以变动的，但是补救措施必须使得相对人满意，从而达到产权关系变动前后相对人权益的替换效果。因此，我们将补救措施的满意程度优先于变动原有法律的理由充分性。

第三，强化产权人对信赖保护的主观感受。信赖保护在本书讨论语境中的主要价值在于保护权利人权益，而强化产权保护的直接受益人或涉及主体也是公民、法人和其他组织，因此在可能的绩效考评中应当强化产权人对产权是否得到保护的权重。由于我们在前文将信赖保护作为正当程序的一环，因此这种理念背后实际上是主观程序正义的体现，即产权人对于程序是否公平的主观感受。[①]

[①] 参见郭春镇《感知的程序正义——主观程序正义及其建构》，《法制与社会发展》2017年第2期。

主要参考文献

本书编委会编：《北大法律评论》第 14 卷第 2 辑，北京大学出版社 2013 年版。

陈海萍：《行政相对人合法预期保护之研究——以行政规范性文件的变更为视角》，法律出版社 2012 年版。

陈新民：《公法学札记》，法律出版社 2010 年版。

陈新民：《行政法学总论》，中国台湾三民书局 2016 年版，第 117 页。

城仲模主编：《行政法之一般法律原则》（二），中国台湾三民书局 1997 年版。

杜万华主编：《最高人民法院物权法司法解释（一）理解与适用》，人民法院出版社 2016 年版。

段匡：《日本的民法解释学》，复旦大学出版社 2005 年版。

胡建淼：《行政法学》（第 3 版），法律出版社 2010 年版。

胡建淼、江利红：《行政法学》，中国人民大学出版社 2010 年版。

黄舒芃：《变迁社会中的法学方法》，中国台湾元照出版公司 2009 年版。

黄薇主编：《中华人民共和国民法典释义》（上），法律出版社 2020 年版。

江必新、胡仕浩、蔡小雪：《国家赔偿法条文释义与专题讲座》，中国法制出版社 2010 年版。

江平、陈夏红：《沉浮与枯荣——八十自述》，法律出版社 2010 年版。

江平主编：《中国物权法教程》，知识产权出版社 2007 年版。

姜明安、余凌云主编：《行政法》，科学出版社 2010 年版。

姜明安主编：《行政法论丛》（第 22 卷），法律出版社 2018 年版。

姜明安主编：《行政法与行政诉讼法》（第1版），北京大学出版社、高等教育出版社1999年版。

姜明安主编：《行政法与行政诉讼法》（第2版），北京大学出版社、高等教育出版社2001年版。

梁慧星、陈华彬：《物权法》，法律出版社2007年版。

廖益新主编：《厦门大学法律评论》2006年下卷，厦门大学出版社2007年版。

林三钦：《法令变迁、信赖保护与法令溯及既往》，中国台湾新学林出版股份有限公司2008年版。

刘莘：《诚信政府研究》，北京大学出版社2007年版。

罗豪才、湛中乐主编：《行政法学》（第3版），北京大学出版社2012年版。

马怀德主编：《行政法学》，中国政法大学出版社2007年版。

乔晓阳主编：《中华人民共和国行政许可法及释解》，中国致公出版社2003年版。

山东大学法学院：《山东大学法律评论》（第五辑），山东大学出版社2008年版。

沈岿：《公法变迁与合法性》，法律出版社2010年版。

舒国滢主编：《法学方法论论丛》（第一卷），中国法制出版社2012年版。

汪庆华、应星编：《中国基层行政争议解决机制的经验研究》，上海三联书店2010年版。

汪永清主编：《中华人民共和国行政许可法释义》，中国法制出版社2003年版。

王天华：《行政诉讼的构造：日本行政诉讼法研究》，法律出版社2010年版。

王泽鉴：《法律思维与民法实例：请求权基础理论体系》，中国政法大学出版社2001年版。

魏振瀛主编：《民法》（第4版），北京大学出版社、高等教育出版社2010年版。

吴庚：《宪法的解释与适用》，中国台湾三民书局2005年版。

许安彪、武增、刘松山、童卫东：《中华人民共和国行政许可法释义及实用指南》，中国民主法制出版社2003年版。

闫尔宝：《行政法诚实信用原则研究》，人民出版社 2008 年版。

叶必丰、周佑勇：《行政规范研究》，法律出版社 2002 年版。

应松年主编：《当代中国行政法》，人民出版社 2018 年版。

应松年主编：《行政法与行政诉讼法学》，法律出版社 2006 年版。

余凌云：《行政法上合法预期之保护》，清华大学出版社 2012 年版。

张树义主编：《行政法学》（第 2 版），北京大学出版社 2012 年版。

张文显主编：《公法与国家治理现代化》，法律出版社 2016 年版。

张翔主编：《德国宪法案例选释》（第 1 辑），法律出版社 2012 年版。

张兴祥：《行政法合法预期保护原则研究》，北京大学出版社 2006 年版。

章剑生：《现代行政法基本理论》（第 2 版）（上卷），法律出版社 2014 年版。

章剑生：《现代行政法基本理论》，法律出版社 2008 年版。

赵宏：《法治国下的目的性创设——德国行政行为理论与制度实践研究》，法律出版社 2012 年版。

浙江大学公法与比较法研究所编：《公法研究》（第四卷），中国政法大学出版社 2005 年版。

周佑勇：《行政法基本原则研究》，武汉大学出版社 2005 年版。

周佑勇：《行政法专论》，中国人民大学出版社 2010 年版。

朱庆育：《民法总论》，北京大学出版社 2013 年版。

最高人民法院行政审判庭编：《中国行政审判案例》（第 1 卷），中国法制出版社 2010 年版。

最高人民法院行政审判庭编：《中国行政审判案例》（第 2 卷），中国法制出版社 2011 年版。

最高人民法院行政审判庭编：《中国行政审判案例》（第 4 卷），中国法制出版社 2012 年版。

［日］盐野宏：《行政救济法》，杨建顺译，北京大学出版社 2008 年版。

［美］L. L. 富勒、小威廉·R. 帕杜：《合同损害赔偿中的信赖利益》，韩世远译，中国法制出版社 2004 年版。

［英］马丁·洛克林：《公法与政治理论》，郑戈译，商务印书馆 2004 年版。

［德］罗伯特·阿列克西：《法：作为理性的制度化》，雷磊编译，中国法制出版社2012年版。

［美］罗纳德·德沃金：《刺猬的正义》，周望、徐宗立译，中国政法大学出版社2016年版。

［英］威廉·韦德：《行政法》，徐炳等译，中国大百科全书出版社1997年版。

［英］威廉·韦德、克里斯托弗·福赛：《行政法》，骆梅英等译，中国人民大学出版社2019年版。

曹士兵：《物权法关于物权善意取得的规定与检讨》，《法律适用》2014年第8期。

陈国栋：《行政协议审判依据的审查与适用——76号指导案例评析》，《华东政法大学学报》2019年第3期。

陈海萍：《行政法上正当期待形成的法理基础》，《西南政法大学学报》2005年第6期。

陈海萍：《论对行政相对人合法预期利益损害的救济》，《政治与法律》2009年第6期。

陈海萍：《英国法上合法预期原则的最新发展》，《环球法律评论》2014年第5期。

陈思融：《混合过错情形下行政许可信赖利益的保护可能性》，《行政论坛》2014年第1期。

陈思融：《论行政诉讼补救判决的请求权基础》，《中外法学》2016年第1期。

陈振宇：《〈行政许可法〉"信赖保护条款"的规范分析》，《广西社会科学》2008年第8期。

陈新民：《信赖利益的保护与界限——郑州市豫星调味品厂诉郑州市人民政府行政处理决定案判决之评析》，《法治研究》2018年第5期。

陈希过：《国家赔偿法中直接损失的法律解释》，《人民司法（应用）》2016年第13期。

陈雪峰、汤宇斌、薛妍珺：《卫生行政处罚案件案由异常使用的伦理分析》，

《中国卫生法制》2014 年第 3 期。

程建：《对行政信赖保护原则的法律分析》，《内蒙古社会科学》（汉文版）2007 年第 2 期。

程凌：《社会保障待遇追回中的信赖保护——以授益行政行为撤销与废止为中心》，《北京理工大学学报》（社会科学版）2021 年第 4 期。

程啸：《论不动产善意取得之构成要件——〈中华人民共和国物权法〉第 106 条释义》，《法商研究》2010 年第 5 期。

程啸：《不动产登记簿的权利事项错误与不动产善意取得》，《法学家》2017 年第 2 期。

常鹏翱：《存量房买卖网签的法律效力》，《当代法学》2017 年第 1 期。

崔卓兰、周隆基：《社会管理创新与行政给付新发展》，《当代法学》2013 年第 1 期。

丁利、韩光明：《现状还是底线？——征收拆迁中的补偿与规则适用》，《政法论坛》2012 年第 3 期。

冯军、刘翠霄：《行政法学研究述评》，《法学研究》2001 年第 1 期。

冯举：《纠错行政行为与信赖利益保护》，《中州学刊》2006 年第 5 期。

冯健鹏：《主观程序正义研究及其启示》，《环球法律评论》2018 年第 6 期。

范旭斌：《论我国行政法上的信赖保护原则及其完善》，《学术论坛》2006 年第 10 期。

耿宝建：《法规变动与信赖利益保护》，《法学》2011 年第 3 期。

耿林：《不动产善意取得制度的法政策研究》，《清华法学》2017 年第 6 期。

郭春镇：《感知的程序正义——主观程序正义及其建构》，《法制与社会发展》2017 年第 2 期。

郭志京：《善意取得制度的理性基础、作用机制及适用界限》，《政治与法律》2014 年第 3 期。

郭修江：《行政协议案件审理规则》，《法律适用》2016 年第 12 期。

关保英：《行政法典总则的法理学分析》，《法学评论》2018 年第 1 期。

高富平：《〈物权法〉实施后房屋拆迁制度的存留问题》，《理论前沿》2009 年第 9 期。

罗豪才主编：《行政法论丛》第 3 卷，法律出版社 2000 年版。

何海波：《迈向数据法学专题絮语》，《清华法学》2018 年第 4 期。

胡锦光、王锴：《我国城市房屋拆迁中的若干法律问题》，《法学》2007 年第 8 期。

胡敏洁：《行政规定变迁中的信赖利益保护研究》，《江苏行政学院学报》2011 年第 5 期。

胡若溟：《行政诉讼中"信赖利益保护原则"适用》，《行政法学研究》2017 年第 1 期。

黄学贤：《行政法中的信赖保护原则》，《法学》2002 年第 5 期。

黄学贤：《行政法中合法预期保护的理论研究与实践发展》，《政治与法律》2016 年第 9 期。

黄宗智：《中国经济是怎样如此快速发展的？——五种巧合的交汇》，《开放时代》2015 年第 3 期。

黄锴：《论作为国家义务的社会救助》，《河北法学》2018 年第 10 期。

贾圣真：《论国务院行政规定的效力位阶》，《中南大学学报》（社会科学版）2016 年第 3 期。

蒋成旭：《基于行政法基本原则裁判的一般方法初探》，《行政法学研究》2015 年第 5 期。

蒋成旭：《论结果除去请求权在行政诉讼中的实现路径》，《中外法学》2018 年第 6 期。

蒋成旭：《国家赔偿的制度逻辑与本土构造》，《法制与社会发展》2019 年第 1 期。

江必新等：《先地方后中央：中国行政程序立法的一种思路》，《现代法学》2003 年第 2 期。

江必新：《迈向统一的行政基本法》，《清华法学》2012 年第 5 期。

金成波：《行政诉讼之情况判决检视》，《国家检察官学院学报》2015 年第 6 期。

季晨溦、肖泽晟：《论信赖保护原则在城乡规划变更中的适用》，《南京社会科学》2017 年第 2 期。

孔祥俊：《论商品名称包装装潢法益的属性与归属》，《知识产权》2017 年第 12 期。

龙凤钊：《行政行为的合作化与诉讼类型的多元化重构》，《行政法学研究》2015年第2期。

卢超：《从司法过程到组织激励：行政公益诉讼的中国试验》，《法商研究》2019年第5期。

李春燕：《行政信赖保护原则研究》，《行政法学研究》2001年第1期。

刘丹：《论行政法上的诚实信用原则》，《中国法学》2004年第1期。

刘东亮：《涉及科学不确定性之行政行为的司法审查》，《政治与法律》2016年第3期。

刘东亮：《过程性审查：行政行为司法审查方法研究》，《中国法学》2018年第5期。

刘飞：《信赖保护原则的行政法意义——以授益行为的撤销与废止为基点的考察》，《法学研究》2010年第6期。

刘莘、邓毅：《行政法上之诚信原则刍议》，《行政法学研究》2000年第4期。

刘松山：《人民法院的审判依据》，《政法论坛》2006年第4期。

柳砚涛：《构建我国行政审判"参照"惯例制度》，《中国法学》2017年第3期。

李洪雷：《面向新时代的行政法基本原理》，《安徽大学学报》（哲学社会科学版）2020年第3期。

李红海：《当代英国宪政思潮中的普通法宪政主义》，《华东政法大学学报》2015年第1期。

李沫：《激励型监管信赖保护的立法思考》，《法学》2013年第8期。

梁慧星、王利明、孙宪忠、徐国栋：《中国民法典编纂：历史重任与时代力举》，《中国法律评论》2015年第4期。

梁慧星：《民法典编纂中的重大争论——兼评全国人大常委会法工委两个民法典人格权编草案》，《甘肃政法学院学报》2019年第3期。

梁上上：《制度利益衡量的逻辑》，《中国法学》2012年第4期。

梁艺：《"滥诉"之辩：信息公开的制度异化及其矫正》，《华东政法大学学报》2016年第1期。

梁君瑜：《行政程序瑕疵的三分法与司法审查》，《法学家》2017年第3期。

骆梅英：《英国法上实体正当期待的司法审查》，《环球法律评论》2007 年第 2 期。

刘军宁：《民主政治与诚信原则》，《北京观察》1998 年试刊第 3 期。

雷磊：《法教义学的基本立场》，《中外法学》2015 年第 1 期。

梁艺：《"滥诉"之辩：信息公开的制度异化及其矫正》，《华东政法大学学报》2016 年第 1 期。

牟绿叶：《论指导性案例的效力》，《当代法学》2014 年第 1 期。

莫于川、林鸿潮：《论当代行政法上的信赖利益保护原则》，《法商研究》2004 年第 5 期。

潘荣伟：《政府诚信——行政法中的诚信原则》，《法商研究》2003 年第 3 期。

戚建刚：《行政主体对瑕疵行政行为的自行性撤销及其限制》，《浙江省政法管理干部学院学报》2000 年第 3 期。

戚渊：《试论我国行政法援引、诚信原则之意义》，《法学》1993 年第 4 期。

秦奥蕾：《生育权、"计划生育"的宪法规定与合宪性转型》，《政法论坛》2016 年第 5 期。

沈林荣、刘小兵：《试论具体行政行为撤销的限制》，《行政法学研究》2000 年第 1 期。

尚虎平：《激励与问责并重的政府考核之路》，《中国行政管理》2018 年第 8 期。

司坡森：《试论我国行政登记制度及其立法完善》，《政法论坛》2003 年第 5 期。

苏永钦：《现代民法典的体系规则》，《月旦民商法杂志》第 25 期（2009 年 9 月）。

苏力：《法条主义、民意与难办案件》，《中外法学》2009 年第 1 期。

孙秀林、周飞舟：《土地财政与分税制：一个实证解释》，《中国社会科学》2013 年第 4 期。

孙光宁：《法理在指导性案例中的实践运用及其效果提升》，《法制与社会发展》2019 年第 1 期。

孙丽岩：《信赖保护与相对人授益权的实现》，《政法论坛》2017 年第 3 期。

司法解释起草小组：《〈关于审理民事、行政诉讼中司法赔偿案件适用法律若干问题的解释〉的理解与适用》，《人民司法（应用）》2016 年第 31 期。

石佑启、王贵松：《行政信赖保护之立法思考》，《当代法学》2004 年第 3 期。

唐汇西：《论行政法上信赖保护的实现》，《江海学刊》2010 年第 5 期。

陶希晋：《在改革中尽快完善行政立法》，《现代法学》1987 年第 1 期。

薛刚凌、杨欣：《论我国行政诉讼构造："主观诉讼"抑或"客观诉讼"？》，《行政法学研究》2013 年第 4 期。

王贵松：《依法行政原则对信赖利益的保护》，《交大法学》2015 年第 1 期。

王贵松：《行政诉讼判决对行政机关的拘束力》，《清华法学》2017 年第 4 期。

王贵松：《论我国行政诉讼确认判决的定位》，《政治与法律》2018 年第 9 期。

王利明：《善意取得制度的构成——以我国物权法草案第 11 条为分析对象》，《中国法学》2006 年第 4 期。

王克稳：《论变更、撤回行政许可的限制与补偿》，《南京社会科学》2014 年第 1 期。

王琳：《论法律原则的性质及其适用》，《法制与社会发展》2017 年第 2 期。

王太高：《行政许可撤回、撤销与信赖保护》，《江苏行政学院学报》2009 年第 2 期。

王锡锌、沈岿：《行政法理论基础再探讨——与杨解君同志商榷》，《中国法学》1996 年第 4 期。

王锡锌：《行政法上的正当期待保护原则述论》，《东方法学》2009 年第 1 期。

吴泽勇：《论善意取得制度中善意要件的证明》，《中国法学》2012 年第 4 期。

徐涤宇、胡东海：《证明责任视野下善意取得之善意要件的制度设计——〈物权法〉第 106 条之批评》，《比较法研究》2009 年第 4 期。

徐国栋：《诚实信用原则二题》，《法学研究》2002 年第 4 期。

熊文聪：《"商标个案审查原则"的误读与澄清》，《法学家》2018 年第 4 期。

薛立勇：《政府信任的层级差别及其原因解析》，《南京社会科学》2014 年第 12 期。

肖金明：《行政许可法制与开放政府、信用政府》，《中国行政管理》2005 年第 2 期。

于飞：《公序良俗原则与诚实信用原则的区分》，《中国社会科学》2015 年第 11 期。

于飞：《民法基本原则：理论反思与法典表达》，《法学研究》2016 年第 3 期。

于飞：《认真地对待〈民法总则〉第一章"基本规定"》，《中国高校社会科学》2017 年第 5 期。

于立深：《行政协议司法判断的核心标准：公权力的作用》，《行政法学研究》2017 年第 2 期。

叶金强：《物权法第 106 条解释论之基础》，《法学研究》2010 年第 6 期。

叶必丰：《行政合同的司法探索及其态度》，《法学评论》2014 年第 1 期。

余凌云：《行政法上合法预期之保护》，《中国社会科学》2003 年第 3 期。

余凌云：《行政指导之中的合法预期——对泉州工商局实践经验的考察与思考》，《法学家》2007 年第 9 期。

余凌云：《蕴育在法院判决之中的合法预期》，《中国法学》2011 年第 6 期。

余凌云：《英国行政法上合法预期的起源与发展》，《环球法律评论》2011 年第 4 期。

杨临宏：《行政法中的信赖保护原则研究》，《云南大学学报》（法学版）2006 年第 1 期。

杨海坤、章志远：《行政行为不可变更力探究》，《江苏行政学院学报》2003 年第 1 期。

杨解君：《行政法诚信理念的展开及其意义》，《江苏社会科学》2004 年第 5 期。

杨代福：《西方政策创新扩散研究的最新进展》，《国家行政学院学报》2016 年第 1 期。

应松年：《依法行政论纲》，《中国法学》1997 年第 1 期。

应松年：《关于行政法总则的期望与构想》，《行政法学研究》2021 年第 1 期。

章剑生：《违反法定程序的司法审查》，《法学研究》2009 年第 2 期。

章剑生：《行政复议立法目的之重述——基于行政复议立法史所作的考察》，《法学论坛》2011 年第 5 期。

曾坚：《信赖保护原则的实有功能及其实现》，《东方法学》2009 年第 2 期。

周杰：《论环境行政中的信赖保护原则》，《安徽大学学报》（哲学社会科学版）2009 年第 6 期。

翟小波：《行政程序的意蕴与实践》，《中国法律》2008 年第 3 期。

朱林：《德国行政行为撤销的理论及其立法评介》，《法律科学》1993 年第 3 期。

朱芒：《中国行政法学的体系化困境及其突破方向》，《清华法学》2015 年第 1 期。

朱鹏扬、李雪峰、李强：《地方政府公司化行为模式与中国城市化的路径选择》，《财经研究》2019 年第 2 期。

赵宏：《试论行政合同中的诚实信用原则》，《行政法学研究》2005 年第 2 期。

赵宏：《作为客观价值的基本权利及其问题》，《政法论坛》2011 年第 3 期。

赵世义：《九九修宪与依法治国》，《法律科学》2000 年第 1 期。

赵鼎新：《"天命观"及政绩合法性在古代和当代中国的体现》，龚瑞雪、胡婉译，《经济社会体制比较》2012 年第 1 期。

朱庆育：《物权立法与法律理论》，《中外法学》2006 年第 1 期。

朱庆育：《法典理性与民法总则：以中国大陆民法典编纂为思考对象》，《中外法学》2010 年第 4 期。

朱庆育：《第三种体例：从〈民法通则〉到〈民法典〉总则编》，《法制与社会发展》2020 年第 4 期。

周雪光：《权威体制与有效治理：当代国家治理的制度逻辑》，《开放时代》2011 年第 10 期。

周佑勇：《行政许可法中的信赖保护原则》，《江海学刊》2005 年第 1 期。

周佑勇：《论政务诚信的法治化构建》，《江海学刊》2014年第1期。

周佑勇：《裁量基准的变更适用是否"溯及既往"》，《政法论坛》2018年第5期。

周佑勇：《行政法总则中基本原则体系的立法构建》，《行政法学研究》2021年第1期。

张翔：《基本权利的双重性质》，《法学研究》2005年第3期。

张震：《"社会主义法治国家"的名与实——以现行宪法文本为分析路径》，《北方法学》2014年第5期。

张慧平：《诚实信用原则与法治的契合——作为宪法原则的诚实信用》，《河北法学》2007年第7期。

张静：《案例分析的目标：从故事到知识》，《中国社会科学》2018年第8期。

张卫平：《民事公益诉讼原则的制度化及实施研究》，《清华法学》2013年第4期。

章剑生：《依法审判中的"行政法规"——以〈行政诉讼法〉第52条第1句为分析对象》，《华东政法大学学报》2012年第2期。

章志远：《中国特色行政法法典化的模式选择》，《法学》2019年第9期。

支振锋：《西方话语与中国法理——法学研究中的鬼话、童话与神话》，《法律科学》2013年第6期。

展鹏贺：《德国公法上信赖保护规范基础的变迁——基于法教义学的视角》，《法学评论》2018年第3期。

邹兵建：《"明知"未必是"故犯"》，《中外法学》2015年第5期。

郑春燕：《论"基于公益考量"的确认违法判决》，《法商研究》2010年第4期。

（2002）苏行再终字第002号行政判决书。

（2003）行终字第02号行政判决书。

（2005）陕行终字第3号行政判决书。

（2005）善行初字第1号判决书。

（2006）海法行初字第4号判决书。

（2008）武法行初字第 1 号。
（2008）豫法行终字第 00133 号判决书。
（2009）浦民（行）初字第 155 号判决书。
（2010）豫法行再字第 00005 号行政判决书。
（2010）知行字第 53—1 号行政判决书。
（2011）三亚行初字第 48 号判决书。
（2012）渝三中法行终字第 00022 号判决书。
（2012）高行终字第 1671 号判决书。
（2012）高行终字第 1774 号判决书。
（2013）高行终字第 1244 号判决书。
（2013）黔六中行（再）终字第 1 号判决书。
（2013）皖行终字第 00009 号判决书。
（2013）莱州行初字第 6 号判决书。
（2013）金行初字第 2 号判决书。
（2014）南市行二终字第 9 号行政判决书。
（2014）平行初字第 28 号判决书。
（2014）岳行初字第 00012 号判决书。
（2014）鄂石首行初字第 00014 号判决书。
（2014）益法行终字第 34 号判决书。
（2014）渝五中法行终字第 00054 号判决书。
（2014）渝二中法行终字第 00085 号判决书。
（2014）沈高开行初字第 67 号判决书。
（2014）昆行初字第 0019 号判决书。
（2014）东行初字第 11 号判决书。
（2014）东行初字第 80 号判决书。
（2014）红中行终字第 1 号判决书。
（2014）天行初字第 3 号判决书。
（2014）厦行终字第 80 号判决书。
（2014）百中行初字第 1 号判决书。
（2014）漯行终字第 27 号判决书。

（2015）兴行初字第 9 号判决书。
（2015）京知行初字第 4319 号判决书。
（2015）中山法行初字第 17 号判决书。
（2015）行监字第 2035 号裁定书。
（2015）川行监字第 182 号裁定书。
（2015）潭中行终字第 37 号判决书。
（2015）合行终字第 00082 号判决书。
（2015）天行初字第 4 号判决书。
（2015）鄂江岸行初字第 00055 号判决书。
（2015）皖行终字第 00364 号判决书。
（2015）鄂江岸行初字第 00070 号判决书。
（2015）延中行初字第 17 号判决书。
（2015）吉行监字第 215 号裁定书。
（2015）琼行终字第 251 号判决书。
（2015）沪一中民（行）终字第 318 号判决书。
（2015）荣法行初字第 00037 号判决书。
（2015）信中法行终字第 68 号判决书。
（2015）罗行初字第 4 号判决书。
（2015）南行申字第 00040 号驳回申诉通知书。
（2015）河市行终字第 68 号判决书。
（2016）最高法行申 4077 号判决书。
（2016）湘 01 行初 322 号判决书。
（2016）湘行终 756 号判决书。
（2016）湘 12 行终 127 号判决书。
（2016）晋 04 行终 136 号判决书。
（2016）晋 10 行终 82 号判决书。
（2016）粤 71 行终 1828 号判决书。
（2016）鄂 0321 行初 25 号判决书。
（2016）鄂 0102 行初 30 号判决书。
（2016）鄂行终 751 号判决书。

（2016）云 01 行终 48 号判决书。
（2016）豫 08 行终 243 号判决书。
（2016）豫行申 679 号驳回申诉通知书。
（2016）湘行申 1033 号行政裁定书。
（2016）苏 1202 行初 141 号判决书。
（2016）琼 97 行初 6 号判决书。
（2016）辽 0192 行初 54 号判决书。
（2016）浙行终 181 号裁定书。
（2016）浙 0603 行初 82 号判决书。
（2017）最高法行赔申 91 号裁定书。
（2017）最高法行申 4707 号裁定书。
（2017）湘 10 行终 139 号行政判决书。
（2017）粤 1481 行初 24 号判决书。
（2017）粤 0891 行初 272 号判决书。
（2017）内 0602 行初 66 号判决书。
（2017）皖 0827 行初 20 号判决书。
（2017）京 73 行初 165 号判决书。
（2017）京 0108 行初 604 号判决书。
（2017）川 0113 行初 21 号判决书。
（2017）宁 04 行初 50 号判决书。
（2017）京行终 1389 号判决书。
（2017）桂 09 行初 53 号判决书。
（2017）苏 06 行初 179 号判决书。
（2017）苏 06 行终 663 号判决书。
（2017）苏 07 行初 1 号判决书。
（2017）豫行终 1852 号裁定书。
（2017）豫行赔终 321 号判决书。
（2017）鄂 0606 行初 50 号判决书。
（2017）鄂 1182 行赔初 5 号判决书。
（2017）鄂 0606 行初 53 号判决书。

（2017）赣 07 行终 180 号判决书。

（2018）浙 06 行初 86 号判决书。

（2018）豫 17 行终 18 号裁定书。

（2018）渝 0243 行初 49 号判决书。

（2018）京 0109 行初 41 号判决书。

Alicia Elias-Roberts,"A Comparative Analysis of the UK and Commonwealth Caribbean Approach towards Legitimate Expectation", *Comm L. B.*, Vol. 39, No. 1, 2013.

Christopher Forsyth,"The Provenance and Protection of Legitimate Expectations", *Cambridge Law Journal*, Vol. 47, No. 2, 1988.

C. F. Forsyth and H. W. R. Wade, *Administrative Law*, Oxford: Oxford University Press, 2009.

Christopher Forsyth,"Legitimate Expectations Revisited", *Judicial Review*, Vol. 6, No. 4, 2011.

Daphne Barak-Erez,"The Doctrine of Legitimate Expectations and the Distinction between the Reliance and Expectation Interests", *European Public Law*, Vol. 11, No. 4, 2005.

Farrah Ahmed, Adam Perry,"The Coherence of The Doctrine of Legitimate Expectations", *Cambridge Law Journal*, Vol. 73, No. 1, 2014.

L. L. Fuller & E. R. Perdue,"The Reliance Interest in Contract Damages", *Yale L. J*, Vol. 46, No. 1, 1936.

Matthew Groves, Greg Weeks,"Legitimate Expectations in the Common Law World", *Hart Publishing Company*, 2017.

Mark Elliott,"Legitimate Expectations: Procedure, Substance, Policy and Proportionality", *Cambridge Law Journal*, Vol. 65, No. 2, 2006.

Paul Reynolds,"Legitimate Expectations and the Protection of Trust in Public Officials", *Public Law*, Vol. 2011, 2011.

Paul Craig, *Administrative Law*, 7th edn, London: Sweet & Maxwell, 2012.

Richard J. Pierce, "What Do the Studies of Judicial Review of Agency Actions

Mean?", *Admin L. Rev*, Vol. 63, 2011.

Attorney-General of Hong Kong v Ng Yuen Shiu [1983] 2 A. C. 629.
CCSU v Minister for the Civil Service [1985] 1 AC 374, 408 – 09.
R v Jockey Club; ex parte RAM Racecourses Ltd [1993] 2 ALL ER 225, 236 – 37.
R v Devon CC; ex parte Baker [1995] 1 All ER88 – 89.
R v. Home Secretary Ex p. Hargreaves. [1997] 1 WLR 906.
R v SOS Education and Employment; ex parte Begbie [2000] 1 WLR 115, 1129 – 31.
R v North and East Devon Health Authority; ex parte Coughlan [2001] QB 213 [57].
R. v. North and East Devon H A ex p. Coughlan [2001] QB 213.
R (Bibi) v Newham LBC [2002] 1 W. L. R. 237 [28].
R (Rashid) v. Home Secretary [2005] EWCA Civ 744.
R (Bhatt Murphy) v Independent Assessor [2008] EWCA Civ 755 [27].
Soshd v Rahman [2011] EWCA Civ 814 [42].
R (Lumba) v SOSHD [2012] 1 AC 245 [35].

后　　记

　　本书是在我博士学位论文的基础上修改而成的，此时距离我以"信赖保护原则的中国叙事"为题通过博士学位论文答辩已过两年多，距离我选择以"行政法'信赖利益保护原则'的中国生成"为题进行硕士研究生论文写作更已过去七年。七年以来，虽然对信赖保护原则的兴趣和研究从未间断，本书的部分章节业已公开发表于学术刊物或应用于课题研究报告。但到了真的要将其付梓的时候，仍不免感到些许胆怯和忐忑：是否有新的客观实践让本作失去了解释力？是否有新的成果完全解构了本研究？为此笔者增补了近年来的文献，梳理了以《民法典》和优化营商环境法规范为代表的一系列立法，整理了相关案例。所幸笔者的担忧未成为现实。2019 年至今的论著、立法和相关判例整理并未从根本上否认笔者在博士论文中的基本判断，甚至与笔者结论形成了一定的印证与对合。这对笔者而言是一种侥幸，因为客观上的确降低了本书修改的难度。但对中国行政法信赖保护原则而言可能是一种"不幸"：如果一种理论 20 年间都未发生激烈的分野、争议与变革，那么它的"新陈代谢"过程无疑是不畅通的，会最终影响其生命力。正因如此，笔者希望本书的出版能够对中国行政法信赖保护原则的发展起到一点点的"鲶鱼效应"。虽然停笔再看，本书的一些行文和论断依然有所不足，但人生还是要有梦想的，"不然和咸鱼有啥区别"？

　　相比很多学者，涵盖"211"，非"211""985"（俗称"双非"），"985"三类高校的求学之路略显"奇葩"，从北京到杭州的足迹也算"走南闯北"，其间有幸得到过许多老师的提携、朋友的帮助，已致谢，内容不再赘言，唯一一铭记心中。但在此，仍不得不提三位对我有重大影响的老师：

一位是本科阶段的王人博教授，直到现在一直很感怀大二时期冒着北京冬天凛冽的寒风跑出宿舍为《中国宪政史》占座的经历（可能也承载了一段不知如何回忆的青春吧）。正是在这门课上，我初步树立了自己的许多价值观和日后学术研究的旨趣——要以中国为中心，关注中国发展中呈现出的万般现象。一位是我的硕士生导师骆梅英教授，帮助我从本科毕业时的几乎什么都没有，到研究生毕业时拿到了自己几乎所有想拿同时自认为应该拿的东西；从几乎一盘散沙到有了点泥人的感觉，骆师的诸多教诲让我的人生有了更多可能。还有一位，是我的博士生导师章剑生教授。正是章师不断地鼓励与督促，让我跨过了一段相当长的对信赖保护选题的怀疑与踟蹰；更是章师以极大的宽容包容了我的选择，无论是学术研究还是择业，章师从未否定过我的选择，而且时时给予我鼓励和关怀。所谓治学"大道至简"，为师"桃李不言"，我想大抵如是。

饮水思源，感谢我就职的浙江省社会科学院对本次出版提供的便利和支持。感谢浙江省社会科学院院、所两级各位领导在日常工作中对我的指点和包容。感谢浙江省社会科学院法学所，以及智库建设和舆情研究中心诸位同事在工作和生活中给予的帮助与交流。中国社会科学出版社的马明老师为本书编辑付出了宝贵精力，在此一并致以诚挚谢意。

最后，感谢我的父母。作为在外求学的男子，多少都有那么些倔强与不服输，无论如何不愿回到家乡，不愿告诉家里自己头疼脑热，甚至假期也不愿在家里多待，所为的也不过是自己内心的不甘罢了，而承受这一切的可能也只有自己的父母了。然而，作为普通家庭成长起来的孩子，可能唯有向父母道声"对不起"，然后更加铁石心肠地前行了。

胡若溟

2022年7月31日

于杭州市凤起路620号